Terapia de juego
centrada en el niño

EL LIBRO MUERE CUANDO LO FOTOCOPIA

AMIGO LECTOR:

La obra que usted tiene en sus manos posee un gran valor.
En ella, su autor ha vertido conocimientos, experiencia y mucho trabajo. El editor ha procurado una presentación digna de su contenido y está poniendo todo su empeño y recursos para que sea ampliamente difundida, a través de su red de comercialización.

Al fotocopiar este libro, el autor y el editor dejan de percibir lo que corresponde a la inversión que ha realizado y se desalienta la creación de nuevas obras. Rechace cualquier ejemplar « pirata » o fotocopia ilegal de este libro, pues de lo contrario estará contribuyendo al lucro de quienes se aprovechan ilegítimamente del esfuerzo del autor y del editor.

La reproducción no autorizada de obras protegidas por el derecho de autor no sólo es un delito, sino que atenta contra la creatividad y la difusión de la cultura.

Para mayor información comuníquese con nosotros:

Editorial El Manual Moderno, S.A. de C.V.
Av. Sonora 206, Col. Hipódromo, 06100
México, D.F.

Editorial El Manual Moderno (Colombia), Ltda
Carrera 12-A No. 79-03/05
Santafé de Bogotá

SEGUNDA EDICIÓN EN ESPAÑOL
TRADUCIDA DE LA
SEGUNDA EDICIÓN EN INGLÉS

Terapia de juego centrada en el niño

JANET WEST, MA

Traducción
Ana Lilia García Velázquez
Licenciada en Psicología
Universidad Iberoamericana

Editora responsable
Lic. Verónica Ontiveros R.
Editorial El Manual Moderno

Editorial El Manual Moderno
México, D.F. – Santafé de Bogotá

Título original de la obra:
Child-centred Play Therapy
Copyright © 1996 Janet West
Arnold, a member of the Hodder Headline Group,
338 Euston Road, London NW1 3BH
ISBN 0-340-65253-5

Terapia de juego centrada en el niño
D.R. © 2000
ISBN 968-426-824-6

Editorial El Manual Moderno, S.A. de C.V.,
Av. Sonora núm. 206,
Col. Hipódromo,
Deleg. Cuauhtémoc,
06100 México, D.F.

Miembro de la Cámara Nacional
de la Industria Editorial Mexicana, Reg. núm. 39

Manual Moderno ®
es marca registrada de
Editorial El Manual Moderno, S.A. de C.V.

Prólogo a la primera edición

Mi inicio en la terapia de juego comenzó durante la guerra entre 1939 y 1945 cuando, como catedrática en el entonces Colegio Universitario del Suroeste, pasé todo el tiempo libre posible trabajando en la Clínica de Orientación Infantil Exeter. No se debe olvidar nunca la inmensa deuda que tiene el Reino Unido hacia el influjo del continente, principalmente de Viena y Berlín, de tantos psiquiatras calificados y terapeutas infantiles experimentados, huyendo de la amenaza nazi. Algunos iban en camino hacia los Estados Unidos de Norteamérica, pero un gran número se quedó. A Exeter le tocó una generosa parte y entre ellos se encontraba el Dr. S.H. Foulkes quien después estableció el Instituto de Análisis Grupal en Londres. En la clínica ensayó métodos de terapia de grupo y trabajó con Eve Lewis, alumna de Flugel. El Dr. Foulkes fue el primero de mis cuatro analistas personales, pero Eve fue quien me entrenó específicamente en terapia de juego.

Este periodo constituyó el apogeo de la psicoterapia infantil experimental en Gran Bretaña. Estudiamos con avidez los primeros trabajos de Anna Freud, Melanie Klein y Michael Fordham. Después visité el centro de Margaret Lowenfeld en Londres, y pasé 15 días observando el inspirador trabajo de la Dra. Winifred Rushforth con niños y adultos en la Clínica Davidson (después el Centro Salisbury) en Edimburgo. En particular fuimos afortunados de tener cerca de Exeter al Centro Withymead de Irene Champernowne, un lugar de emocionante exploración de la variedad de medios terapéuticos que incluían las artes, oficios, teatro, música y movimiento. La necesidad era grande, aparte de los niños de esta localidad que sufrían de "devastación por bombardeo", el suroeste estaba lleno de evacuados, sobre todo del extremo oriental de Londres, que necesitaba ayuda.

La mayor parte de los problemas surgían de crisis agudas: traumas por los bombardeos de Londres, una niña pequeña había reprimido de manera total su recuerdo de haber estado enterrada viva durante 24 horas, porque su madre consideraba más sabio negar y olvidar, la separación de familias y en particular la ausencia de los padres, un patrón que reforzaron dos generaciones consecutivas de guerra; el choque cultural, algunas veces en combinación con el choque de clases, que afectó también a aquellas madres y maestros que llegaban con niños y que provenían de las cercanías, con las condiciones cálidas y luminosas (aunque con frecuencia pasmosas) de los barrios del centro de la ciudad, hacia lo que ellos consideraban como el frío, oscuro y vacío campo con sus enormes animales, comidas extrañas, falta de comercios y cines, y sus incomprensibles valores. Pero aunque éstos fueron los principales factores precipitantes que siempre cambian a través del tiempo, los trastornos subyacentes de la personalidad, que entonces se descubrían, reconocían e investigaban de manera intensiva, son fundamentales y al parecer permanecen constantes.

Todo lo que aprendí se puso en práctica después de la guerra cuando durante cinco años trabajé medio tiempo como terapeuta de juego en el Servicio Psicológico Escolar de Leicester bajo las órdenes de Olive Sampson, quien había compartido nuestros intereses en Exeter. Mi trabajo principal en el entrenamiento de maestros me permitió, durante el decenio de 1950 y principios del de 1960, ofrecer cursos optativos para estudiantes de la Universidad y otras instituciones educativas locales, sobre orientación infantil, terapia de juego y artística. Sin embargo, durante los decenios de 1960 y 1970 existía mayor inclinación hacia el conductismo y el uso de medicamentos, por lo que declinó el interés por los enfoques psicodinámicos y centrados en el niño, con excepción de unas cuantas clínicas.

Por tanto, me sentí encantada en 1978 cuando descubrí que Janet West, una ex agente de libertad condicional que tenía el puesto de funcionaria en entrenamiento estudiantil en la Unidad de Servicio Familiar de Leicester, no sólo se encontraba interesada, sino que mostraba una notable disposición natural para la terapia de juego, en combinación con una profunda empatía con aquellos niños dañados a quienes conoció en su trabajo. Así que le enseñé todo lo que sabía, supervisé sus casos durante muchos años, y trabajamos de manera cercana desde entonces. Nunca podrá ser demasiado favorable lo que diga acerca de su comprensión intuitiva de los niños pequeños y de los resultados de su compromiso cuidadoso y a largo plazo con cada niño en particular, con diferencias en la interacción y experiencia en cada caso. Ha leído, estudiado y experimentado más allá de las bases que yo podría ofrecerle, y realizó su especialización en *Guidance and Counselling* (Asesoramiento y orientación psicológica) en la Universidad de Reading, donde el tema de su tesis fue simbolismo y terapia de juego. Ha publicado en revistas importantes muchos artículos acerca de diversos aspectos de la terapia de juego. Al encontrar que trabajadores sociales, enfermeras, personal de hogares infantiles, maestros y otros interesados buscaban información ("¿qué es la terapia de juego?", "¿cómo la podemos utilizar?"), ella respondió a través de dar un número de cursos (cada vez mayor) de corta duración. Éstos se basaron en gran medida en sus propios descubrimientos complementados con folletos de la teoría apropiada. Para material teórico, en la mayor parte de los casos tuvo que basarse en autores estadounidenses, desde el primer trabajo invaluable de Frances Wickes y Virginia Axline (¿alguien podría olvidar *Dibs*?) hasta Carl Rogers y otras fuentes que se mencionan en este libro. Les debemos tanto a ellos, en especial porque mantuvieron una preocupación centrada en el niño durante el periodo reaccionario de las teorías y prácticas más fisiológicas, conductuales y orientadas en la familia.

Un libro de autor británico ha de ser bienvenido, en especial en el momento actual cuando, al seguir el "camino de la serpiente" de Jung, el interés se dirige una vez más hacia los *insights* psicodinámicos, destacando el enorme valor del juego libre no estructurado. En contraste con las condiciones de la guerra en el decenio de 1940, el principal factor precipitante es aquél del reconocimiento cada vez mayor acerca del maltrato infantil. Trabajadores sociales, médicos, enfermeras, maestros, padres sustitutos y muchos otros se preguntan cómo pueden tratar de sanar y relacionarse con estas aterrorizadas víctimas jóvenes que son incapaces de expresarse. En pocas palabras, podemos explicar que la terapia de juego es un medio de contacto, de comunicación sin palabras; lo que el discurso libre es para el adulto, lo es el juego libre para el niño. Pero hay mucho más que aprender del arte, porque es un arte, de las habilidades delicadas, la percepción intuitiva, el reconocimiento, la interpretación y la empatía en combinación con limitaciones, todo lo cual Janet tiene de sobra. Este libro completo no sólo llega a tiempo para las necesidades actuales, sino que será fuente esencial para el uso de alumnos y profesionales en ejercicio durante muchos años por venir.

Mary Swainson MA, Ph D.
Leicester, 1991

[Mary Swainson es una psicoterapeuta junguiana y autora de cinco libros, incluyendo *The Spirit of Counsel* (Spearman, 1977). Con base en la Universidad de Leicester, entre los años de 1948 y 1972 fue pionera de uno de los primeros servicios de orientación psicológica para estudiantes.]

 # Prefacio

En el trabajo usted podría verme con una bandeja en la mano, en la que hay jugo de fruta y panecillos, un juguete golpeado encajado bajo el brazo y entrando a un cuarto lleno de juguetes. Una hora después me vería con una cubeta y un estropajo, luchando con pantanos de arena y agua, después de haber ahuyentado al cocodrilo domado para que regrese a los sótanos. En el centro de esto se encuentra un niño que ha venido a terapia de juego. ¿Qué es el juego? ¿Qué es la terapia de juego? Los capítulos siguientes se diseñaron con la finalidad de ofrecer algunas de las respuestas; no todas ellas, en parte porque no tengo todas las respuestas y no puedo anticipar todas las peguntas, y en parte porque usted, el terapeuta de juego, es una parte integral de los procedimientos y requerirá de sus dotes y características únicas dentro del cuarto de juego. Proporciono los montajes de algunas escenas y le invito a usted, lector, a que sea un empresario y lleve sus propios talentos a la (con frecuencia) productiva y recompensante empresa de la terapia de juego.

Caí en la terapia de juego por casualidad. En 1978 un colega sugirió que podríamos "hacer" terapia de juego, la cual en aquella época era un concepto desconocido para mí y para la mayoría de los otros profesionales. Sin embargo, yo estaba interesada, nuestra agencia nos apoyó, y fuimos afortunados de tener acceso a la Dra. Mary Swainson, quien fungió como nuestra asesora. Los resultados de nuestros primeros intentos fueron alentadores, y existía la necesidad ya que las referencias eran demasiadas. Así, a lo largo de un trabajo demandante de tiempo completo, nació el proyecto de terapia de juego.

Cuando se preparó la primera edición de este libro me sentí muy sola; la terapia de juego era escasamente conocida en Gran Bretaña. Para mi fortuna, en 1992 descubrí otras personas con pensamientos afines en este país, y adquirimos los libros de terapia de juego que habían surgido de manera milagrosa. Desde entonces se ha incrementado el reconocimiento de la terapia de juego en el Reino Unido, y se tiene acceso a cursos de entrenamiento en esta modalidad. Se formó la Asociación de Terapeutas de Terapia de Juego en Gran Bretaña. De manera importante, los profesionales y custodios se dan cuenta cada vez más de las necesidades preventivas y terapéuticas de los niños maltratados *(Dartington Social Research Unit, 1995)*.

También es interesante e instructivo mirar los adelantos de la terapia artística, la terapia a través de la danza, el psicodrama, la musicoterapia, la narración de historias y mitos, la terapia por medio de títeres y las terapias de arte expresivo, las cuales tienen muchos elementos en común con la terapia de juego. Se requiere mucho trabajo intenso en lo que son, todavía, tiempos pioneros, ya que nos esforzamos por aprender cómo responder mejor a las necesidades de los niños a quienes servimos.

Aunque se deriva de los antecedentes de trabajo social que son los que mejor conozco, este libro tiene relevancia para otros profesionales como terapeutas ocupacionales, personal de centros familiares y guarderías, psicólogos educativos, maestros de primaria y personal de hospitales. Estos profesionales necesitarán enmarcar lo que digo dentro de su propio contexto y hacer los ajustes y adaptaciones necesarios. Escribo desde una perspectiva blanca, occidental, y tal vez se requerirán modificaciones que se adapten al rico tapiz de la sociedad multicultural.

Los niños a los cuales escuchamos de manera furtiva en las siguientes páginas son típicos de los expedientes de un trabajador social. Para preservar la privacía y confidencialidad son, sin embargo, ficticios, basados en vívidos encuentros a lo largo de muchos años. En los fragmentos de las sesiones, las afirmaciones de los niños se encuentran entre comillas, los comentarios del terapeuta de juego están entre corchetes. Los niños que conocen los trabajadores sociales pueden haber experimentado maltrato, privaciones graves, con frecuencia se encuentran al margen de sus propias familias o viven con familias sustitutas o adoptivas o en hogares infantiles. Muchos tienen relaciones tempranas destruidas o distorsionadas, algunos muestran una necesidad urgente de que vuelva a brindárseles atención paterna, y otros encuentran difícil asimilar la noción de un padre "cariñoso". La palabra "custodio" se emplea en este libro para referirse a la persona que está ejerciendo hoy en día el rol de padre o madre.

Si han de aceptarse los niños en terapia de juego, es importante que se emprenda el trabajo con la familia, porque no sólo el pequeño es "el problema". También es vital la comprensión y apoyo de las escuelas, guarderías y profesionales relacionados.

La terapia de juego centrada en el niño es adecuada para la mayor parte de niños que tienen una multitud de problemas (existen pocas excepciones), y es una de las opciones posterior al descubrimiento del conflicto, cuando se considera una forma de ayudar a los niños maltratados. En la terapia de juego cada niño es diferente, y se utilizan con astucia las sesiones para trabajar en las dificultades presentes y los conflictos pasados. Las sesiones son el tiempo del niño, éste decide qué hacer y cómo hacerlo. El terapeuta de juego es un adulto informado, intuitivo e interesado, que observa, espera y responde. En la mayor parte de los casos se presentan mejorías. La terapia de juego puede ser demandante, frustrante, agotadora; pero puede ser también una manera recompensante de trabajar con niños que tienen problemas.

La Asociación de Terapeutas de Juego (Reino Unido) define la terapia de juego de la siguiente manera:

> La terapia de juego es el proceso dinámico entre el niño y el terapeuta de juego en el cual el niño explora, a su propio ritmo y con un orden individual, aquellos elementos del pasado y del presente, conscientes e inconscientes, que están afectando la vida presente del niño. La alianza terapéutica habilita los recursos internos del niño para lograr el crecimiento y el cambio. La terapia de juego es centrada en el niño, el juego es el medio primario y el lenguaje el medio secundario.

Janet West

Reconocimientos

Desearía agradecer a Pam Donnellan, a mis antiguos colegas de la Unidad de Servicio Familiar de Leicester y a todas las otras personas relacionadas con los primeros tiempos, por su aliento activo para reavivar la terapia de juego. De manera posterior, colegas y estudiantes han enriquecido el desarrollo de mi práctica, y agradezco mucho su material y observaciones.

Estoy en deuda con los trabajadores sociales, el personal institucional y los oficiales de guardería que han referido algunos de sus niños con problemas; con los custodios y maestros que se han interesado y han brindado su apoyo; con los estudiantes que escucharon, actuaron y retaron (¡no siempre en ese orden!); y con todo aquel que ha dado aliento y validación.

Se ofrece con gusto el tributo a los niños que me han enseñado tanto, de manera generosa y abundante.

Lo que es más importante, estoy en deuda con la Dra. Mary Swainson por compartir su experiencia y conocimientos, y por ser objetiva y paciente en nuestras invaluables y algunas veces largas sesiones de asesoría. Sin ella el proyecto de terapia de juego nunca habría levantado las alas.

Los editores de *Changes* (1984, **2(3)**, páginas 80 a 84) y del *Journal of Social Work Practice* (1984, **1**, páginas 49 a 65) me han dado permiso de volver a trabajar en un artículo anterior acerca de la terminación que se titula *"Ending or beginning?"*, y el editor de *Adoption and Fostering* (1990, **4(4)**, páginas 31 a 37) me permitió amablemente citar de *"Play work and play therapy: Distinctions and definitions"*.

Se ofrecen los siguientes reconocimientos a:

Gestalt **Journal**, Highland, Nueva York, por el permiso para citar de la página 160 de *Windows to Our Children*, de Violet Oaklander (1978, Real People Press).

Charles C. Thomas, Springfield, Illinois, por el permiso para citar de la página 71 de un capítulo de D. Lebo, *"The development of play as a form of therapy: From Rousseau to Rogers"* en **Play Therapy: Dynamics of the Process of Counseling with Children**, editado por G. L. Landreth (1982).

Random Century Group, London, por el permiso para citar de la página 264 de **The Technique of Child Psychoanalysis: Discussions with Anna Freud** de J. Sandler, H. Kennedy y R. L. Tyson (1980, The Hogarth Press).

Methuen & Co., London, por el permiso para citar de la página 293 de **The Magic Years** de Selma H. Fraiberg (1968).

Octopus Publishing Group Library por el permiso para citar de las páginas 20 a 23 de **The Prophet** de K. Gibran (William Heinemann Ltd, 1980).

Contenido

Primera parte: Introducción

Segunda parte:
Terapia de juego en la práctica

Tercera parte:
Papel terapéutico

Cuarta parte:
Aspectos contextuales

Primera parte
Introducción

Toby

1

CAPÍTULO

Si tan sólo pudiéramos aprender a responder de manera efectiva a los niños en el momento de crisis en sus vidas que los lleva a nosotros, y en momentos críticos subsecuentes que son parte del crecimiento, salvaríamos a muchos de ellos de convertirse en clientes en un sentido u otro durante el resto de sus vidas.

(Winnicott, 1984, página 19)

Usando a Toby como un estudio de caso, este capítulo introduce al lector a:

- La teoría y práctica de la terapia de juego centrada en el niño.
- Los criterios utilizados para aceptar a un niño en terapia de juego.
- Los preparativos para inicio del trabajo.
- La importancia de la primera sesión.
- Las etapas principales de la terapia de juego de Toby.
- El trabajo artístico de Toby.
- Los resultados.

Ejercicio

- Escriba tres cosas que usted conozca acerca de la terapia de juego y tres cosas que le gustaría conocer.
- Suponga que usted es un niño que llega al cuarto de juegos para su primera sesión de terapia. ¿Qué esperaría usted que sucediera? ¿Cómo se sentiría?

¡Aquí estoy! Anunció un rostro sonriente y de aspecto fresco que asomaba por la puerta seguido por un cuerpo ágil en un traje deportivo. Había estado sentada en el cuarto de juegos aclarando mi mente de distracciones, preparándome para no sabía qué, ya que ésta iba a ser la primera sesión de Toby.

REFERENCIA

- Se requiere información acerca de los antecedentes del niño, presentación de problemas y situación familiar.
- Si la terapia de juego es una opción adecuada, se necesitan diversos preparativos.
- Véase capítulo 4 para un análisis más detallado acerca de las referencias.

Varias semanas antes un trabajador social había llamado por teléfono: ¿Me pregunto si usted podría ayudar? No sabemos qué hacer con Toby. De conversaciones subsecuentes con el trabajador social y en la escuela recopilé información acerca de los antecedentes de Toby y su situación actual.

ANTECEDENTES

En pocas palabras, supe que Toby, de nueve años de edad, era el mayor de tres niños nacidos de la misma madre pero de dos padres diferentes. Cuando era bebé, su hogar se describía como inmundo y con frecuencia se dejaba a Toby en sus propios excrementos. Se le admitió bajo custodia a la edad de seis meses, después del abandono de su madre, posteriormente tuvo numerosos cambios de domicilio, de custodios o de ambos; brincando de su madre (en varias casas a medida que la Sra. Green luchaba con problemas de alojamiento), al hospital (como resultado del descuido) y a padres en custodia. Se dieron un par de incidentes, que no se comprobaron, de posible maltrato físico mientras Toby vivía con su madre. A partir de un periodo más estable en la vida de la Sra. Green, Toby había permanecido en casa durante los últimos dos años y medio bajo orden de supervisión. La familia había atravesado por algunos tiempos difíciles pero ahora se encontraba cerca del punto de rompimiento, que incluía la demanda de la Sra. Green de que se tomara bajo custodia a Toby. A pesar de la falta de una escolaridad adecuada, se decía que Toby era bastante brillante.

PROBLEMAS ACTUALES

Los problemas en la conducta de Toby que precipitaron que se le refiriera, incluían los siguientes:

- Brotes de cólera extrema; recientemente había amenazado a su madre con un cuchillo.
- Peleas violentas.
- Travesuras arriesgadas.
- Intentar arrojarse por una ventana diciendo que quería morir.
- Involucrarse en pequeños robos (en especial de dulces).
- Ser suspendido de la escuela por conducta violenta.
- A veces acurrucarse como un bebé.
- Llamarse a sí mismo "malo", identificarse por su segundo nombre, Nicholas —Nick—Viejo Nick*.

INDICADORES PARA TERAPIA DE JUEGO

Existían diversos indicadores de que podría valer la pena intentar la terapia de juego:

a) La conducta de Toby era problemática en casi todos los aspectos de su vida.

b) Lo que se conocía de su historia clínica sugería que había sufrido privación extrema a temprana edad, y los lazos y vínculos podrían ser áreas problema (Fahlberg, 1982).

c) Toby vacilaba entre la agresión y la conducta de retraimiento parecida a la de un bebé.

d) Era brillante y parecía que tenía la capacidad para responder a un ambiente seguro, confiable, centrado en el niño; que no le hiciera demandas pero que lo alentara a "ser" lo que necesitara o como necesitara ser dentro de la sesión. Parecía que Toby poseía una comprensión suficiente de la realidad para darse cuenta de que existía una diferencia entre el ambiente permisivo del cuarto de juego y las normas a las que se suponía debería adherirse en cualquier otra parte. La terapia de juego podría proporcionarle la experiencia de que se le valorara por lo que era, con todo y sus defectos, y tendría la oportunidad de representar en el juego todas sus preocupaciones, temores y ansiedades. La base teórica auguraba que una vez que Toby hubiera sido aceptado por alguien, como el terapeuta de juego, sería más capaz de aceptarse a sí mismo, mejorarían su autoestima y bienestar, y las diferentes facetas que mostraba se volverían más integradas y apropiadas para su edad, en lugar de fragmentadas y actuadas.

e) Aunque su madre había pedido que se recibiera a Toby en custodia, no se le arrojaba de manera inminente del hogar y tanto el niño como su familia estaban preparados para trabajar con sus problemas.

PREPARATIVOS

Después de haber hablado conmigo y de involucrar a Toby y a su madre en la noción de la terapia de juego, el trabajador social me llevó a que conociera a Toby y a su familia a su casa. Se acordó que Toby y yo nos veríamos una hora cada semana, durante el periodo de clases, en el cuarto de juego a donde lo llevaría un taxi y de donde lo recogería el mismo conductor voluntario.

Le dije a Toby que estar en el cuarto de juego sería diferente de cualquier cosa que pudiera haber experimentado antes, que éste era un tiempo para que él fuera, dijera o hiciera (más o menos) lo que quisiera. Por una parte yo sabía que existían límites —él no podría lastimarse o lastimarme a mí o destruir voluntariamente el equipo de juego o vagar por el edificio— mismos que se invocarían si fuera necesario. Con aprobación de Toby y de su madre también visité la escuela y escuché acerca de la lista de problemas que condujeron a su suspensión, junto con los planes que se hacían para su regreso. En la escuela no estaban muy seguros de que la terapia de juego pudiera ayudar, pero estaban preparados para dejar que Toby viniera a las sesiones durante el horario escolar. Así, me encontraba al comienzo de mi viaje con Toby, preguntándome qué pasaría.

---

*N. de T. Viejo Nick es el equivalente inglés de "Pedro Botero" o el Diablo.

PRIMERA SESIÓN DE TERAPIA DE JUEGO

- La primera sesión contiene a menudo la clave para el trabajo.
- Observe la primera cosa que hace el infante.
- El niño le muestra dónde yacen las dificultades, y cómo pueden ser abordadas.
- Véase también capítulo 5.

Con frecuencia, la sesión inicial indica el trabajo que debe seguirse (capítulo 5). La primera cosa que Toby tomó fue a *Darth Vader**, "me gusta éste", seguido por pistolas y cuchillos, "mis juguetes favoritos". Utilizaba los teléfonos de juguete para llamar a su mamá y alimentó a un bebé de juguete. Toby armó un taller mecánico y llenó un vehículo amarillo con gasolina. Jugó con coches, después de lo cual continuó explorando el cuarto y realizó una feroz batalla entre *Darth Vader* y Hombres de Acción. Un tanque le disparó a *Darth Vader*, que continuó invencible, pateando y empujando al tanque hasta que éste se volcó. *Darth Vader* era fuerte, otros tanques y vehículos se retiraban cuando levantaba los brazos. En el cajón de arena, con concentración silenciosa, Toby arregló un campo de batalla en el que fuerzas grandes y furiosas derrotaron al lado desvalido. Al final de la sesión comenté que había existido mucho poder. Toby no había hablado mucho pero al irse musitó, a manera de disculpa, que esperaba que no me hubiera aburrido.

Toby había tocado muchas de las áreas problema en su vida que incluían asuntos acerca del poder, fuerza y violencia; su preocupación acerca de su lugar en la familia, su vulnerable "sí mismo" de bebé y su carencia de autoestima.

ETAPAS EN LA TERAPIA DE JUEGO

- La terapia de juego infantil comúnmente pasa por varias etapas, las cuales nos ayudan a medir el progreso del niño. De manera breve:

  1. Recorre todo el lugar.
  2. Comienza a surgir un foco de atención.
  3. Ambivalencia.
  4. Aproximación más realista hacia la vida.

- En el capítulo 10 se presenta un esbozo más completo de las etapas.

El trabajo en terapia de juego rara vez es metódico debido a que, a menudo, los asuntos se manejan simbólicamente (Chetwynd, 1982), apareciendo por partes cuándo y cómo la necesidad lo requiere. En general, en la primera etapa del trabajo, el niño presenta

---

* *Darth Vader* es el villano en jefe de la trilogía de la *Guerra de las Galaxias*.

los "problemas" a través de temas de juego, con frecuencia en forma imperfecta, aún desarticulada. En la etapa media, los temas de juego se desarrollan, con el inicio del surgimiento de soluciones y decisiones de manera fragmentada e irregular. En este momento, por lo general se informan mejorías en algunos aspectos de la vida exterior del niño, pero éste puede encontrarse vacilante en cuanto a sentimientos y afectos. La etapa final muestra análisis constructivos de los temas de juego; la naturaleza del juego y la relación del niño con el terapeuta se vuelve más apropiada a la edad y la conducta del pequeño en el mundo exterior, se muestra más realista.

PRIMERA ETAPA

En la primera etapa de la terapia, Toby jugó mucho con *Darth Vader*, los Hombres de Acción y tanques pequeños y grandes. Hice conjeturas acerca de los tratos malévolos del "Viejo Nick" a partir de su interés en una película; y, con base en lo que Toby había dicho acerca de sí mismo y sus nombres de pila, concluí que se había identificado en cierto grado con fuerzas negativas y consideré que no era coincidencia que hubiera elegido trabajar con *Darth Vader* y otras figuras poderosas.

Surgió una gran cantidad de juegos acerca de ser incapaz de encontrar su camino, de no tener ningún lugar en el cual vivir y de recibir indicaciones confusas.

En cuanto a los cajones de arena (capítulo 8), que podrían considerarse como reflejos del mundo interior de Toby, éstos eran ambivalentes. Hizo su primer cajón de arena cuando su vida exterior era desesperada: consistía en personas en lucha, inundaciones, batallas y devastación. La siguiente semana creó una granja en la que animales salvajes y domésticos se asociaban y se catalogaban como "no peligrosos". Un par de sesiones después, mostró un cajón de arena con conflicto profundo en el que se encontraban ejércitos opositores, aunque ellos y un feroz cocodrilo se hicieron amigos y existía la esperanza de reconciliación.

SEGUNDA ETAPA

Se inició una etapa formativa (de aproximadamente 10 sesiones), en la que Toby jugó con un equipo de construcción. (Nota: construcción, ¡no destrucción!) Las batallas *Darth Vader*/Hombres de Acción/tanques y pistolas continuaron pero se suavizaron y *Darth Vader* no siempre vencía. Fue interesante observar cómo, a medida que los cajones de arena progresaban, Toby empleaba figuras más y más pequeñas hasta que, al final de esta etapa, realizó una batalla de fuerzas casi similares entre pequeños soldados a escala.

Sentí que Toby y yo habíamos desarrollado una relación más recíproca y compartida, y él iniciaba *role plays* fascinantes en los cuales, cada vez más, yo era una persona sabia; es decir, un juez, comisario y, con más frecuencia, un rey, al cual Toby, el buen caballero, informaba sus actos y era el más valiente que pedía que se le "bautizara" (supuse que quería decir que se le nombrara "caballero"). A menudo Toby era quien llevaba acabo el rescate y el bien prevalecía; si él hubiera sido intrínsecamente "malo", hubiéramos tenido un escenario diferente. Entre otras cosas, se me pidió que fuera un "valuador" y evaluara las riquezas de Toby. Esto pudo haber sido una forma simbólica de mostrar que él valoraba las sesiones y, de modo más importante, que él podía sentir que merecía la pena que se le valorara.

Continuó la búsqueda de Toby de un alojamiento y una familia perdida; en general tenía un resultado favorable y, a veces, sobrecompensatorio. Se colocaba él, o a mí, en el papel de pobre y desamparado, y un benefactor llegaba proveyendo alojamiento, dinero y un trabajo pródigos. Con mucha frecuencia yo representaba diversos roles más o menos en forma simultánea y, en ocasiones, los papeles se intercambiaban si el guión se volvía en particular complicado. Esto sugirió una relación cercana y Toby anticipaba mis necesidades, por ejemplo a través de darme el sombrero apropiado o el teléfono en el momento adecuado.

Toby emprendió rigurosas pruebas de destreza *BMX* y de manejo de tractores y viajó al espacio con éxito, a lugares donde nadie había llegado antes. Existía un juego imaginativo y sensible acerca de visitar otros planetas y comunicarse de manera efectiva con extraterrestres en un lenguaje extraño, este juego era probable que fuera otro reflejo de la pregunta inevitable de Toby, ¿Quién soy y a dónde pertenezco? Era como si Toby se equipara para "viajar bien" en el viaje de la vida; aun si éste fuera extraño e incierto a veces, y ciertos elementos del juego sugerían que había realizado un gran viaje interior de reconstrucción.

El juego escolar indicó que Toby deseaba tener éxito en la escuela y dirigió muchos escenarios en los que mostraba qué tan difícil y compleja era ésta a veces; en particular cuando los maestros daban mensajes confusos. Mediante el intercambio de roles, tuve que experimentar un primer día en la universidad que me dejó perpleja y Toby me aseguraba de modo amable que yo tenía suficiente dinero y un auxiliar que me guiaba.

En casi la mitad de las sesiones, Toby mencionó a su verdadera familia o representó a través del juego las relaciones familiares y yo me pregunté si comenzaba a considerar su propia situación familiar de manera más realista.

Durante esta etapa, Toby utilizó el cajón de arena para crear una escena de ejército en la que soldados pequeños de estatura resultaban victoriosos y ya no eran azotados por poderosas fuerzas "negativas".

La indicación de que se estaba proveyendo a la parte de bebé de Toby se hizo explícita cuando se metió en la cama y me pidió que lo alimentara con un biberón. Esto parecía mostrar que la seguridad y la nutrición estaban disponibles para él. (Algunos niños juegan a que son bebés desesperadamente enojados, descuidados, a los que no se les alimenta.) En sesiones previas existieron señales de que estaba preocupado con su sí mismo de bebé cuando había sido un buen proveedor para un bebé, que él (o yo) tenía.

A medida que llegué a conocer mejor a Toby, sentí que parecía confirmarse mi hipótesis de que su conducta más difícil, en parte, era reactiva a la inseguridad y a los eventos que él consideraba injustos. En las sesiones de juego, Toby había mostrado que podía aprender y jugar, que le importaba lo que sucedía, y su madre, escuela y trabajador social informaron de cualidades similares en su vida cotidiana, en la cual ahora Toby se desempeñaba bien.

ETAPA FINAL

Toby se enamoró del juego *Misfits**, lo cual no me pareció una total coincidencia dado que previamente él se consideraba un inadaptado dentro de su familia. Sin embargo, ahora éste no parecía ser el caso. En la terapia de juego, los juegos de tablero de damas se convirtieron en el principal campo de batalla. Algunos de los *role plays* aún eran un tanto sobrecompensatorios, con abundantes regalos que prodigaban benefactores generosos. Cuando la terapia de juego estaba llegando a su fin, le presté juegos a Toby para que los llevara a casa para jugar con la familia y le di el *Misfits* y las damas como regalos para señalar el fin de su terapia de juego. Para esta etapa, Toby y yo platicábamos de manera abierta acerca de las razones que lo habían llevado al cuarto de juegos y lo que había sucedido ahí, y concluimos nuestro trabajo juntos con visitas a un parque de diversiones y a un ferrocarril de vapor.

TRABAJO ARTÍSTICO

- El trabajo artístico es una actividad opcional.
- Dibujos, pinturas y cajones de arena pueden propiciar un *insight* en el mundo interno del niño.
- Véase capítulo 8.

El trabajo artístico (y los cajones de arena) dan indicadores independientes acerca de lo que sucede en los mundos interiores y exteriores de los niños. Hecha de manera espasmódica, cuando él lo elegía, la primera pintura de Toby fue una casa; sus energías se encontraban alrededor de su familia y de él mismo. Muchas semanas después realizó cuadros de dos propiedades a la venta. La primera era un castillo protegido por un profundo foso y corriente eléctrica; el segundo era resguardado por un pantano y arenas movedizas, aunque existía una entrada especial en la parte de atrás. Los castillos podrían verse como aspectos de Toby, aún defendidos, de modo que todavía permanecían algunos peligros, pero existía un camino especial para atravesarlos, si éste podía encontrarse.

Después Toby pintó un mapa críptico que, si se interpretaba de manera correcta, mostraba dónde estaban tesoros enterrados. Pero, dos semanas más tarde dibujó: "garábatos, garabatos, garabatos", mientras que esparcía pintura en grandes manchas y círculos. El progreso de los niños en terapia tiene altas y bajas, y resurge un poco de su etapa preescolar. Después Toby pintó un patrón integrado, un mandala (página 231), el tipo de cosa que a veces los niños producen en momentos importantes de cambio dentro del trabajo.

Una secuencia de pinturas, que en su mayor parte consistían en figuras humanas con globos que salían de sus bocas con mensajes escritos, las tomé como un comentario acerca de la terapia de juego y la relación conmigo. La primera decía: "Hola, Janet"; después, en sesiones subsecuentes: "Te veo en todas partes", "¿La estás pasando bien?", "El monstruo Mick no gobierna más, ¿sí?" "Gracias por el té, Janet", "Hola", en su última sesión comenzó a pintar "Soy Toby y me iré pronto", pero cometió un error y tachoneó el dibujo.

Misfits es un juego en el que muchas cartas (por ejemplo, cabeza, cuerpo, piernas, brazos) abarcan un número de figuras humanas. El objeto del juego es unir una persona "completa", aunque esté en desorden. (N. del T. La palabra *Misfits* quiere decir inadaptado.)

EVALUACIÓN

Para medir el progreso del niño buscamos:

- Una resolución natural de los temas que se presentan en las sesiones de terapia de juego.
- Progresos en los sentimientos y conductas del niño.
- El capítulo 10 contiene una explicación más completa.

La valoración y evaluación son progresivas, y la evaluación del trabajo de Toby se explora de manera más completa en los capítulos 10 y 11. En pocas palabras, para el final de su terapia de juego (22 sesiones), Toby se encontraba más feliz en casa y la señora Green ya no demandaba que se retirara el niño de su hogar. Había regresado a la escuela donde su trabajo y relaciones mejoraron. En las sesiones, los temas de juego de Toby ya habían llegado a una conclusión natural en donde las escenas de batalla con soldados habían menguado; a veces los *role plays* aún eran un poco "demasiado alegres", pero Toby era capaz de hablar de modo más realista y con comprensión acerca de lo que había sucedido. Su relación conmigo era equilibrada y apropiada a la edad.

PANORAMA GENERAL

No es fácil ofrecer una visión rápida de un niño dentro de la terapia de juego, lo mismo que es difícil transmitir la riqueza, sutileza y minuciosidad del trabajo y de la relación. Sin embargo, ya presenté algunos de los aspectos que rodean la referencia inicial y los preparativos para tomar al niño dentro de la terapia de juego. En la terapia de juego centrada en el niño, el terapeuta se preocupa del niño "en su totalidad" (Crompton, 1990, página 117), le permite al pequeño determinar cómo se utilizarán las sesiones y se encuentra abierto a lo que el pequeño trae.

A medida que avanza la terapia de juego, los temas se vuelven patentes y, si se comprenden, quizás ayuden al entendimiento del terapeuta de juego; o pueden hacerse predicciones acerca de la capacidad del niño para enfrentarse a las situaciones en el futuro. Se facilita la valoración si el terapeuta de juego conoce cuáles son los cambios que ocurren en la vida exterior del niño, y es una ayuda si el terapeuta se reúne de manera periódica con las personas que refirieron al niño y otros profesionales preocupados (en algunos casos con quienes cuidan del niño), para intercambiar impresiones e información. De manera adicional, el terapeuta podría esperar participar en los planes para el futuro del niño.

La tarea más importante para el terapeuta de juego es apoyar de manera consistente al niño a través de lo que pueda suceder en las sesiones, mediante la aceptación de "resbalones" y "errores" a medida que el niño crece hacia la integridad. A veces, la terapia de juego puede ser confusa y el terapeuta agradece la asistencia de un consultor durante periodos difíciles cuando alrededor existen sentimientos de caos, confusión, dolor, enojo y desesperación. Por lo demás, existe la fe de que el proceso de la terapia de juego "funciona".

POSDATA

Toby permaneció en casa prosperando cuando un cohabitante sensible se unió a la familia y el niño recibió gran ayuda de un cuidadoso trabajo de historia personal que realizó el trabajador social. Cuando un maestro socavó la confianza de Toby, su trabajo escolar se deterioró de modo temporal, pero pronto se levantó cuando fue resuelto el problema.

RESUMEN

Una revisión rápida de la terapia de juego de Toby nos introdujo a los principios y prácticas de la terapia de juego centrada en el niño. Aprendimos que existen varios criterios para referir a un niño a terapia de juego. Una de las habilidades esenciales consiste en asegurar que la terapia de juego sea la opción apropiada para ese niño en particular, y que se han llevado a cabo los preparativos adecuados para iniciar el trabajo de manera correcta. Desde todos los puntos de vista, la primera sesión es crucial y casi siempre nos habla acerca de las áreas que el niño escogerá para explorar en las sesiones futuras. Un análisis de las etapas por las que regularmente pasa la terapia del niño nos ayuda a evaluar el trabajo, y saber cuándo terminarlo. Los cajones de arena y el trabajo artístico de los niños son con frecuencia una narración reveladora de su proceso interno, y del progreso del terapeuta.

Capítulos subsecuentes en esta primera parte, examinan en mayor detalle el juego y la terapia de juego, e invitan al lector a que piense acerca del niño dentro del contexto de las normas y expectativas de la sociedad. ■

Juego y terapia de juego

"R_epresentar a través del juego" es la medida de autocuración más natural que brinda la infancia._

(Erikson, 1977, página 200)

2

CAPÍTULO

Este capítulo:

- Considera de manera breve una de las sesiones de terapia de juego de Toby.
- Introduce al lector al juego y a los diferentes tipos de trabajo de juego.
- Define la terapia de juego centrada en el niño.
- Resume el papel del trabajo enfocado y estructurado dentro de la terapia de juego.
- Comienza a analizar el papel del terapeuta.
- Señala algunas de las razones por las que la terapia de juego puede fracasar.
- Observa las diferencias entre:
  — Un número determinado de sesiones de terapia de juego.
  — Trabajo con terminación abierta.
- Dirige la atención hacia la actual falta de hallazgos en la investigación.
- Sugiere que la terapia de juego también puede ser utilizada por los adultos.

Ejercicio

- ¿Cómo describiría usted el juego? ¡Demuéstrelo y actúe!
- ¿Puede el juego ayudar a los niños a sentirse mejor acerca de sí mismos?
- ¿Cuándo fue la última vez que vio a niños jugar? ¿Qué sintió? ¿Qué pensó? ¿Qué recordó acerca de su propia infancia?
- Juegue con niños de todas las edades y culturas, y obsérvelos en espacios cerrados y abiertos.
- ¿Cuántas maneras de jugar con los niños se le ocurren?
- Usted, que ya no es un niño, ¿cómo juega?

JUEGO, TRABAJO DE JUEGO ▬▬▬▬▬▬▬▬▬ Y TERAPIA DE JUEGO

Toby señaló un rasguño bajo su ojo izquierdo y dijo que el gatito se lo había hecho la noche anterior. Comenzamos a jugar con los soldados sobre el piso pero Toby trasladó el juego hasta el cajón de arena, donde se creó una base militar en una esquina, mientras el ensamblaje de vehículos de urgencia se encontraba en la otra. Los vehículos de Toby y los míos protagonizaron una carrera (los suyos ganaron) y hubo pocos accidentes menores, pero nada como las catástrofes que habíamos experimentado con anterioridad. Toby creó una pista circular a la mitad del cajón de arena, y cuando su coche se descompuso una grúa lo ayudó. Cuando vi que los vehículos ignoraban la luz roja del semáforo, me pidió que llamara a la policía (quien por casualidad era Toby), pero se me informó que no había problema en que esos vehículos en particular infringieran la ley.

El juego se hizo activo cuando nos encontramos en una isla resguardándola de atacantes. Tomamos los botes y pasamos una noche tormentosa en el mar, mientras Toby iba en la lancha salvavidas para intentar librar los peores problemas. Desembarcamos en la isla —la esquina hogareña— y Toby se convirtió en un bebé que pedía jugo de naranja en su biberón. Fuimos a la feria y nos subimos a varios juegos, después regresamos a casa. Descubrí que tenía dos niños más, Toby era el mayor, y los cuatro regresamos a la feria donde Toby se escapó y se comportó mal. Una vez más volvimos a casa y Toby escapó de su habitación y, mientras yo estaba de nuevo en la feria con los otros niños, él saqueaba la casa. Finalmente la policía lo trajo de regreso y yo tuve que molestarme mucho con él.

Se me pidió que hablara con mi amiga mientras Toby realizaba algunos dibujos, y después varias veces tuve que alejar de la puerta a alguien que quería llevarse a mi pequeñito. Toby se convirtió en un cachorrito que gemía y se agazapaba cuando los de la perrera se aproximaban. Alejé a estas personas y se me aconsejó que les informara que el cachorrito me pertenecía y estaba bien cuidado. Este juego se repitió muchas veces en varias permutaciones, con el cachorrito que de vez en cuando se convertía en un niño pequeño.

El cachorrito olfateó el humo que provenía de la cocina y llamó a los bomberos. Él no deseaba abandonar la casa y, cuando los bomberos terminaron su trabajo, volvimos a entrar a la cocina tosiendo y balbuceando, y encontramos nuestro camino entre los escombros ennegrecidos.

¿Por qué el terapeuta de juego participó de este modo? El desempeño del terapeuta no fue ni al azar ni un capricho del momento, sino que se basó en una teoría y práctica comprobadas.

JUEGO

- El juego ayuda al niño a:
  — Desarrollar habilidades físicas.
  — Descubrir lo que es "yo" y "no yo".
  — Entender las relaciones
  — Experimentar e identificar emociones.
  — Practicar roles.
  — Explorar situaciones.
  — Aprender, relajarse, divertirse.
  — Representar aspectos problemáticos.
  — Adquirir dominio.
- El juego es una comunicación simbólica.
- El juego actúa como un puente entre el conocimiento consciente y las experiencias emocionales.
- En el juego, los niños abarcan lo misterioso, lo brillante y lo práctico de la vida cotidiana.

Tal vez sea útil el hacer explícitas las siguientes consideraciones:

a) En la mayor parte del mundo caucásico occidental, el juego significa para (casi todos) los niños lo que el lenguaje es para (casi todos) los adultos (Axline, 1969, página 9).

b) En general, los niños se expresan más libremente mediante el juego que en entrevistas formales "habladas" (Bray, 1986, página 19).

c) Los niños pueden manifestar sus problemas a través del juego.

d) El juego puede ser una herramienta terapéutica (Gavshon, 1989; Isaacs, 1948, páginas 49 a 50).

Hellendoorn (1988, página 43) sostiene que el juego ayuda a involucrar al niño en una relación terapéutica, al permitirle "la reactuación simbólica del contenido abrumado por el conflicto y la expresión de los deseos primitivos reprimidos en forma de 'mentiritas'".

El juego brinda oportunidades de crecimiento físico, emocional, cognoscitivo y social, y con frecuencia es placentero, espontáneo y creativo. Puede reducir eventos atemorizantes y traumáticos; es posible que permita descargar la ansiedad y tensión; puede ayudar a la relajación, diversión y el placer. A través del juego, los niños aprenden acerca del mundo y de las relaciones humanas; ofrece la oportunidad de ensayar, someter a prueba a la realidad, explorar roles y emociones. El juego capacita al niño para expresar la agresión y los sentimientos ocultos, y puede ser un puente entre la fantasía y la realidad (Cohen, 1993; Lowenfeld, 1935; Moyles, 1994; Singer, 1973; Winnicott, 1971a; Yawkey y Pellegrini, 1984).

Nickerson (1973, páginas 1 a 6) lo resume de la siguiente manera:

1. El juego es un medio natural para la autoexpresión, experimentación y aprendizaje del niño.

2. Al sentirse como en casa en el ambiente de juego, el niño puede relacionarse fácilmente con los juguetes y "jugar" sus preocupaciones con ellos.

3. Un medio de juego le facilita la comunicación y expresión al niño.

4. El juego es también un medio que permite una liberación catártica de sentimientos, frustraciones, etcétera.

5. Las experiencias de juego pueden ser renovadoras, sanas y constructivas en la vida de un niño.

6. El adulto puede entender el mundo del niño de manera más natural al observarlo durante el juego, y puede relacionarse de modo más fácil con él a través de las actividades de juego que por medio de una discusión totalmente verbal.

Y Oaklander (1978, página 160) explica:

> El juego es la manera en que los niños someten a prueba al mundo y aprenden sobre él. Por tanto, el juego es esencial para un desarrollo saludable. Para los niños el juego es un asunto serio. Y que tiene un propósito determinado a través del cual se desarrollan mental, física y socialmente. El juego es la forma de autoterapia del niño mediante la que, con frecuencia, se llega al centro de las confusiones, ansiedades y conflictos. A través de la seguridad que brinda el juego, los niños pueden someter a prueba sus propias y nuevas formas de ser. El juego desempeña una función vital

para el niño. Es más que la actividad frívola, despreocupada y placentera que los adultos en general consideran. El juego también sirve como un lenguaje simbólico... Los niños experimentan mucho de lo que aún no pueden expresar mediante el lenguaje y, por tanto, utilizan el juego para formular y asimilar lo que experimentan.

Irwin (1991, página 617) hace notar que "el juego de los niños es una mezcla intrigante de fantasías, sentimientos y percepciones de la vida real o irreal, unidas con el espíritu de la simulación".

TIPOS DE TRABAJO DE JUEGO

- Juego espontáneo.
- Juego guiado.
- Juego de evaluación.
- Juego terapéutico enfocado (estructurado).
- Terapia de juego.

El trabajo de juego puede dividirse en varias categorías, y nos lleva a pensar de manera cuidadosa acerca del tipo de trabajo que intentamos emprender (Allen, 1947, Redgrave, 1987; West, 1990b):

El juego espontáneo ocurre cuando los niños "juegan" porque lo desean y por ninguna otra razón. Es dirigido por el niño, y por lo regular los adultos son superfluos. El juego espontáneo es en extremo valioso, debe alentarse y nutrirse y se considera como parte del desarrollo normal de la infancia en la sociedad caucásica occidental.

El juego guiado lo determina un trabajador, con propósitos tales como proporcionar al pequeño el permiso y libertad de ser un niño y jugar (y permitirse el juego espontáneo), y alentarlo a relajarse y divertirse. En ocasiones es un medio para llegar a conocerlo mejor al ofrecerle un ambiente no amenazante en el cual el trabajador y el niño puedan estar juntos. El juego guiado puede utilizarse para alentar a quienes cuidan del pequeño a interactuar de modo más favorable y disfrutar a sus hijos, y se emplea en algunas formas de recopilación de historia personal.

El juego de evaluación (que incluye descubrimiento y validación) también lo determina el trabajador y en general, tiene un tiempo limitado. ¿Cómo es este niño? ¿El juego puede decirnos qué ha sucedido? ¿Es factible que nos ayude a juzgar qué planes deberían hacerse en el futuro? Los métodos basados en el juego pueden permitirnos comprender al niño de una manera que no sería posible si utilizáramos técnicas de entrevista que se emplean con adultos.

El juego terapéutico enfocado con frecuencia resulta del juego de evaluación o de un conocimiento detallado del niño y, en general, intenta manejar 1 o 2 aspectos que se identificaron con anterioridad. A semejanza del juego guiado y el de evaluación, los objetivos y métodos del juego terapéutico tienden a ser dirigidos por el trabajador y son de tiempo limitado.

(Se encuentran ideas específicas sobre juego en las obras de: Aldgate y colaboradores, 1988; Cardiff Social Work Resource Centre (sin fecha); Catholic Children's Society, 1983; Crompton, 1980; Dennison, 1989; Fitzgerald, 1983; Harmon, 1976; Jewett, 1984; Oaklander 1978; Redgrave, 1987; Ryan y Walker, 1993; Striker y Kimmel, 1978; Waterhouse, 1987).

TERAPIA DE JUEGO

Desde mi punto de vista, en muchos diccionarios se define de manera inadecuada a la terapia de juego (por ejemplo Evans, 1978; Wolman, 1973) al confundirla con el juego terapéutico dirigido y enfocado (Goldenson, 1984). La terapia de juego es más semejante a la psicoterapia. *Psyche* proviene del griego que significa "alma, espíritu, mente: el principio de la vida emocional y mental, consciente e inconsciente..." (Macdonald, 1973, página 1085). Terapia (del griego *therapia*) significa asistir, cuidar, sanar, servir, atender (Liddell y Scott, 1940), lo cual transmite algo un poco diferente de los valores implícitos más activos y enfocados en el trabajo directivo. Por tanto, cuando se habla de terapia de juego, implica una aproximación holística al utilizarlo como un medio para "ayudar", de una manera no agresiva, a los aspectos físicos, espirituales, emocionales y cognoscitivos, tanto conscientes como inconscientes; tomando en cuenta pasado, presente y futuro del niño "completo". La terapia de juego se ocupa de los sentimientos de los niños, no sólo de su conducta (Amster, 1964, páginas 11 a 19). El terapeuta de juego, en gran parte, "espera" y "asiste" al niño, lo acepta y respeta, y posee una fe implícita de que el proceso de la terapia de juego (el cuarto de terapia de juego, la alianza terapéutica, los encuentros entre el terapeuta de juego y el niño, y la preocupación general que condujo a que se enviara al niño a terapia de juego) "funciona" (Moustakas, 1953).

Desarrollada a partir del trabajo de Carl Rogers (1951) por Virginia Axline (1964*f*, 1969), la terapia de juego proviene de la escuela humanística y, en esencia, está centrada en el niño (no directiva es un término anterior, menos certero, que en ocasiones se utiliza), que implica que el niño, en cierto sentido, actúa como terapeuta. Jugar en presencia de un adulto dispuesto y permisivo puede ser curativo (Dorfman, 1951, página 240; Newson, 1983; Winnicott, 1971*a*, página 58).

El terapeuta de juego refleja las acciones y sentimientos del niño mediante su participación en el juego si se le pide. En las primeras etapas el terapeuta no estructura las sesiones pero, al haber intentado ayudar al niño a sentirse seguro y a comprender las normas del cuarto de juego (páginas 197 a 200), espera para ver qué es lo que surge. La agenda de la sesión depende del niño y el terapeuta de juego asume la responsabilidad de prevenir el peligro, daño o conductas inapropiadas (Bray, 1984).

La terapia de juego se basa en el hecho de que el juego es el medio natural de autoexpresión del niño. Es una oportunidad que se le brinda para "jugar" sus sentimientos y problemas, como en ciertos tipos de terapia para adultos un individuo "habla" sus dificultades. (Axline, 1969, página 9.)

La terapia de juego centrada en el niño:

- Puede tomarse de manera individual o en pequeños grupos.
- Es adecuada para un rango de niños con problemas.
- Tiene un fundamento teórico humanista.
- Puede evaluarse.
- Requiere materiales de juego y un cuarto privado.

Cuando se refiere a un niño a terapia de juego se hace una cita, por lo común de una hora (quizá menos para niños más pequeños), en general, una vez a la semana a la misma hora. El niño llega al cuarto de juego y mira alrededor. Todo lo que el terapeuta hace es establecer una atmósfera permisiva. Él puede decir "puedes hacer casi cualquier cosa que desees y está bien decir lo que quieras y sientas, y **ser** aquí como tú quieras **ser**". A nivel simbólico el terapeuta de juego dice "dentro de este cuarto, este lugar seguro, eres libre de ser como quieras". La gente algunas veces pregunta "¿Qué **haces** con los niños? ¿Los **haces** jugar?". La respuesta es "Nada. Dejo a los niños en paz y en un momento dado ellos juegan. Es su forma de expresión" (páginas 60, 176 a 177).

Los niños referidos a terapia de juego presentan problemas conductuales, emocionales o de ambos tipos. Pueden presentar *acting out*, dificultades para controlarlos, retraimiento, bajo rendimiento escolar, dificultades de desarrollo aunque no existan problemas físicos o médicos. Puede resultarles difícil adaptarse a un nuevo hogar sustituto u hogar para niños, tal vez sufrieron maltrato, privación o ambos pueden haber tenido una experiencia traumática, o estado sujetos a procedimientos médicos desagradables. La lista es infinita, pero el factor común es que la incomodidad del niño respecto a lo que ha sucedido se manifiesta en su conducta.

Dado que los temores y ansiedades de los niños se formaron durante sus experiencias pasadas con personas cercanas a ellos, tienen poca oportunidad de explorar y examinar tales sentimientos ya sea en su casa o en la escuela. La terapia de juego les ofrece una relación única con un adulto objetivo que los acepta y que, en general, no se encuentra involucrado en otros aspectos de la vida del niño. (En otras variantes de trabajo de juego el terapeuta puede tener lazos adicionales con los niños y con quienes los cuidan.) La sesión debe considerarse como el tiempo personal del niño y no debe esperarse que los pequeños informen de los eventos que ocurren en el cuarto de juegos a ninguna otra persona, a menos que así lo deseen.

TERAPIA DE JUEGO CENTRADA EN EL NIÑO Y TRABAJO ENFOCADO

Con niños severamente maltratados o traumados, es recomendable hacer uso de una combinación de aproximaciones, en las que se incluye la terapia de juego centrada en el niño, aunque con niños más pequeños la terapia de juego sola puede ser suficiente (Gil, 1991, páginas 72 a 73, 181). Si el niño o la niña continúa dentro de la familia donde él o ella estuvo viviendo cuando ocurrió el o los incidentes traumáticos, la terapia familiar puede considerarse esencial. Los niños maltratados pueden beneficiarse de un trabajo que promueva su protección (manteniéndose seguros, al decir no, etcétera, aunque la investigación es dudosa) y educación sexual. Las opiniones varían respecto a la conveniencia de alentar a los menores a confrontarse con los eventos traumáticos, de compartir lo que sucedió y los sentimientos evocados por los incidentes. Si esto se considera importante y el niño no aborda el material de manera espontánea, sería de utilidad un enfoque más estructurado (Friedrich, 1990, página 71). El trabajo enfocado puede llevarlo a cabo alguien más pero, si el terapeuta de juego se va a involucrar, es necesario que tanto él como el niño tengan claras las diferencias entre trabajo enfocado y trabajo centrado en el niño. Por ejemplo:

- Quizá existan cambios en la confidencialidad. El terapeuta puede transmitir información al custodio, trabajador social, maestro, policía.
- El terapeuta podría retar al niño, en especial cuando se observan discrepancias verbales o no verbales.
- Es factible introducir ejercicios y materiales especiales diseñados para obtener información o enfocarse en temas específicos.
- El terapeuta será más directivo.

Existe la posibilidad de abordar el trabajo enfocado dentro de la estructura de la terapia de juego centrada en el niño, siempre que los puntos anteriores estén claros (Wilson y colaboradores, 1992, páginas 57 a 59).

El trabajo enfocado puede introducirse de manera cuidadosa dentro de las sesiones de terapia de juego con niños muy maltratados, traumados o ambos, para ayudarles, por ejemplo, a:

- Identificar y expresar las emociones de manera apropiada.
- Propiciar el trabajo en torno al enojo.
- Mantenerse protegido.
- Experimentar patrones de parentesco más positivos y aprender roles infantiles apropiados.
- Aprender cómo debe cuidarse a los bebés y a los niños pequeños.
- Instruirse sobre la socialización y habilidades con el grupo de pares.
- Emprender una labor de historia de vida.
- Trabajar aspectos en torno a la pérdida y el cambio.
- Confrontar los eventos traumáticos.

INTERRUPCIÓN DEL JUEGO

La interrupción del juego ocurre cuando, por razones no manifiestas, el niño deja de jugar o hablar, algunas veces de manera abrupta. Erikson (1977, páginas 201, 206) contribuyó para entender que esto puede suceder cuando los sentimientos del niño acerca del juego se vuelven abrumadores o amenazantes en exceso, o si el terapeuta de juego ha intervenido demasiado rápido, ya sea de manera activa o verbal. El terapeuta de juego tiene que decidir si hace notar al niño la interrupción (Haworth, 1990, páginas 207 a 208) o si realiza una anotación mental de ésta y deja que el juego continúe.

TERAPIA DE JUEGO
Y EVALUACIÓN INICIAL DEL NIÑO

La primera evaluación crucial es determinar si la referencia para terapia de juego es apropiada (capítulo 4). Una vez que se acepta al niño, el terapeuta de juego tiene en mente que la evaluación y la terapia se sobreponen (Barlow, Strother y Landreth, 1985, página 355). Las primeras sesiones le permiten al terapeuta la confirmación (o no) de las hipótesis que se obtuvieron durante la fase de organización, acerca de la situación del pequeño. En este contexto, la evaluación significa sopesar las dificultades presentes contra lo que se conoce de los antecedentes del niño o cómo él o ella utiliza las sesiones para la exploración y expresión de conflictos internos y problemas externos. Surgirá una imagen más clara acerca de los mundos interno y exterior del niño, y entonces el terapeuta puede sacar sus propias conclusiones acerca de qué es lo que perturba al niño, lo cual quizá confirme o niegue lo que han dicho las personas que refieren al pequeño o cuidan de él. Sin embargo, se debe recordar que para algunos niños "jugar" en un cuarto extraño, en presencia de un adulto extraño, no es una experiencia muy común y es probable que el niño no sepa cómo manejarla (Cohen, 1993, página 150). En la terapia de juego centrada en el niño no es necesaria una evaluación clínica inicial, pero sí lo es un informe completo y preciso de los antecedentes sociales y problemas actuales del niño. La información acerca del pequeño se añadirá y corregirá a medida que avance la terapia de juego.

Los terapeutas de juego que inician su labor deben evitar formarse una evaluación demasiado rígida acerca del estado del niño hasta que se familiaricen con las normas de juego en diferentes edades y etapas. Jackson y Todd (1964, página 315) proporcionan algunos indicadores útiles:

> El juego puede estudiarse desde el punto de vista de la elección de los materiales y desde la naturaleza y tipo de juego. ¿Se expresa vívida y libremente, o es demasiado solemne e inhibido? ¿Es apropiado al nivel de edad del niño o es inmaduro y se parece al de un bebé, o tal vez es en exceso complicado y lo dominan estándares adultos? Se puede decidir a partir del tipo de juego si el niño es comparativamente normal o perturbado...

Un niño inhibido, demasiado ansioso, puede sentarse o estar de pie en el cuarto de juego sin poder entregarse a cualquier actividad. Los niños sin límites y respeto por sí mismos pueden generar estragos y destrucción. Los niños inmaduros pueden jugar de un modo relativamente "infantil". Existe el niño que necesita poseer el control y tener todo de una manera especial, ordenado en líneas perfectas, y tiene miedo de sustancias de flujo libre y que ensucian como pinturas, arcilla, arena y agua. También hay pequeños que se entregan a juegos atolondrados y manipulan casi todo lo que está al alcance de su vista en los primeros 10 minutos. De manera gradual, estos niños encuentran sus propias normas, se "nivelan" y desaparecerá la mayor parte de su conducta destructiva o emociones abrumadoras.

EL PAPEL DEL TERAPEUTA

Cuando Toby comenzó la terapia de juego, la terapeuta lo aceptó como era, en el estado de ánimo que estaba. No intentó conducirlo, dirigirlo ni distraerlo; respetó su paso, trabajó con sus sentimientos espontáneos e interactuó con él si se le solicitaba; porque es el niño quien controla en mayor medida la sesión y la terapia centrada en la persona no depende de la etiqueta diagnóstica con ideas preconcebidas de lo que sucederá. Toby podía elegir qué hacer. No se le criticaba o cuestionaba, aparte de que la terapeuta de juego en ocasiones intentara sacar en conclusión qué era lo que sucedía en el cuarto de juego. Él podía hacer lo que deseara en cualquier forma, mientras que se respetaran las normas del cuarto de juego (Axline, 1969, página 16), y tenía libertad de expresión. El ambiente del medio terapéutico fue adaptado para su seguridad y crecimiento interior (Carkhuff y Berenson, 1967, páginas 65 a 66). El terapeuta de juego debe verse, no tanto como un experto que evalúa el juego y desenmaraña el trauma del niño, sino como un facilitador y coexplorador que intenta seguir la guía del niño más que alterarlo o controlar el juego. La aproximación centrada en el niño le ofrece la oportunidad de establecer sus propias formas de comunicación y recibir realimentación cuando el terapeuta de juego le refleja el afecto y el contenido de lo que sucede.

El terapeuta:

- Acepta al niño, su juego y conducta.
- Refleja al niño (sin juzgarlo) lo que él o ella dice y hace dentro de las sesiones.
- Mantiene la seguridad y límites terapéuticos.
- Es el encargado de lograr un espacio de juego seguro, privado y amigable para el niño.
- Sirve de enlace entre las personas involucradas en el ambiente del pequeño.
- Es profesionalmente responsable, mantiene la confidencialidad y busca una supervisión adecuada.

GÉNERO DEL TERAPEUTA DE JUEGO

Siempre y cuando posean cualidades personales adecuadas, conocimiento técnico y capacidad intuitiva para estar al lado de los niños que sufren, hombres y mujeres pueden desempeñarse de manera eficaz dentro del rol de la terapia de juego (Doyle, 1990, página 35). Jones (1986) encontró que el género del terapeuta no es importante en particular. Sin embargo, algunos niños se relacionan mejor con personas de un género específico, y seleccionar un terapeuta de juego apropiado puede ser crucial para algunos niños maltratados o abandonados (Hall y Lloyd, 1989, páginas 28 a 35). Los niños pueden preferir sesiones individuales con alguien del género opuesto al de la persona o personas que lo maltratan. Algunos pequeños pueden preferir a un terapeuta de su propio género, con base en el material que necesiten explorar. Otros no presentan una preferencia particular.

De manera extraña, el terapeuta de juego puede carecer de género determinado dentro de las sesiones de juego (Lush, 1977, página 78), si bien no es posible enfatizar la importancia de una aceptación completa y clara de la propia sexualidad. Es probable que el afrontar la propia identidad de género sea lo que permita a algunos niños ver al terapeuta como asexual y como alguien en quien pueden proyectar toda clase de fantasías con las figuras femenina y masculina en sus vidas.

ESCALAS DE TIEMPO

TERAPIA DE JUEGO CON LÍMITE DE TIEMPO

Con frecuencia, la terapia de juego con límite de tiempo se presenta, en parte, debido a la falta de recursos, y en parte porque existe una corriente de pensamiento que considera que el niño puede lograr una cantidad de trabajo razonable en ocho o diez sesiones. Esta escala de tiempo es suficiente para muchos niños, aunque no para aquéllos con antecedentes muy problemáticos. Hacia el final de las sesiones establecidas puede realizarse un análisis, y algunos niños pueden tener la oportunidad de continuar en terapia.

SESIONES DE JUEGO DE TERMINACIÓN ABIERTA

Entre más pequeño sea el niño, y menos complicados sus antecedentes, su respuesta a la terapia de juego será más rápida (cuadro 2–1).

Existen las siguientes salvedades:

- Niños con traumas graves quizá requieran más tiempo.
- Los niños "en el limbo"* pueden alcanzar cierto nivel, pero no proseguirán hasta que su futuro esté seguro. Este tipo de niños pueden incluso deteriorarse.

Cuadro 2–1. Tasas de respuestas para el niño "promedio" referido a terapia de juego		
Edad	Se espera cierta mejoría dentro de:	Se espera mejoría significativa dentro de:
Hasta 6 años	4 semanas	2 a 4 meses
6 a 8 años	4 a 6 semanas	3 a 6 meses
8 a 10 años	4 a 8 semanas	4 a 12 meses
10 a 12 años	4 a 8 semanas	4 a 15 meses

---

* Sin un hogar permanente o en un estado de desconocimiento.

- Niños a los que se maltrató en exceso podrían progresar de manera inconstante, algunos de los periodos depresivos parecen regresivos y caóticos.

Si no se presenta mejoría en el curso de 6 a 8 semanas, debe examinarse el caso de manera crítica y ver si la terapia de juego es apropiada.

TERAPIA DE JUEGO QUE "FRACASA"

- La referencia pudo ser inapropiada.
- Algunas veces se sabotean las sesiones.
- Quizá aun incomode al niño.
- El pequeño puede considerar las sesiones como difíciles e incompatibles.
- El juego se repite aún cuando falla como solución o para brindar alivio.
- El terapeuta de juego es ineficaz.
- El niño se encuentra preocupado por otra tarea de la vida.

No se tiene éxito en todos los casos referidos. Algunos niños son inadecuados para la terapia de juego. Algunas veces una persona que cuida al niño (o un maestro o trabajador social) que no cree **en realidad** que el niño requiera de la terapia de juego o que no desea que se dé un cambio, "sabotea la terapia e impide que el pequeño asista a las sesiones y, en casos graves, se puede prejuiciar al niño contra el terapeuta de juego. En ocasiones los custodios están celosos, ellos mismos desean atención, y si no la pueden obtener, privan al niño de ésta. Algunos individuos que cuidan de los niños pueden ser incapaces de aceptar la fase de peor conducta, que algunos niños experimentan como parte del proceso terapéutico (páginas 115 a 118). Tales problemas, no poco comunes, en sí mismos deberían superarse si se emplea tiempo suficiente en las etapas iniciales, en la planificación correcta del trabajo (capítulo 4) y se ofrece ayuda apropiada a la familia para desbloquear el problema. Si no se resuelve, este tipo de problemática puede poner en riesgo la terapia de juego, y el terapeuta podría decidir si acepta o no trabajar con el niño.

De vez en cuando, las sesiones pueden resultar dolorosas para los niños y su reacción consistirá en no querer regresar. En estos casos, un incentivo amable puede ayudar a que el pequeño continúe. Los terapeutas de juego inadecuados o los que carecen de habilidades en ciertas áreas, pueden estropear las sesiones de modo que no se atienda los intereses del niño y éste manifieste que no desea regresar. Algunos niños "en el limbo" pueden estar vinculados con otros problemas mayores en la vida. Para una minoría puede descubrirse que la terapia de juego es inadecuada, en este caso lo indicado es referirlos a otra parte.

En el caso de la terapia de juego que "fracasó" debe intentarse terminar el trabajo de manera cuidadosa para que no se haga sentir frustración al niño. El terapeuta de juego debe esforzarse en asegurarle al pequeño que tiene interés en su bienestar y evitar darle la impresión de que es su "culpa" el no haber tenido "éxito". Aun en el trabajo "fracasado", es muy probable que algo se haya obtenido de las sesiones.

TERAPIA DE JUEGO E INVESTIGACIÓN

- No hay mucha investigación disponible.
- A lo mucho, el hallazgo más importante enfatiza la importancia de las cualidades que los terapeutas de juego emplean en su trabajo.

Los hallazgos en la investigación formal son limitados y equívocos (Barrett, Hampe y Miller, 1978; Ginott, 1961, páginas 143 a 147; Heincke y Strasssmann, 1975; Phillips, 1985; Wright, Moelis y Pollack, 1976). Algunos estudios se han visto obstaculizados por métodos de investigación cuestionables y por un fracaso en distinguir entre juego terapéutico y terapia de juego, y se ha pasado por alto la importancia del niño en su totalidad (Faust y Burns, 1991). Payne (1993) explora los problemas de investigación en las terapias artísticas expresivas. Valente y Fontana presentan un capítulo en el libro de Payne donde se resume la investigación que realizaron del psicodrama (Valente y Fontana, 1993, páginas 56 a 67). Mary Boston ha perfeccionado de modo considerable el perfil de investigación en favor de los psicoterapeutas de niños (Boston, 1989, 1991; Boston y Lush, 1993, 1994). En su controvertido artículo, Boston discute la dificultad de evaluar el cambio interior y la eliminación de síntomas, y argumenta que se requiere del reconocimiento para lograr una posición científica de la observación intuitiva (1991, páginas 320, 321). Van der Kooij y Hellendoorn (1986) han compilado algunos capítulos interesantes de investigación sobre la terapia de juego.

¿La terapia de juego "funciona"? La respuesta práctica es "sí", pero ¿qué es lo que se quiere decir con "funciona"? De los 130 niños aproximadamente con los que trabajó o supervisó la autora, todos con excepción de cinco, mostraron mejoría durante la terapia de juego. En retrospectiva, dos estaban "en el limbo", a merced de los tribunales y no sabían dónde irían a vivir o qué sucedería con ellos. Se les retiró de la terapia de juego y no se les aceptaría en el programa de terapia de juego hasta que sus circunstancias fueran más seguras. Otros dos niños sometidos a maltrato de diferente tipo fueron retirados después de algunas sesiones y, de nuevo en retrospectiva, hubo la sensación de que la elección de la terapia de juego individual era inapropiada para ellos en esta etapa (páginas 47 a 49). El quinto niño tenía dificultades de aprendizaje y se decidió que el juego terapéutico enfocado sería más adecuado.

Como resultado de la terapia de juego, muchos pequeños que se consideraron como imposibles de adoptar o de ir a hogares sustitutos, se han mudado con familias adecuadas más rápido de lo que se pensaba. Se ha hecho posible que los niños permanezcan dentro de sus hogares. Niños en hogares sustitutos malogrados han podido continuar en ellos o han sido capaces de hacer un cambio más positivo que el que se había anticipado. En la mayor parte de los casos, los custodios, maestros y otras personas han señalado mejorías considerables y, en general, la mayor parte de los problemas que se presentaban han desaparecido o han disminuido. Se requieren estudios de seguimiento a largo plazo.

La carencia de facilidades ha impedido a la autora emprender una investigación científica de las afirmaciones anteriores, pero los mismos niños, sus padres y los profesionales que se mencionaron antes han manifestado mejorías. Es probable que los cambios se deban a una combinación entre terapia de juego y proceso terapéutico, la atención que se le dio al pequeño, a la familia y a quienes cuidan del niño en primer término. Esto no quiere decir que los niños se convirtieron en modelos o que se les libró de manera milagrosa de los problemas para el resto de sus días ya que, desde luego, permanecen sujetos a las vicisitudes de la vida. Pero los niños han conseguido un trampolín desde el cual lanzarse al futuro, y parecen más capaces de manejar las circunstancias adversas.

TERAPIA DE JUEGO CON ADULTOS

En el caso de los adultos, éstos ya han participado en terapias de arte, danza, drama, música, títeres; los principios de la terapia de juego centrada en el niño también pueden aplicarse a esta población (Cattanach, 1994, páginas 15, 141 a 158; Cohen, 1993, páginas 168 a 186; McMahon, 1992, páginas 24 a 25). Algunos adultos pueden presentar problemas que provienen de un niño interior herido, por ejemplo por abandono temprano, descuido, maltrato, disfunción familiar, enfermedad y discapacidad, que aun no se resuelven terapéuticamente. Éstas son cuestiones que fácilmente pueden complicarse cuando el adulto se convierte en padre o custodio. La terapia de juego ha ayudado a custodios cuyos traumas de la infancia les impedían jugar y que, a su vez, tenían problemas para interactuar de manera positiva con sus niños. Es importante para los padres que han sufrido maltrato en su infancia, encontrar y relacionarse con su niño interior, y poder jugar. En algunas ocasiones el juego es una ayuda para los adultos que presentan trastornos de personalidad múltiple, y para los adultos y adolescentes que han reprimido gran parte de su vida temprana como resultado de un maltrato severo, traumas o ambos. La gente que desea, o necesita hacer una regresión, y quiere socorrer a su niño interior herido, puede responder en la terapia de juego, y ésta será un "deber" para los propósitos de los terapeutas de juego.

Jugar con juguetes puede evocar recuerdos y éstos por lo regular, si no es que siempre, provocan sentimientos, actitudes y gestos de la infancia (Jennings y Minde, 1993, página 145). Como McMahon escribe (1992, página 24) "El juego no es sólo una forma de matar el tiempo antes del trabajo real e inicio del aprendizaje, sino que es un elemento esencial de crecimiento y plenitud del ser humano". Al hacer uso de un paradigma psicodinámico y estratégico, Ariel desarrolló un modelo de terapia de juego familiar: "el juego parece reflejar los pensamientos, sentimientos y transacciones encubiertas, los cuales, es probable que nunca hayan emergido mediante comunicaciones directas" (1992, página xii).

La terapia de juego con adultos, un área relativamente nueva, podría:

- Ayudar a ponerse en contacto con el propio niño interior (herido).
- Brindar una oportunidad para aprender o volver a experimentar el juego.
- Contribuir a las relaciones familiares y de custodio-niño.
- Ser útil para las personas que han sufrido infancias traumáticas, en especial aquellos que han cortado con sus recuerdos amargos de la infancia.
- Ser aconsejable para los terapeutas de juego que intentan trabajar en esta línea, para que experimenten como clientes de terapia de juego.

RESUMEN

Es importante entender el valor que se otorga al juego en la sociedad occidental caucásica. Una vez resumidos los cuatro tipos de trabajo de juego, se ha definido con mayor detalle la terapia de juego centrada en el niño y se ha discutido cuándo resulta apropiado para algunos casos, en una etapa posterior, introducir el trabajo enfocado conforme al paradigma centrado en el niño. También se ha considerado la interrupción del juego (que sucede cuando un niño, de manera repentina, detiene o cambia sus actividades). Se exploraron algunas consideraciones profesionales del terapeuta, como la aceptación de referencias, el rol terapéutico y el género del terapeuta de juego, y se examinó el promedio de escalas de tiempo para los niños en terapia. Se postularon las razones por las que la terapia de juego fracasa y se consideró deplorable la falta de investigación en torno a ésta. La terapia de juego con adultos es un campo que comienza a surgir. Por último, todos los terapeutas de juego, o que pretenden serlo, deberían ser clientes de la terapia de juego.

Antes de iniciar un estudio más detallado de la terapia de juego, se invita a los lectores para que piensen en las necesidades y el lugar que tienen los niños en la sociedad. ■

Niños en sociedad

3

CAPÍTULO

Sin embargo, existe un vasto número de niños de todas las edades que en silencio piden ayuda.

(Holgate, 1972, página xi)

En este capítulo, se nos invita a entender que:

- El concepto de niñez varía de una cultura a otra y al interior de éstas.

- Los niños tienen derechos y necesidades.

- La palabra "niños" involucra un rango de edades, etapas y condiciones de desarrollo que van de la infancia a la adolescencia.

Ejercicio

- ¿Puede definir lo que para usted significa niñez?
- Describa lo que significa el concepto de niñez en su familia, para los abuelos, padres, adolescentes, niños pequeños.
- ¿Qué sabe acerca de la niñez en otras culturas?
- ¿En qué tipo de familias viven los niños?

SOCIEDAD Y NIÑEZ

Las creencias influyen en la conducta, por ello corresponde a los terapeutas de juego, que pretenden la aproximación centrada en el niño, examinar sus actitudes hacia los pequeños, así como comprender el papel del niño dentro de la sociedad (Fox, 1982), y estar conscientes de que existen variaciones en las actitudes hacia los niños tanto dentro de una cultura en cierto periodo (Ariès, 1986; De Mause, 1974; Humphries y colaboradores, 1988; Pollock, 1983), como de manera contemporánea entre diversos estratos sociales y culturas.

¿Qué es un niño? Niños y niñez se perciben de manera diferente alrededor del mundo (James y Prout, 1990, página 2). ¿Considera usted que los niños son principalmente buenos, dignos de respeto y merecedores de una experiencia vital no agresiva, que promueva el desarrollo e integración de los componentes físicos, emocionales, espirituales y cognoscitivos de su ser (por ejemplo Froebel, 1974)? ¿Se debería proporcionar un ambiente nutriente a los niños y permitirles ser autodirectivos (Rousseau, 1925) con sus propios derechos? ¿O son inherentemente malos, propiedad de sus padres y del Estado, necesitan castigo y control para que se ajusten a las expectativas sociales y educativas, y provean a la sociedad en la que viven (Crompton, 1980, páginas 8 a 13; La Fontaine, 1990)? Para los aspirantes a terapeutas de juego, lo más importante es saber cuál es su posición y su propuesta acerca de los niños y sus derechos (Naciones Unidas, 1989).

De libros acerca de la historia de la niñez (Hoyles, 1989; Schorsch, 1979), se aprende que:

1. La infancia se construye socialmente. Las nociones de "la familia" varían, al igual que las leyes y servicios de beneficencia. Algunas sociedades y culturas valoran a los niños y definen el propósito de la niñez; otras los ven sólo en términos económicos, como asalariados potenciales.
2. La niñez puede experimentarse de manera diferente, de acuerdo al género, clase social y raza.
3. Existe una definición variable de niñez.

En "*Constructions and reconstructions of British childhood: An interpretive survey, 1800 to the Present*", Hendrick (1990) delinea lo que considera como las principales etapas en el desarrollo de la noción de "niñez". Postula que en la actualidad en la sociedad británica se está trabajando con respecto a si el pequeño es un "niño de familia" o un "niño público". ¿Son los niños propiedad de sus custodios? ¿En qué situaciones el niño se convierte en propiedad pública? El crecimiento de agencias como la *Children's Rights Development Unit (235 Shaftesbury Avenue. London WC2H 8EL)*, y el advenimiento de la Declaración de los Niños 1989 son, como se espera, el comienzo para brindar más derechos y poderes a los **niños** (Woodhead, 1990, página 60) aunque, en la actualidad sus puntos de vista rara vez se observan y por lo regular no se les incluye en documentos estadísticos (Ovortrup, 1990, páginas 81, 83). Además, muchos adultos dentro de la sociedad británica todavía tienen problemas para reconocer los derechos intrínsecos de los niños con respecto a seguridad, protección y cuidado apropiado (Donovan y McIntyre, 1990, páginas 162 a 165).

Puntos de vista de los adultos acerca de los niños:

* Necesitan mucho castigo y control.
* Lo que para mí era suficientemente bueno cuando era pequeño, es suficientemente bueno para mi hijo.
* Son mis hijos y puedo pegarles, asustarlos, privarlos de comida, tener relaciones sexuales con ellos, si así lo deseo.
* Los servicios de beneficencia se encargarán de ellos si yo no los quiero.
* Los niños hacen lo que yo digo, no lo que ellos quieren.
* Nunca se satisface a los niños.
* Es su culpa que yo sea así.
* Los niños son una carga dura y costosa.
* Necesito tener hijos para elevar mi estatus y autoestima.
* Los niños son maravillosos.
* Cada niño es único y se le debe impulsar a desarrollarse según sus propios intereses.
* Buenas condiciones de cuidado ayudan a los niños a desarrollar su potencial.
* Los niños necesitan familias.

¿Cuáles son **sus** puntos de vista acerca de los niños?

DERECHOS Y NECESIDADES DE LOS NIÑOS

Ejercicio

* ¿Cuáles consideran los adultos que son las necesidades de los niños?
* ¿Qué es lo que los niños sienten que necesitan?
* ¿Cuáles considera el Estado que son las necesidades y derechos de los niños?
* ¿Cuál es la diferencia entre necesidades, derechos y deseos?

La Convención de los Derechos del Niño de Naciones Unidas (Naciones Unidas, 1989), ratificada por el gobierno del Reino Unido en 1991 y firmada en la actualidad por la mayoría de los países, se ha descrito como un "punto decisivo en el movimiento internacional a favor de los derechos de los niños... al darle al "menor" el derecho de expresar sus opiniones y participar en las decisiones concernientes a su persona". Los niños no son por completo propiedad de sus padres ni responsabilidad exclusiva de ellos (Flekkoy, 1991, página 216), aunque en la práctica el acceso directo a sus derechos todavía es restringido.

La Convención de Naciones Unidas establece cuatro áreas generales de los derechos de los niños:

- Sobrevivencia
- Desarrollo
- Protección
- Participación

Hasta finales del siglo XIX, la ley consuetudinaria británica otorgaba al padre de familia todos los derechos sobre su hijo. Según la Declaración de los niños 1989, ahora éstos tienen **derecho** a que su bienestar sea la consideración suprema en la toma de decisiones acerca de su crianza, y tienen derechos de autoexpresión y autodeterminación dentro de ciertos límites (Stainton Rogers y Roche, 1994, página 222). ¡Existe oportunidad de mejorar!

Definir "necesidades" en una sociedad multirracial es complicado (Woodhead, 1990, páginas, 65, 72). Dentro de la cultura occidental caucásica se considera que los niños tienen necesidades biológicas y emocionales básicas, las cuales deben satisfacerse si se desea que el niño prospere. "Deben cubrirse en su totalidad las necesidades físicas, emocionales, sociales e intelectuales de los niños para que éstos disfruten su vida, desarrollen todo su potencial y lleguen a ser adultos que participen y contribuyan" (Pringle, 1980, página 15). Maslow (1954) formuló una jerarquía de necesidades (figura 3–1). Todas ellas son importantes, pero las necesidades primarias —aquéllas que están en la base de la pirámide— tienen que alcanzarse antes de que las necesidades del siguiente nivel puedan satisfacerse de modo realista. Así, los requerimientos fisiológicos son los apuntalamientos vitales; si se satisfacen de manera adecuada, entonces las siguientes necesidades más importantes son la seguridad física y emocional, y así hasta llegar al pináculo de la autorrealización y adecuada autoexpresión a la que aspiran las personas. (Maslow reconoció que existen excepciones ocasionales cuando, por ejemplo, niños perturbados pueden poner en riesgo su seguridad a expensas de la búsqueda de aprecio.) Pringle (1980, páginas 33 a 58) identifica a los niños como necesitados de amor y seguridad, nuevas experiencias, elogio y reconocimiento, junto con la oportunidad para tomar responsabilidades razonables. Casi por definición, la mayoría de los niños referidos a terapia de juego experimentaron privación a diferentes grados (Gath, 1985), y la terapia de juego puede ser una manera de otorgarles libertad hacia la autorrealización.

Por tanto, la terapia de juego debe considerarse dentro del contexto de las experiencias cotidianas del niño y tiene más éxito cuando el pequeño satisface de manera adecuada sus necesidades básicas y existe la experiencia de una paternidad "suficientemente buena" (Winnicott, 1986). Niños a los que no se les satisfacen sus necesidades básicas, inclusive aquéllas de seguridad y dependencia, tendrán, de manera comprensible, menos energía emocional para el proceso terapéutico. Es probable que se logre un trabajo limitado con el niño al que se ha desarraigado de manera reciente y que vive temporalmente con personas que no son familiares antes de que se le traslade a otro lugar, o con aquel que está sometido a una continua paternidad errática y maltratadora. El niño que tiene frío, hambre o que todavía experimenta maltrato, también presentará poca energía física o emocional para el proceso terapéutico.

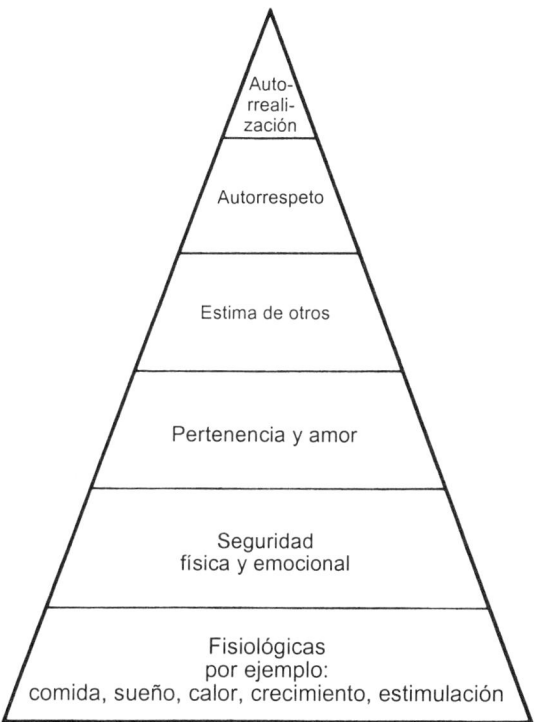

Figura 3-1. Jerarquía de necesidades de Maslow.

CONSIDERACIONES TRANSCULTURALES

Ejercicio

- Usted es un trabajador blanco y le refieren a un niño negro. ¿Hace algunas consideraciones especiales o ejerce su función de manera usual?
- Usted es un niño negro en un cuarto de juego con una persona blanca de mayor edad y con algunos juguetes con los que no se siente cómodo. ¿Qué puede hacer usted o qué hace?

La terapia de juego centrada en el niño, en la que se promueve que éstos sean expresivos y tomen el mando en la interacción con el terapeuta de juego, puede no ser apropiada para aquellos niños en cuya cultura se espera que se subordinen a los adultos y que repriman sus sentimientos (O'Connor, 1991, página 53). La buena práctica profesional indica que el niño y el terapeuta de juego sean de la misma raza. Si ello no es posible, deben tenerse consideraciones cuidadosas acerca de los pros y contras de que el terapeuta de juego y el niño provengan de diferentes grupos raciales (D'Ardennne y Mahtani, 1989). Si se trabaja de manera transcultural, se recomienda que el terapeuta tenga acceso a un consultor de la misma raza del niño y debe asegurarse de que los materiales de juego y los principios de la terapia de juego centrada en el niño sean apropiados a su cultura. Para poder responder de manera sensible, el terapeuta de juego necesita información acerca de los antecedentes culturales y religiosos del niño, requiere indagar los roles y normas culturales con la familia y dentro del ambiente del niño (Brummer, 1988; Swivedi, 1993b, Lau, 1984). En todos los casos, los materiales de juego deben reflejar la sociedad multirracial en la que se vive (Ahmed y colaboradores, 1986).

ENFOQUE TERAPÉUTICO A DIFERENTES EDADES

Ejercicio

* Escriba las diferentes etapas de desarrollo entre la infancia y adolescencia tardía.
* ¿Cómo afectan la enfermedad, discapacidad, género, pobreza, raza, cultura, maltrato y pérdida, el desarrollo del niño en cada una de estas etapas?

Es una ayuda para la evaluación y valoración del trabajo del terapeuta el estar familiarizado con las etapas normales de juego (cuadro 3–1), pero en terapia de juego los niños pueden funcionar de modo parcial, a niveles menores o mayores de su edad cronológica debido a la necesidad de regresión o a causa de su seudocomplicación. Los niños se pueden identificar con muchas edades, que van desde bebés hasta abuelos, y debe disponerse de los juguetes y materiales adecuados para todas las etapas del desarrollo (Hellersberg, 1964, página 169). Polly (página 78) había terminado de trabajar la mayor parte de su regresión terapéutica y comenzaba a evaluarse a sí misma en su edad correcta: "Tengo siete años. Bueno, un poquito siete, un poquito ocho y un poquito seis". La terapeuta de juego confirmó que con frecuencia la gente tiene un poco de todas las edades, a veces tiene algo de bebé también, pero eso es correcto.

En la rara ocasión que el terapeuta sugiera el juego, es prudente que se inicie con una actividad apropiada a la edad del niño. Si se les deja libres en presencia de un terapeuta de juego que los acepta, los niños pronto encontrarán su propio nivel.

Por ejemplo, tómese el juego con arena. Los pequeños de dos años tienden a utilizar la arena como medio sensorial, algo de lo cual aprenden y con la que se divierten a través de sentirla y dejarla caer de entre las manos: ¡qué bonito! Es probable que niños de cinco años de edad la utilicen como un medio para juego de fantasía, como Dick quien se enterró a sí mismo y al terapeuta en ella. Niños mayores pueden compactar la arena con agua, construir y esculpir verdaderos edificios o trabajos de irrigación. Sin embargo, en terapia de juego hubo una chica de 12 años

Cuadro 3–1. Amistad y etapas de juego		
Años	**Juego**	**Amistad**
0	Solitario, interés ocasional en otros niños	Compañero físico de juegos, temporal
1	Espectador (los niños se observan entre sí)	
2	Paralelo (los niños juegan cercanos entre sí)	Relaciones unidireccionales
3	Asociación (los niños parecen jugar juntos)	Nota: Es normal que los niños tengan un amigo imaginario
4	Cooperativo, sociodramático, imitativo	Cooperativa
5	Agresivo, peleas físicas, competencia	
6	Íntimo (comparten de manera mutua)	Con frecuencia amigos del mismo sexo
7		
8	Autónomo	Interdependencia
9		Compartir intereses, satisfacer necesidades, mayor énfasis en las cualidades personales deseables en los amigos
10		Pandillas, camarillas, amistad individual, parejas
12		Amistades de mayor duración relativas a asuntos de importancia interior

(Adaptado de: *Cass, 1971; Hurlock, 1978; Millar, 1968 y Sandström, 1979, páginas 189 a 196*).

que vertió tanta agua en el cajón que la arena parecía una mezcolanza espesa y se pasó toda la sesión revolcándose en ella. Muchos niños, algunos hasta de 11 años, que eran incapaces de establecer relaciones positivas con sus madres, crearon el juego "esconder los dedos", que duró semanas, y consistía en que ellos y su terapeuta (mujer) buscaban y se tomaban los dedos bajo la arena muy mojada. Así, el nivel de juego puede ser un factor dentro de la evaluación de las necesidades del niño.

NIÑOS "NORMALES" Y "PERTURBADOS"

A veces los profesionales preguntan ¿Cuál es la diferencia entre los niños "normales" y "perturbados" en el ámbito de la terapia de juego? Es obvio que cada niño es diferente, pero la mayoría de los "normales", si se les coloca en el cuarto de juego y ante un terapeuta atento, exploran de manera espontánea el cuarto y su relación con el terapeuta, utilizan el material de juego con libertad y algunas veces de modo original, juegan solos o incluyen al adulto; por lo regular son felices y positivos, toman decisiones y expresan sentimientos negativos y positivos adecuados. Estos niños pueden contarle espontáneamente a otra persona lo que ocurrió en la sesión, tal como suelen comunicarle a un amigo o padre lo sucedido en una visita al parque.

Los niños perturbados quizá no tuvieron la oportunidad de satisfacer las necesidades de juego y tal vez se saltaron una etapa que, en un ambiente terapéutico, tienen oportunidad de experimentar. Cuando se les deja en completa libertad, estos niños con frecuencia presentan regresión y vuelven a juegos de una etapa anterior del desarrollo, quizá indican con ello dónde están los puntos problemáticos. La conducta puede ser extrema o polarizada, demasiado activa o retraída. Unos cuantos niños no son capaces de jugar, o tal vez juegan de manera rígida. Algunos niños con problemas llegan a abusar del terapeuta de juego o bloquearlo; otros carecerán de alegría o energía espontánea, y pueden estar atemorizados y amedrentados (Ginnot, 1961, páginas 38 a 42; Moustakas, 1953, páginas 17 a 18, 59 a 60; Moustakas, 1959, páginas 48 a 49, 99 a 100). La mayoría tiende a no revelar mucho, si no es que nada, a otras personas acerca de su sesión.

RESUMEN

"Niños" y "niñez" son términos genéricos que engloban a la gente joven dentro de un rango de las fases de desarrollo y sobre los que pueden tenerse varias actitudes que dependen de los puntos de vista culturales, sociológicos, políticos y de clase. Los terapeutas de juego necesitan saber qué esperar de los niños en sus diferentes niveles de desarrollo. La Convención de Naciones Unidas sostiene que los niños tienen derechos y necesidades. ¿Cuáles son los puntos de vista y valores de los terapeutas de juego hacia los niños, la niñez y las prácticas de crianza? Es imperativo que nos adaptemos de manera flexible a una sociedad multicultural.

Todos estos aspectos constituyen apuntalamientos importantes para llevar la terapia de juego a la práctica. ■

Segunda parte
Terapia de juego en la práctica

Referencias y proceso de referencia

Nadie en el ambiente del niño reconocía las señales de perturbación y con frecuencia se le consideraba travieso y rebelde.

(Winnicott, 1984, página 20)

En este capítulo se adquieren los conocimientos fundamentales acerca de:

- Cuatro niños referidos a terapia de juego.
- Rangos de edad apropiados.
- Situaciones y conductas que traen al niño a terapia de juego.
- Niños para los que la terapia de juego es inapropiada.
- Terapia de juego y niño maltratado.
- Terapia de juego y proceso legal.
- Inicio de la terapia de juego.
  — Responsabilidad y confidencialidad.
  — Reunión preliminar con el niño y la familia.

NIÑOS EN TERAPIA DE JUEGO

Gemma había sufrido descuido y maltrato por parte de su madre, y después de la muerte de esta última en un accidente de carretera y de un par de fracasos en hogares sustitutos, la niña, de ocho años de edad, se encontró en un hogar sustituto a largo plazo. Gemma era una niña brillante y deseaba que la adoptaran, pero problemas de aprendizaje en la escuela más periodos de conducta infantil y violenta se ponían en su contra. Una gran parte de su infancia temprana había transcurrido en instituciones debido al estilo de vida vagabundo de su madre. Gemma había estado algunas veces en el hospital a causa de un misterioso síntoma digestivo.

Un niño potencialmente capaz, Andrew de siete años, se encontraba en su hogar pero sus padres decían que no podían lidiar con él. Mentía, tenía fobia a la escuela y robaba. Exhibía muchos síntomas psicosomáticos y tenía periodos de retraimiento casi total. La etapa inicial de la vida de Andrew se había visto perturbada por la dificultad de su madre para establecerse y por su enfermedad crónica y a veces grave, que implicaba que Andrew fuera admitido con anterioridad en muchas ocasiones en hogares sustitutos durante periodos cortos. Se decía que su padrastro era injustamente estricto.

Polly, de seis años, un dínamo de niña, se encontraba en un hogar sustituto en espera de que la adoptaran. Cuando era un bebé sus jóvenes padres la habían descuidado y abandonado, y con el tiempo se le regresó con su madre y su nuevo padrastro. Se readmitió a Polly bajo custodia después de sufrir un violento ataque por el cual se enjuició a su madre. Existía la sospecha, que no pudo comprobarse, de que su padrastro había abusado sexualmente de ella. Polly tenía fuertes sentimientos encontrados acerca de su madre, odiaba a su padrastro y experimentaba relaciones inestables con compañeros de su edad y adultos. Presentaba síntomas psicosomáticos que incluían una erupción virulenta y lo que Polly describía como "dolor de corazón". Era imprevisible con los niños más pequeños ya que vacilaba entre ser maliciosa, competente y cuidadosa.

Peter, de seis años, se encontraba bajo custodia institucional, después de haber tenido una vida temprana paupérrima con una madre dominada por la droga. Una de las parejas de su madre había abusado sexualmente de él lo mismo que un niño mayor en su segundo hogar sustituto. Peter estaba indignado ante otro cambio. Se encontraba en riesgo de sufrir una suspensión en su nueva escuela, se ensuciaba, se orinaba y destruía el hogar infantil y tenía problemas alimenticios.

EDADES DE LOS NIÑOS REFERIDOS A TERAPIA DE JUEGO

No existen reglas estrictas pero es común que los niños en terapia de juego tengan entre 4 o 5 y 10 u 11 años de edad, aunque la autora ha trabajado con niños tan pequeños como de dos años y medio y tan grandes como de 12 años y medio al momento de la referencia. Los niños muy pequeños quizá tengan problemas de separación y aquéllos que se encuentran en una guardería pueden recibir más ayuda dentro de ese ambiente (si el lugar y el personal son los adecuados), muchas guarderías ahora han instituido "juego especial" para niños seleccionados. El compromiso de realizar la terapia de juego dentro de cualquier institución significa que el niño y el trabajador deben tener la libertad de comportarse en formas que, habitualmente, no se esperan o permiten, y para algunos infantes (y personal) esto puede ser confuso.

Niños complicados de mayor edad, sin duda levantarán la ceja ante la perspectiva de pasar el tiempo con un terapeuta de **juego** en el cuarto de juego. En vista de la necesidad terapéutica de una regresión, de jugar y de volver a experimentar etapas infantiles perdidas que presentan muchos niños mayores con perturbaciones, el terapeuta puede comenzar las sesiones en un nivel apropiado a la edad, por ejemplo a través de alentar al niño a dibujar, pintar o modelar; diseñar *role plays* dramáticos o espectáculos de títeres; o por medio de alguna forma de trabajo de historia personal u orientación psicológica. Si esto tiene lugar dentro del cuarto de juego (o cerca de éste), en el momento adecuado, el niño derribará sus defensas y jugará. Como último recurso, se refirió a un niño brillante de 12 años que dejó claro que no deseaba que se le asociara con el cuarto de juego. Cuando pintar en la sala de recepción se volvió demasiado sucio, voluntariamente se fue al área de pintar anexa al cuarto de juego. De allí en adelante quedó enganchado y esto dio lugar al *acting out* y a la regresión de tipo violenta y colérica, y al uso del cuarto de juego y del equipo de una manera centrada en el niño.

SITUACIONES Y CONDUCTAS QUE PRECIPITAN LA REFERENCIA

Ejercicio

- ¿Cuántos "problemas" piensa usted que podrían tener los niños cuando son referidos a terapia de juego?

Las referencias típicamente se reciben:

1. En una crisis cuando la conducta del niño es tal, que los padres (o custodios) piden que se le retire del hogar o institución.
2. Como parte del proceso para preparar al niño a un cambio eventual, como mudarlo a una familia permanente después de una vida trastornada por muchos cambios de domicilio o custodio.
3. Cuando se reconoce que niños con múltiples problemas pueden beneficiarse de la ayuda terapéutica en sí misma.

Estos niños en general muestran una multitud de ''problemas'' de entre los siguientes (Cf. Connell, 1985, página 46):

- Conducta inmadura, seudomadurez o ambas.
- Dificultades para establecer vínculos.
- "Fracaso escolar".
- Maltrato físico o abuso sexual de otros niños o de animales.
- Masturbación, o insertarse cosas dentro de genitales o ano.
- Sufrir de problemas psicosomáticos.
- Trastornos en la alimentación.
- Trastornos en el sueño.
- Orinarse, defecar, ensuciarse.
- Decir mentiras.
- Respuestas emocionales inadecuadas.
- Mutismo por elección.
- Retraimiento, berrinches, brotes de violencia.
- Cambios extremos en el estado de ánimo.
- Falta de afecto, dificultades con las relaciones.
- Escrupulosidad anormal o conducta caótica y desordenada.
- Daño a sí mismo, lastimar animales o niños más pequeños.
- Bajo funcionamiento sin razón aparente.

- Trastornos de aprendizaje y problemas para asistir a la escuela, en particular rehusarse a ir a ésta (es decir, niños que se quedan en casa o en cualquier otro lugar, no son haraganes que van a la escuela para después salirse).

Los niños quizá sufrieron un trauma significativo como:

- Abuso sexual, maltrato físico, emocional o sistemático.
- Enfermedad o accidente grave.
- Muerte de una persona significativa.
- Pérdida(s) excepcional(es).
- Dolor emocional.
- Paternidad inadecuada.
- Estilo de vida trastornado o paupérrimo.
- Exposición al alcohol o drogas.

Es interesante, y a veces instructivo, preguntar ¿por qué se refiere al niño en este momento? En situaciones crónicas puede ser un síndrome de estar "en las últimas". Los adultos ya no saben qué hacer y referir al niño puede ser el último recurso. De modo alternativo, un adulto comprensivo puede al menos haber reconocido que quizá puede intentarse algo para tratar de mejorar la suerte del niño. Un factor precipitante frecuente para la referencia es cuando una "crisis", en general un cambio crítico en la vida del pequeño que con frecuencia implica pérdida de algún tipo, empeora los problemas conductuales graves o de larga duración (Wolff, 1981, página 11) y el niño explota o se retrae. Por supuesto, sería mejor si se refiriera al niño a terapia de juego **antes** de la crisis, y si la necesidad de ayuda terapéutica se tomara en cuenta de manera rutinaria en todas las juntas de revisión y planeación cuando se discute el bienestar del niño.

NOTAS PRECAUTORIAS

- Niños que exhiben sólo 1 o 2 "problemas" pueden recibir, de manera más apropiada, una intervención alternativa como trabajo familiar, conductual o terapia de juego enfocado.
- Niños pequeños que presentan conductas caóticas, con una paternidad deficiente en la infancia temprana, inclusive aquéllos que sufrieron formas extremas de maltrato, en principio pueden tener una mayor necesidad de reeducación y atención de tipo paterno (Fahlberg, 1988).
- Niños sujetos a maltrato excesivo requieren consideración especial (páginas 47 a 48).
- Existen algunos niños para quienes no es adecuado que se les refiera a terapia de juego (páginas 44 a 45).
- Debe establecerse relación con otros profesionales que trabajan con el niño para averiguar si desde sus puntos de vista la terapia de juego ha sido adecuada.

Dockar-Drysdale (1990, 1993) tiene algunas ideas prácticas acerca de lo que ella llama niños integrados y desintegrados. Se consideran como desintegrados aquellos niños que han tenido un difícil comienzo en la vida, el cual, aunque no se recuerde de manera intelectual, es probable que se evoque a través de los sentimientos. Los niños a los que se les empuja hacia una independencia prematura pueden llegar a ser rebeldes, violentos y antisociales. Tienen problemas para relacionarse o aceptar culpas, además de que se les dificulta descubrir la simbolización. Los niños desintegrados necesitan, como sostiene Dockar-Drysdale, llenar sus vacíos en la experiencia, lo cual puede involucrar regresión. Los niños integrados pueden responder mejor a la comunicación verbal y al reflejo de sentimientos.

> • Si el niño va a tomar terapia de juego, la familia también debe aceptar ayuda terapéutica.

La terapia de juego no debe verse como "trabajo de imputar la responsabilidad" a un terapeuta de juego que "corrige al niño" y resuelve en forma heroica todos los problemas de la familia. Los terapeutas necesitan estar alertas ya que, en ocasiones, se lleva a los niños a la "ayuda" debido a las dificultades entre los padres que se proyectan en el pequeño (Erickson y Hogan, 1972; Will y Wrate, 1985, página 26), o a causa de que la persona que cuida del niño en realidad desea atención para sí misma pero no se atreve o no puede pedirlo de manera directa. Los custodios necesitados e inmaduros pueden sentirse descuidados o celosos de la atención especial que se le da al niño (Adcock y colaboradores, 1988, página 35). Cuando se acepta a un niño para terapia de juego es importante que el trabajador social, o alguien más, trabaje de manera activa con las personas que se ocupan del niño o con su familia. Entonces el foco se retira del pequeño, considerado como "el problema", y se les ofrece atención a los padres en sí mismos. Los niños no son intrínsecamente malos y con frecuencia su conducta se considera como razonable una vez que se comprenden las presiones que generan su familia y su vida temprana. En mayor grado, el niño es el producto de su medio así que si se desea que cambie, también la familia tiene que modificarse. Sin embargo, si se utiliza la suposición teórica de que los niños tienen la capacidad de sanarse a sí mismos (Axline, 1969, página 66) y que el cambio en una parte del sistema puede afectar al resto, la terapia de juego puede ser factible y tal vez se obtengan resultados parciales sin involucrar a la familia. Estos resultados pueden tener menos duración si la familia no desea cambiar, pero las ganancias obtenidas en la terapia de juego no se pierden por completo en el niño.

INFORMACIÓN PRELIMINAR

> Se requiere la siguiente información:
>
> • Detalles personales acerca del niño.
> • Las circunstancias presentes del pequeño.
> • Motivos de referencia.
> • Antecedentes históricos del niño.
> • ¿Está el niño involucrado en procedimientos jurídicos o de protección?

Obtener información adecuada y referencias convenientes por parte de profesionales no familiarizados con la terapia de juego a veces es engañoso y tal vez beneficie realizar una entrevista con las personas que refieren al niño. ¡En general los individuos que refieren a los niños necesitan educación!

La siguiente información es útil:

a) **Nombre del niño**, edad, fecha de nacimiento, sexo, origen étnico, dirección y escuela actuales y situación familiar presente.

b) **Razones para la referencia y problemas actuales**, cómo los ve quien hace la referencia, la familia, escuela y el niño mismo.

c) **Historia social** que ofrezca detalles acerca de la familia de origen del niño y de traslados, cambios y pérdidas subsecuentes.

d) **Detalles personales** acerca del niño que incluyan antecedentes médicos y del desarrollo, además de tratamiento y medicación.

e) **Planes futuros** para el niño. Esto tiene una relevancia particular si es inminente un cambio de dirección o escuela.

f) **¿Se encuentra el niño bajo un mandato judicial, inscrito en el Registro de Protección del Niño o sujeto a averiguaciones sobre maltrato o a procedimientos de un tribunal?**

En el caso de Toby (capítulo 1), al evaluar si era una referencia adecuada, la terapeuta de juego realizó llamadas telefónicas y reuniones con el trabajador social, la madre de Toby y su anterior maestra; durante las cuales se compartieron impresiones acerca de las circunstancias y problemas actuales del niño. El trabajador social proporcionó una sinopsis cronológica por escrito acerca de los antecedentes de Toby, inclusive los traslados y razones para ellos. La terapeuta confirmó que los planes futuros no indicaban cambios inmediatos para Toby y que reingresaría pronto a la escuela. (Ella lo hubiera aceptado aun si continuaran excluyéndolo.) Todos los involucrados parecían comprometidos a apoyar lo que se consideraba un intento desesperado por "ayudar" al niño. El trabajador social y la señora Green hablaron con Toby acerca de la posibilidad de la terapia de juego, lo que él aceptó con interés y a lo cual le dieron un seguimiento el trabajador social y la terapeuta mediante una visita introductoria con él en su hogar.

PRIMERAS PREGUNTAS

Tienen que hacerse varias preguntas para la selección de las referencias inadecuadas para terapia de juego y verificar que el niño y la familia reciban ayuda apropiada:

a) **Si las "razones para la referencia" incluyen un problema físico, cambios espectaculares recientes en conducta, graves modificaciones en el estado de ánimo, conducta de retraimiento o *acting out* poco comunes**, ¿se le ha hecho un examen médico reciente al niño? Esta investigación debe realizarse para excluir irregularidades físicas o psiquiátricas, inclusive problemas auditivos o visuales.

b) **¿El niño sufre de autismo, síndrome hiperquinético (lapso corto de atención y distractibilidad consistentes) o de psicosis infantil?** En este caso, la terapia de juego no se recomienda y debe buscarse el consejo de otro especialista.

c) **Si se mencionan problemas educativos o de aprendizaje,** ¿el niño ha visto a un psicólogo educativo? Esta referencia tamizaría problemas cognoscitivos o del desarrollo que podrían impedir el aprendizaje. En ocasiones es adecuado un examen médico reciente como en el punto (a).

d) **¿El niño tiene graves problemas de aprendizaje?** La terapia de juego puede tener un valor relativo y, a menos que el trabajo tenga un límite de tiempo, se aconseja a los principiantes en terapia de juego que no tomen este tipo de referencia.

e) **Si se notan efectos del lenguaje,** ¿un terapeuta del lenguaje ha evaluado al niño?

f) **¿Los problemas del niño involucran significativamente a la familia o situación social?** ¿Existen indicaciones de que los miembros de la familia, escuela u otros involucrados, puedan socavar la terapia individual de juego (Reisman, 1973, página 237? ¿Cuáles son las necesidades de aquéllos que se ocupan del niño (Molin, 1988, página 241 a 250? ¿Es más apropiado proporcionar terapia familiar u orientación psicológica para uno de los padres o la pareja, o trabajar con la escuela? ¿Ayudará el alivio de la tensión ambiental externa (por ejemplo: vivienda, problemas económicos)? A veces algo o alguien, aparte del niño perturbado, es el blanco más apropiado para la intervención (Pincus y Minahan, 1973).

g) **¿Es razonablemente seguro el tipo de vida del niño?** Antes de comenzar el trabajo terapéutico, debe existir la seguridad de que se satisfacen las necesidades básicas del niño y se le provee con el amor de una figura o figuras paternas regulares (Adcock y colaboradores, 1988, página 22; Branthwaite y Rogers, 1985, página 5; Pringle, 1980, página 81). Los niños que viven en el alojamiento temporal o ante un caso judicial inminente que quizá afecte su futuro, se encuentran "en el limbo" y pueden responder sólo de manera parcial a la terapia de juego (Boston, 1987; Dyke, 1987; West, 1990a) debido a que es comprensible que sus energías se enfoquen más en "¿quién soy yo", de dónde, cuándo y si se mudarán de lugar, más que en el proceso terapéutico. Puede discutirse acerca de ofrecerle terapia de juego a un niño que tal vez se mude "en algún momento"; pero una forma alternativa de trabajo de juego puede ser más adecuada para un niño cuyo cambio es inminente y es aconsejable que el alojamiento del niño sea razonablemente seguro y que disponga de una figura adulta confiable y fidedigna allí antes de que comience la terapia de juego (Wolff, 1981, página 218).

h) **¿Cuáles fueron las experiencias tempranas del niño?** Si la paternidad temprana fue en extremo inadecuada, los niños pequeños pueden ser tan caóticos, desintegrados y carentes de los controles internos comunes, que tal vez sea necesaria la educación y socialización antes de que la terapia de juego logre ser efectiva.

CONTRAINDICACIONES

La terapia de juego puede ser inapropiada si:

* El niño:
  — Presenta gran dificultad para el aprendizaje.
  — No puede diferenciar entre realidad y fantasía.
  — Padece autismo, síndrome hiperquinético, trastorno de personalidad, psicosis infantil.
  — Está viviendo una custodia de corto plazo, está a punto de pasar por un cambio mayor o ambas situaciones.
  — Es hostil hacia la terapia de juego.

* La familia:
  — No está preparada para cooperar.
  — No aceptará ayuda, a pesar de que su disfuncionalidad afecta al niño.

* Las autoridades:
  — Piden que se dé a conocer el trabajo.
  — No están preparadas para apoyar al terapeuta de juego.

* El terapeuta de juego:
  — No tiene tiempo suficiente.
  — Se encuentra sin supervisión y apoyo adecuado.

A menos que posean conocimientos específicos, experiencia y supervisión, se recomienda que los terapeutas de juego no trabajen con las siguientes referencias:

1. **Niños con graves problemas de aprendizaje.** Éstos pueden responder de manera más efectiva a una forma alternativa de trabajo de juego.
2. **Niños que tienen problemas para diferenciar fantasía de realidad y que tienen trastornos como autismo, psicosis infantil, síndrome hiperquinético y trastornos de personalidad** (Daws y Boston, 1981; Escalona, 1964; Tustin, 1981). El trabajo con estos niños sólo lo deben emprender terapeutas calificados y con experiencia. Se debe buscar consejo psiquiátrico si existe cualquier duda.
3. **Niños con conductas desadaptadas aprendidas, resultantes de una disfunción familiar.** La terapia o trabajo familiar es preferible, en ocasiones con trabajo individual simultáneo.
4. **Niños al borde de algún cambio vital importante.** Esperar hasta que su futuro sea más estable. Puede ser preferible el juego terapéutico enfocado o juego guiado.
5. **La terapia de juego no es un trabajo de divulgación** (el juego de evaluación y el juego terapéutico enfocado son más adecuados). Sería inapropiado que los niños empezaran la terapia de juego durante una investigación, porque ello confunde los límites tanto para el niño como para el terapeuta de juego. Sin embargo, es inevitable que existan ocasiones en las que el niño haga una revelación nueva durante el curso de la terapia de juego (página 150).

6. **Niños que son demasiado pequeños o demasiado grandes,** a menos que existan razones especiales y el nivel de madurez del niño sea suficiente para la terapia de juego.
7. **Niños cuya seguridad y protección no estén aseguradas y cuyas necesidades básicas no se están satisfaciendo de manera patente.** El trabajo necesita enfocarse a mejorar las circunstancias del niño antes de considerar la terapia de juego.

NIÑOS QUE HAN EXPERIMENTADO MALTRATO

Tipos de maltrato:

* Descuido.
* Maltrato físico: puede tratarse mal a los niños, privarlos de alimento, administrarles sustancias nocivas, amarrarlos, encerrarlos.
* Maltrato emocional: maltrato verbal, niños tratados de manera inapropiada, vituperados, amenazados, privados, ignorados.
* Abuso sexual: tocar al niño y obligarlo a realizar tocamientos sexuales, propiciar su participación en actividades sexuales que no son aptas para su edad, filmar al niño durante actos sexuales, involucrarlo sexualmente con individuos o grupos, allegados o extraños.
* Grupos paidofílicos.
* Prostitución organizada.
* Maltrato organizado e intergeneracional.
* Muchos niños sufren formas severas de maltrato.

Se puede maltratar a los niños de manera emocional (Iwaniec, 1995), física, sexual y durante maltrato ritual u organizado (por ejemplo, paidofilia, organizaciones de prostitución infantil, pornografía, maltrato intergeneracional y satanismo). En general, es al niño angustiado que presenta *acting out* y que se encuentra en la etapa posterior de revelación a quien se canaliza a terapia de juego, aunque no debe pasarse por alto a los niños retraídos. Es probable que los niños que experimentaron maltrato excesivo exhiban una serie de problemas, por ejemplo trastornos emocionales y conductuales, problemas psicosomáticos e interpersonales, y perturbaciones psicosexuales, en el caso de niños que sufrieron abuso sexual (Lusk y Waterman, 1986; Vargo y colaboradores, 1988, Zimrin, 1986). Puede ser particularmente agudo el "síndrome de la mercancía dañada": baja autoestima, falta de confianza y expectativa de engaño (Salo, 1990, página 80); inestabilidad, enojo reprimido, confusión en los límites del rol, seudomadurez, conducta regresiva o ambas y desarrollo retrasado (Sgroi, 1982, páginas 40 a 47). Estas características no son exclusivas de niños que sufren de maltrato sino que también se aplican a la mayoría de los jóvenes extremadamente dañados.

Las áreas problema que pueden exhibir los niños maltratados y perturbados son:

• Trastornos emocionales y conductuales, que incluyen comportarse como niños mayores o menores a su edad cronológica.
• Perturbaciones psicosomáticas y psicosexuales.
• Dificultades interpersonales.
• Aspectos relacionados con la confianza.
• Conocimiento de lo que es un comportamiento adecuado.
• Autoestima pobre.
• Puede ser difícil para el niño distinguir y expresar emociones apropiadas.

Algunos niños a los que se maltrató de manera grave en ocasiones exhiben trastornos por estrés postraumático (recuerdos alucinatorios, ansiedad aguda, depresión, memoria deficiente) (*American Psychiatric Association*, 1980; Bannister, 1989, página 91; Bentovim y Boston, 1988, páginas 26 a 31; Deblinger y colaboradores, 1989; Haugaard y Reppucci, 1988, páginas 94 a 96; Kilgore, 1988; Webb, 1991, páginas 20 a 22). Además, tal vez muestren signos de victimización lo que también se conoce como síndrome de Estocolmo debido a que apoyan al perpetrador o perpetradores y son hostiles hacia los "salvadores", niegan que algo haya pasado o presentan recapitulación repetida de la experiencia. Otros problemas pueden incluir culpa residual, miedo generalizado a personas y situaciones extrañas, temor ante el terapeuta de juego como perseguidor potencial e incapacidad para lidiar con el enojo y la depresión. El enojo acerca de lo que ha pasado generalmente surge después (Doyle, 1990, páginas 4 a 17; Goddard y Carew, 1988; Jones y colaboradores, 1987, páginas 260 a 262; Saphira, 1985).

Aún se encuentra en sus inicios el conocimiento acerca del tratamiento adecuado posterior a la revelación para niños que han sufrido maltrato (Federation, 1986; James, 1989; Long, 1986). En el momento de escribir este libro, se esperan mayores recomendaciones para estudios de investigación acerca del trabajo terapéutico con niños maltratados. Parece claro que quizá sea necesario un enfoque multifacético, con facilidades para el trabajo directo y enfocado en el niño, y cuyo propósito sea una nueva paternidad, crecimiento y aprendizaje en el más amplio sentido. El trabajo con grupos y familias puede representar también un papel en ello.

Se reconoce cada vez más que muchos niños que han sufrido maltrato necesitan terapia uno a uno (Doyle, 1990, página 36; Driver y Droisen, 1989; Walker y Bolkovatz, 1988, página 249 a 269) y la terapia de juego quizá sea útil para aquellos que se encuentran dentro del criterio común para las referencias a este tipo de terapia. En la terapia de juego centrada en el niño, éste tiene la oportunidad de adquirir el control y aprender a ejercer el poder; la terapia de juego alienta la expresión de sentimientos genuinos y ofrece una oportunidad para el desarrollo de una relación confiable y consistente con un adulto. Confronta la despersonalización y el estereotipo de los adultos coludidos que el niño pudo haber experimentado y el terapeuta de juego lo escucha y apoya, no sólo lo interpreta y controla como en las sesiones de revelación (Wells, 1989, página 45).

Al iniciar el trabajo, se requiere de sensibilidad para asegurar que el niño no considere que la terapia de juego es una continuación de la investigación o una réplica de la circunstancia uno a uno del maltrato (Jones, 1986, página 378). Los niños que sufren abuso sexual pueden tener más dificultades para mantener los límites (después de todo se han invadido sus propios límites personales) y, una vez que se les ha dado permiso de ser y sentir, pueden surgir respuestas exageradas y desproporcionadas durante un tiempo a medida que el niño aprende a "equilibrar" las cosas. Es posible también que en algunos casos exista una conducta sexual inapropiada durante las sesiones (páginas 148 a 149).

NIÑOS MALTRATADOS DE MANERA EXCESIVA

Los niños maltratados con severidad pueden:

* Haber experimentado multiplicidad de maltratos —una combinación de maltrato físico, emocional y abuso sexual en una o más ocasiones.
* Haber sido obligados a maltratar niños, animales o ambos.
* Tener trastornos por estrés postraumático (TEP), o disociación.
* Tener problemas particulares con las relaciones si está sujeto a maltrato intergeneracional y si sus padres han sido quienes ejercen este último.
* Haber sido sometidos a "maltrato por parte del sistema", por ejemplo prolongar las audiencias correspondientes al litigio; ponerlo bajo el cuidado de una familia sustituta inapropiada, cambios constantes de ésta o ambas circunstancias, brindarle un tratamiento inoportuno.
* Necesitar una combinación de tratamientos, por ejemplo:
  — Terapia individual.
  — Terapia de grupo.
  — Trabajo con grupo de compañeros.
  — Trabajo familiar.
  — Trabajo de protección.
  — Reeducación, restablecimiento de las relaciones paternas.
  — Educación sexual.
  — Trabajo de historia de vida.
  — Trabajo en torno al enojo y la pérdida.

Los trabajadores sociales y otros estarán familiarizados con el continuo maltrato que va desde el relativamente menor (aunque todo maltrato es una violación inaceptable en contra de la integridad de la personalidad floreciente del niño) hasta el maltrato grotesco, increíblemente organizado, que se descubre en la actualidad en medio de amargas disputas. Nos encontramos en las primeras etapas de aprendizaje con niños a los que se les ha torturado como parte del maltrato físico, sexual y emocional que cometen grupos de varones, mujeres, otros niños y animales. Algunos de ellos han estado sujetos a técnicas de control mental. Poco a poco nos damos cuenta de que se han cometido maltratos horrendos sobre los niños en nombre de la pornografía. Otro trauma que se inició hace poco es el de los niños que sufren SIDA y condiciones que se vinculan con el uso de drogas. Además, se hace el intento por afrontar el hecho de que algunos pequeños, aunque se les haya retirado de sus hogares, experimentaron maltrato secundario por parte del sistema que debería protegerlos. Algunos niños han tenido experiencias inaceptables al encontrarse bajo custodia a causa de demasiados cambios de custodios, por vivir con familias sustitutas u hogares para niños inadecuados, y por volver a sufrir maltrato mientras se encontraban en un ambiente que se suponía era seguro. Por otra parte, existen algunos casos de niños a los que las autoridades dejaron con padres o custodios maltratadores y el trauma que esto crea cuando en un momento dado se retira al pequeño de su cuidado.

El trabajo terapéutico con niños gravemente traumatizados (James, 1989; Johnson, 1989) es un área novedosa y el conocimiento actual sugiere que son necesarios varios tipos de intervenciones terapéuticas. Es vital la paternidad (y su restablecimiento) buena y confiable, posiblemente con trabajo enfocado en historia personal, habilidades sociales o relacionados con los compañeros. Algunos niños profundamente traumados presentan una fachada que alude, pero niega al mismo tiempo, aspectos internos profundos. Pueden obtener algún beneficio de la terapia de juego centrada en el niño pero, si se emplea con frecuencia la negación de los eventos dolorosos, podría responder mejor a un enfoque más estructurado como la "entrevista de eventos traumáticos" de Friedrich (1990, página 71). El trabajo con grupos pequeños quizá tenga un papel y es deseable la evaluación psiquiátrica sensible. Si se ofrece demasiado pronto, la terapia de juego uno a uno centrada en el niño, tal vez sea demasiado atemorizante. Con su aparente falta de límites y dirección, los niños que han experimentado maltrato excesivo pueden tener miedo de "dejarse ir" dentro de su imaginación e inconsciente, por medio del juego. También, puede haber algo acerca de la atención completa de un adulto que, en la mente del niño, reproduce la situación de maltrato.

Los niños gravemente traumados merecen la mejor ayuda que puedan ofrecerles quienes los cuidan y los profesionales con entrenamiento y experiencia apropiados. En beneficio de todos los involucrados, se aconseja a los trabajadores nuevos en la terapia de juego que comiencen con niños menos perturbados.

TERAPIA DE JUEGO Y PROCESO LEGAL

- ¿Existe algún impedimento legal para que el niño asista a terapia de juego?
- Si es así:
  — ¿El juez y la corte tienen que aprobar que el niño asista a terapia?
  — ¿La corte podría apoderarse de sus registros?
  — ¿Existe alguna forma de ofrecer ayuda al niño?

Por tradición, el sistema legal para niños, es decir, quienes fungen como jueces en caso de maltrato, no considera apropiada la terapia de juego, aún cuando en el terreno terapéutico esté indicado un tratamiento de apoyo. Sin embargo, ciertos profesionales de la judicatura se están dando cuenta de las necesidades de los niños como víctimas y son más sensibles hacia éstas, en particular en cuanto a que, con frecuencia, existe una lamentable y larga demora antes de que el caso llegue a la corte. En algunas circunstancias, un terapeuta de juego calificado y con experiencia puede, con el permiso de la corte, iniciar la terapia de juego bajo condiciones específicas. El terapeuta debe asegurarse de que ha recibido instrucciones claras acerca de cómo conducir las sesiones y si las transcripciones o grabaciones en vídeo de las sesiones se pondrán a disposición de la corte.

Algunas veces los terapeutas de juego se ven involucrados en el proceso legal de manera involuntaria, en especial si los niños con los que están trabajando hacen revelaciones en el curso de la terapia (página 150). Los terapeutas que se encuentran en ese predicamento, necesitan un consejo cauteloso acerca de continuar o no con la terapia de juego y estar al pendiente de la investigación. No deben caer en la trampa de convertirse en seudoagentes de la corte o del departamento de custodias, ya que algunas veces existe la presión para obtener o refutar "evidencias" (Friedrich, 1990, páginas 271, 274). A los terapeutas de juego también se les puede pedir aparecer en la corte para impugnar órdenes de custodia, cuidado o supervisión.

Wilson y colaboradores (1992, páginas 218 a 224) contribuyeron con un análisis de la presentación del trabajo terapéutico en el ámbito jurídico; entre otras cosas aconsejan a los terapeutas que se encuentran en esta situación, estar al pendiente de la forma en que podría interpretarse el contacto informal con el niño y asegurarse de que el caso se está llevando de manera apropiada, con anotaciones del mismo escritas de manera confiable.

RESPONSABILIDAD Y CONFIDENCIALIDAD

Se ayuda al flujo continuo del trabajo si se llega a un acuerdo entre el terapeuta, la persona que refiere, otros profesionales, quienes cuidan al niño y el niño mismo en cuanto a la responsabilidad y confidencialidad, de modo que los límites sean claros y se evite confusión y manipulación. "Cuando existe cooperación y reciprocidad entre estas personas significativas, es raro que el niño no comience a avanzar en una dirección positiva" (Moustakas, 1959, páginas 325 a 326).

Ejercicio

- ¿Para quién es confiable el terapeuta de juego?
- Puede usted determinar lo que debería o no considerarse confidencial entre:
  — El niño
  — La familia de origen
  — La familia extensa, el hogar para niños, el hospital
  — El trabajador social/quien refiere al niño
  — La escuela
  — Otros profesionales
  — El terapeuta de juego
- Suponga que usted es un niño. ¿Qué significaría la palabra "confidencial"? ¿Sentiría tener mucho control sobre lo que las personas mayores dicen acerca de usted?

Si aquellos que refieren al niño comprenden los principios de la terapia de juego, normalmente cooperarán y podrá esperarse una relación laboral productiva. En general, es mejor si el terapeuta de juego mantiene la confidencialidad acerca de los detalles de las sesiones, a menos por supuesto que se revele un maltrato ulterior, otra actividad criminal o asunto de preocupación. Con el conocimiento del niño, es apropiado que el terapeuta se reúna en cierto momento con el trabajador social o quien refiere al niño y el maestro o custodio y que atienda las revisiones del caso de modo que pueda producirse realimentación, se discuta el progreso y se compartan preocupaciones.

En ocasiones puede modificarse la confidencialidad. Hay momentos, por ejemplo con niños bajo custodia institucional, en los que el terapeuta comparte la esencia de las sesiones con el encargado principal del niño, con la esperanza de que éste apoye el trabajo y los intereses del pequeño dentro del equipo del personal y en la institución en general. Existe otra área principal de confidencialidad compartida cuando se sospecha (pero aún no se tiene evidencia contundente) que se ha maltratado al niño en exceso. Nos encontramos en las primeras fases de ayudar a niños a los que se les ha sujetado a control mental, que han reprimido la conciencia de cosas espantosas que les han ocurrido o ambos sucesos, pero cuyo juego arroja parte de sus experiencias, algunas de las cuales en ocasiones no tienen mucho sentido para el terapeuta de juego. Resulta útil que el trabajador social, o quien conozca bien los antecedentes del niño, vea las notas del caso y coloque el material dentro de contexto.

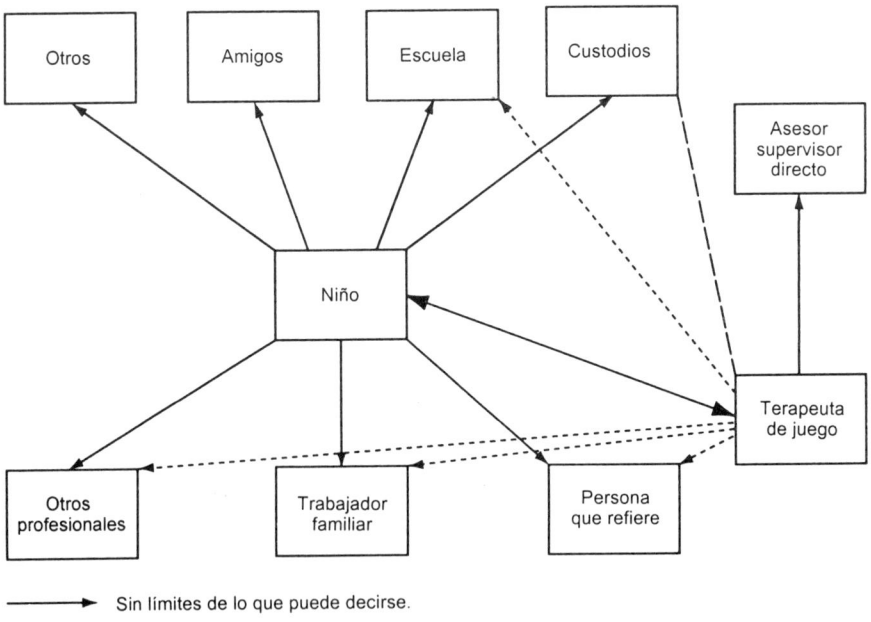

Figura 4–1. Confidencialidad acerca del contenido de las sesiones de terapia de juego.

El terapeuta de juego se apoya en la realimentación, por lo común, de la persona que hace la referencia, de modo que el informe cotidiano de la conducta del niño pueda corresponder con lo que se experimenta en el cuarto de juego. Esta información no debe utilizarse jurídicamente contra el niño ("tu maestra dijo que hoy te portaste mal en clase"), pero ayuda a sopesar la efectividad de las sesiones en el cuarto de juego.

En el caso de Toby, la terapeuta tuvo pláticas periódicas con el trabajador social, el tutor y el maestro (aunque esto fue difícil durante un tiempo cuando se cambió al trabajador social). Cuando era inminente ir a una declaración, la terapeuta le preguntaba a Toby qué deseaba que ella contara durante la misma, y lo alentaba a que dijera a los miembros de la mesa lo que quisiera decir.

REUNIÓN PRELIMINAR CON EL NIÑO Y LA FAMILIA

Si se resuelven de manera satisfactoria tanto la oferta de una vacante en terapia de juego como los aspectos de responsabilidad y confidencialidad, la siguiente fase es comenzar la introducción del niño (y de la familia) al cuarto de juego. La mayoría de los terapeutas de juego se reúnen de antemano con el niño y las personas que se encargan de él, de preferencia en un ambiente familiar al niño o niña (por lo común en el hogar), con la esperanza de que el pequeño al menos reconozca al terapeuta en la primera sesión en el cuarto de juego y comience a tomar sentido de cómo son las sesiones, así como el trabajador, y para que las personas que custodian al niño se involucren más en el proceso.

Ejercicio

- ¿Cómo se sentiría, como terapeuta de juego, al ver a un niño y su familia por primera vez?
- ¿Cómo estructuraría la reunión? ¿Cuándo y dónde tendría lugar?
- Al final de la reunión:
  — ¿Qué esperaría transmitir al niño y los custodios?
  — ¿Qué información esperaría obtener?
- ¿Qué dirá al niño? ¿Cuáles son las últimas cosas que le diría?
- Como niño, ¿qué esperaría que sucediera cuando se encontrara por primera vez con el terapeuta de juego?

Por lo regular, la persona que hace la referencia (quien puede haberles dado una hoja de información a quienes cuidan del niño, es el que presenta al terapeuta de juego, que intentará responder a las dudas y sentimientos de los adultos y del pequeño. Con frecuencia es suficiente con prestar atención al niño, quizá sentándose en el suelo al nivel de sus ojos y tal vez expresando interés en los juguetes o actividades, para romper el hielo; siempre y cuando el terapeuta de juego no avance demasiado rápido. Para los niños pequeños un juguete especial dentro de la bolsa del terapeuta es a veces un punto útil de contacto. ¡Un pájaro trinador que se encontraba de manera accidental en la habitación, fue un elemento grandioso para romper el hielo cuando un niño de 10 años, que era un posible cliente, sus padres y el terapeuta trataban de hallarlo por toda la sala de espera (había muchas plantas), justo para encontrarlo en el bolsillo del terapeuta!

Por lo común quien hace la referencia ya involucró al niño en discusiones acerca del cuarto de juego. Los niños más pequeños se ven atraídos por la noción de "juego especial", aunque en el caso de aquellos que experimentan el maltrato debe tenerse cuidado en emplear la palabra "especial". A los niños mayores se les puede dar la oportunidad de decir por qué piensan que van al cuarto de juego. Podría decirse que muchos niños encuentran útil estar en el cuarto de juego con el terapeuta durante una hora cada semana y durante este tiempo hacer más o menos lo que desean. Pueden mostrarse fotografías del edificio y del cuarto de juego, y quizá los pequeños se las enseñen a sus padres.

Se deben indagar las restricciones alimenticias (si se va a ofrecer un refrigerio) y, con niños pequeños, la forma en que piden ir al baño. Con niños que han sufrido abuso sexual, tal vez sea útil el conocimiento de los términos que el niño emplea para las partes del cuerpo y los actos sexuales. Algunos terapeutas de juego reportan que es aceptable discutir aspectos sexuales si el niño los hace manifiestos en la sesión. Los custodios deben procurar vestir al niño con ropas adecuadas para jugar.

El terapeuta de juego y la persona que hizo la referencia necesitan explicar la confidencialidad en términos que comprendan los adultos y el niño. Si se considera apropiado, es posible llegar a un acuerdo acerca del uso de cintas de vídeo y de audio, e informar acerca de los registros por escrito y lo que se compartirá en las sesiones de consulta/supervisión del terapeuta. Como regla general, aquellos que cuidan al niño no observan las sesiones de terapia de juego ni tienen acceso a registros, cintas de vídeo y de audio, dado que la terapia de juego sirve para ayudar al niño y no para asistir a las figuras paternas en el análisis de la conducta de éste (Moustakas, 1959, página 254).

Puede resultar útil y honesto decir que la terapia de juego con frecuencia es benéfica pero no puede garantizarse su "éxito". Teniendo en mente las fases de la terapia de juego (capítulo 10), el terapeuta puede explicar a las personas que cuidan del niño que tal vez sientan que éste empeora durante un tiempo; pero esto es normal y pueden compartirse las ansiedades con los profesionales. Se debe hacer conscientes a los padres, y a la persona que hizo la referencia, de que en general los niños no brindan mucha información de manera voluntaria acerca de lo que sucede en el cuarto de juego y se les pide a los adultos que los respeten y no traten de forzarlos y de hacer preguntas.

Todas las partes necesitan confirmar los detalles prácticos acerca de cuándo y cómo tendrán lugar las sesiones, qué arreglos de transporte y acompañante se harán, las circunstancias bajo las cuales pueden cancelarse las sesiones y cómo se pueden realizar estas cancelaciones. El terapeuta de juego puede enviar a la familia una carta de confirmación de los detalles prácticos después de la visita.

En ocasiones, como parte del proceso preparatorio, el terapeuta de juego puede querer observar al niño en el ambiente escolar porque esto le da oportunidad de ver cómo funciona el pequeño dentro de ese medio. Si no se considera antiético, existen ventajas en observar al niño **antes** de que éste conozca al terapeuta de juego.

En la reunión preliminar con el niño y la familia:

* Comience a establecer una relación terapéutica con el niño.
* Aclare:
  — Las dudas y preguntas de los niños y la familia acerca de la terapia de juego.
  — La confidencialidad.
  — La línea de comunicación entre el(los) custodio(s) y el terapeuta de juego.
  — Los detalles prácticos acerca de las sesiones: lugar, tiempo, fechas, cómo llegará el niño y quién lo recogerá, qué sucede si el niño, acompañantes o terapeuta de juego tienen que cancelar una sesión.
* Aliente al niño a que se vista con ropa para jugar.
* Demuestre y transmita al niño que la terapia de juego es una experiencia diferente.
* Obtenga información adicional para propósitos de diagnóstico y evaluación.

RESUMEN

El capítulo inició con una sinopsis de las razones por las cuales se refirió a cuatro niños a terapia de juego. La mayoría de estos niños tiene entre 4 y 11 años de edad, pero la terapia de juego puede ser adecuada a otras edades. Las situaciones que trajeron a los niños a terapia se presentaron con mayor detalle, y se instó al lector a pensar en una serie de aspectos que deben considerarse. Se admite que la terapia de juego no es apropiada para todos los niños; algunas veces una forma diferente de trabajo de juego es más apropiada y los niños que presentan ciertas dificultades (como autismo) deben referirse a otro lugar. Los niños maltratados con frecuencia merecen una consideración especial, al igual que los niños sometidos a proceso legal. La responsabilidad y confidencialidad deben quedar claros entre el terapeuta de juego, el niño, la familia, la persona que refiere, etcétera. Se ofrecieron pautas para la reunión preliminar del terapeuta de juego con el niño y familia.

Una vez que se han efectuado de manera satisfactoria las etapas iniciales de referencia, la siguiente etapa importante es la primera sesión.

LISTA DE VERIFICACIÓN DE LA REFERENCIA

La terapia de juego es una manera útil de ayudar a muchos niños, de modo que los terapeutas y sus supervisores deben resolver sus prioridades, en particular si existe una lista de espera.

1. Si se tienen en mente las normas de desarrollo y la situación del niño ¿existe un problema? ¿De quién es el problema? ¿Cómo puede atacársele mejor? ¿Existe la

posibilidad de que pueda tratarse con terapia de juego? ¿Los familiares que cuidan del niño también reciben ayuda?

2. ¿Es apropiada otra forma de trabajo de juego?

3. ¿La escuela, las personas que cuidan del niño y otras personas importantes cooperan de buen grado? ¿El niño puede asistir a las sesiones de juego durante las horas de escuela?

4. ¿El niño recibe tratamiento, por ejemplo, de un psiquiatra, terapeuta familiar, psicólogo conductual, terapeuta de lenguaje, y si es así, ¿la terapia de juego es compatible?

5. ¿Los profesionales están de acuerdo en que vale la pena intentar la terapia de juego y se encuentran preparados para cooperar?

6. ¿Quienes cuidan del niño sienten que vale la pena intentar la terapia de juego y se encuentran preparados para cooperar?

7. ¿Puede negociar la confidencialidad de modo que usted obtenga la información que requiere pero los detalles del trabajo del niño puedan permanecer en privado?

8. ¿Es probable que alguien sabotee el trabajo?

9. ¿Cuándo, dónde, a qué hora y en qué fecha puede comenzarse el trabajo con el niño?

10. Desearía usted observar al niño en la escuela o en el ambiente institucional?

11. ¿Es necesario efectuar un encuentro previo con el niño y quienes cuidan de él? Si es así, las siguientes son algunas de las cosas que debería incluir, interrogar o dar información al respecto:

    a) Fotografías del edificio y del cuarto de juego.

    b) Una explicación sencilla acerca de lo que sucederá en el cuarto de juego.

    c) ¿Existen restricciones alimenticias?

    d) ¿Cómo indica el niño que quiere ir al baño?

    e) Sugerir que el niño utilice ropa adecuada para jugar.

    f) Confidencialidad entre el terapeuta de juego y el niño; normalmente el terapeuta no le dirá a los padres lo que ocurre en las sesiones y en general desalentará la comunicación directa entre ellos y el terapeuta, aparte de los arreglos prácticos. La persona que refiere tiende a ser el intermediario.

    g) Quizá sea prudente hacer una aclaración acerca de que la terapia de juego no siempre funciona pero vale la pena intentarla y que, si es exitosa, a veces los niños empeoran antes de mejorar.

    h) Uso de cintas de vídeo y de audio, registros de casos, consultas.

    i) Debe decirse a las personas que cuidan a los niños que con frecuencia éstos no hablan mucho acerca de lo que sucede en el cuarto de juego y se les debe pedir que lo respeten.

    j) Revisar quién acompañará al niño.

12. ¿Cómo sabrá cuándo concluir la terapia de juego? (Capítulos 10 y 11.)

13. ¿Qué hará usted si el niño revela signos de maltrato ulterior? (Página 150.) ∎

La primera sesión

Cada niño es una nueva experiencia.

(Reisman, 1973, página 121)

En este capítulo se estudia:

• La importancia de la primera sesión, en especial las primeras cosas que el niño hace.

• La relevancia que tiene la primera sesión para las sesiones futuras.

• Los aspectos teóricos y prácticos subyacentes.

PRIMERA SESIÓN DE GEMMA

Gemma se veía demasiado elegante para el cuarto de juego y quizá estaba un poco nerviosa cuando entró, pero parecía complacida de verme (páginas 37 a 38 para información preliminar). Recogió una muñeca. Le recordé que podía hacer más o menos lo que se le antojara y que este lugar no era como estar en casa, en la escuela u hospital. Gemma lleva la muñeca a la tienda, la cual pone en orden. "Ven, bebé, vamos a ponerte en tu silla. Calla." Responde el teléfono: "No, no, principalmente me tengo que quedar aquí. Lo siento. Adiós, gracias". Refiriéndose a los títeres me dice: "Oh, éstas son cosas que mis amigos tienen en la escuela. ¿Qué es él? Tiene unas piernas, éste las tiene. Acomodemos los juguetes". Gemma canta y habla. "Lo siento, la tienda está a punto de cerrar."

Gemma golpea de manera vacilante una pequeña pelota que cuelga de un asta, de modo exagerado clama que ésta casi la derribó.

Al ver unos conejos de juguete: "Pensé que eran de verdad". Hay dos zanahorias, las que les da a sus preferidos en primer y segundo lugar. "Esto es bonito" y coloca flores dentro de la jaula de los conejos.

"¡Ug!" dice al tocar las pinturas. Rápidamente, Gemma escudriña los instrumentos musicales.

Al ir al rincón hogareño dice: "Este lugar es un desastre". [Tú tienes tus juguetes en orden] la terapeuta sabía esto por haber visitado a la niña en su casa. "Ya puse en orden mi tienda y ahora arreglo donde vivo. Listas las tazas de té para todos mis bebés. Tengo tres bebés, dos de mis mejores vestidos." Coloca una bacinica en el rincón hogareño y una en la tienda. Al descubrir al primer bebé en la tienda, Gemma dice: "¿Te dejé en mi tienda, bebé? Vamos". Pregunta dónde está su acompañante y yo le respondo de manera veraz.

"Traje mi gatito, huele rico" dice señalando a un gato de tela en su cinturón, el cual cuelga del extintor. "Mary (la acompañante) dice que vino a verla antes."

"Dos cunas para mis dos bebés adorables." Gemma recoge la escoba grande del cuarto de juego. "Me la llevo a casa para barrer. El otro bebé puede caminar." (Es un poco más grande.) A la muñeca, Gemma le dice: "Vendré contigo porque no puedes caminar tan bien, ¿o sí? Hay muchas hormigas por aquí".

"Voy a llamarle por teléfono a mamá. Hola. Sí, sí. Eso sería bueno. Adiós. Gracias." Juega a que sirve unas bebidas. Les dice a los bebés: "preparen su cena también". Gemma pregunta dónde está la lavadora, pensando que la recordaba de las fotos, pero no teníamos una. Traje las fotos y ella no pudo encontrarla. Gemma exploró una alacena.

"Mejor me voy dentro de mi casa. Voy a tender sus camas." Coloca al bebé pequeño en la silla alta. "Puede que tenga que regresar a mi tienda. Tú (bebé) puedes venir conmigo. ¿Estarás bien aquí? Estoy segura que sí. Tengo que planchar también, ya sabes." Gemma le dio comida a los bebés, además de tazones y cucharas. "Creo que la casa está casi en orden. ¡Fiu! La tetera está lista para que todos tengan algo que beber." Gemma hace té. "No tomo azúcar. A veces lo hago, depende de cuál sea la bebida. Eso estuvo delicioso. Vamos, coman ¿qué les pasa? Deben haber estado hambrientas para haberse comido un gran pescado como ese. Buenas niñas."

Me di cuenta que había olvidado sacar los biberones y chupones, los fui a buscar recordándole a ella que aquí podía hacer cosas que no podría hacer en otra parte y que podía decir lo que quisiera. También mencioné que se podía servir ella misma los refrigerios. Gemma comenta que el cuarto de juego es "mejor de lo que pensé".

"Todos tienen sus biberones y chupones, así que cállense. Tienen que ir a la cama antes de que regrese a mi tienda. Tengo que traer más comida." Acomoda las ropas que les ha quitado a los bebés antes de que vayan a la cama, asegurándose de que las niñas quedarán bien arropadas. Se les dio un chupón y un biberón lleno de jugo. "Mi pequeña. Te puedes poner tu vestido bonito por la mañana. Bien. ¡Fiu! Ahora ya están dormidas, me arreglaré y me tendré que ir. La casa está bastante ordenada. Sólo tengo que planchar."

Gemma ve al perro de peluche. "Es adorable. ¿Para qué sirve?" Le digo que sirve para lo que ella quiera. "Podría ser mi caballo. Siempre he querido un caballo."

Ella busca entre los disfraces. "Lindo. Éste podría ser el cuarto donde me pongo mis ropas bonitas." Se pone una chaqueta dorada, una falda vaquera y un sombrero rojo de fieltro y se ve en el espejo. "Caja de arena mojada", afirma.

"Mejor me voy a mi tienda. Buen chico, caballo, pórtate bien, me tengo que ir a dormir ahora. Las gentes dirán: ¿por qué no está abierta la tienda? Ninguna otra tienda abre por aquí." Plancha su sombrero. "Ya me voy niñas, pórtense bien. La casa ya está limpia. Tengo prisa. Sí, me tengo que ir ahora. Mamita regresaré después —ella siempre regresa. Adiós."

"La tienda está abierta. No, tengo que hacer algo. La tienda se va a abrir. ¡Bravo!, ¿no es cierto? Siento mucho el retraso. Mis niñas me han estado molestando un poco. ¿Qué desea? 40 centavos. Lo siento mucho, pero eso ya se me acabó. Buscaré en el almacén. Creo que eso se nos terminó. ¡Que suerte!, quedó un paquete. Aquí tiene la lata. Tenga cuidado con ella. Adiós. Lleve eso adentro. Alguien podría robarlo. Se está haciendo tarde. Me tengo que ir ahora a la casa. Ya terminé por hoy."

Gemma recoge unos juguetes de peluche. "Todos son tan lindos." Le da uno a cada bebé y se queda uno para ella. "Ahora es el momento de estar en casa" y se quita su disfraz.

"Que día tan duro. Muchísima gente. Hola (al caballo), ven levántate." Revisa a los conejos. "Muy bien." Gemma me dice que odia las pistolas. "Adiós" dice dándole palmaditas al caballo. En la esquina hogareña: "¿Me pregunto qué hora será? Es hora de ir a la cama". El teléfono suena: "Hola. Me daré una vuelta mañana con ellos. Adiós. Es hora de que me vaya a la cama". Gemma se sube a la cama y ronca. "Son las cinco de la mañana. El caballo necesita algo de comida. Lo puedo oír relinchando. Ooh. Mejor saco unas zanahorias para los conejos." A uno de los bebés: "te traeré algo de beber en tu biberón. Ya despertaste a tu hermana mayor. Niñita traviesa. Te voy a traer un poco. Vamos, ahora a dormir. Mami estuvo levantada casi toda la noche. Aún no es de día, ¿sabes? Tu osito está dormido y el mío también".

Gemma ve en la casa de muñecas. "Aquí también es un desastre." Al regresar del baño: "¡Uf, espantoso" dice mientras toca brevemente la arena mojada.

Llenó dos biberones con jugo y se sirvió ella una taza. Toma dos panecillos pero no los come. Le dio los biberones a los bebés. "Ahora a la cama. Todas las niñas están listas. Estoy muy cansada. Hoy ha sido un día bastante difícil" y se mete en la cama. "Niñas, a dormir. Ya tienen su biberón lleno, ahora a callar." Son las nueve. "¡Oh no! Las niñas están dormidas. Mejor, estuvieron despiertas anoche. Los conejos están bien."

Gemma pinta una persona con un exterior brillante pero con una tormentosa mezcla de colores en el interior. Se pone algunos disfraces diferentes.

"Oh, mis niñas aún no se despiertan. Pronto tendré que ir a mi tienda aunque no hayan despertado. Mi caballo vendrá y me dirá si necesitan algo, estoy segura de que lo hará. Lo hizo la última vez." Pide que se ponga la pintura en el rincón hogareño diciendo que las niñas la hicieron.

Gemma le pide al caballo que le avise si las niñas se despiertan y se va a la tienda y se pone un disfraz diferente. "Es bastante temprano. Me pude haber quedado en casa pero decidí...". Teléfono: "Hola. La tienda de los niños, ¿le puedo servir en algo? ¿Quiere que se lo guarde? Un poco de café. Bien, le guardaré el último paquete. Bien, adiós". Levanta las cortinas para que la gente sepa que la tienda está abierta.

"Las niñas están despiertas. Tengo que salir de mi tienda. La mayor está siempre despierta. Debería ser la menor, según escuché." A la niña mayor: "te dejaré que te sientes en mi silla bonita y si escucho cualquier cosa me enojaré mucho contigo. Ya puedes caminar, te haces más y más lista cada día. Cuando se despierte tu hermanita, vienes y me dices. Si no lo haces me enojaré mucho. Ya te lo advertí, así que ya sabes".

De regreso en la tienda hay cierta confusión cuando la clienta llega para recoger la cosa que ordenó, pero Gemma piensa que es una nueva clienta así que inicialmente se niega a servirle hasta que se resuelve el problema. La tienda cierra.

"Le dije a Gemma que tendríamos que terminar la sesión en aproximadamente cinco minutos".

Regresó a la esquina hogareña. "¿No has despertado? Una señora estuvo hoy en mi tienda. Me preguntó que si me gustaría ir de vacaciones con ella. Voy a irme en un momento, pero no todavía. Me tendré que ir pronto. Encontraré alguien que las cuide, pero pronto me tendré que ir. Es hora de que vayan a la cama. No estén tristes por eso." Lleva a la muñeca grande a la cama. "Si tu hermana llora, dile que no esté triste. Me tengo que ir de vacaciones. Tengo que tener un descanso de ustedes por un tiempo. Finalmente encontré un tiempo para hacerlo. No lloren. Me quedaré esta noche. Iré a la cama pero en la mañana tal vez encuentren que ya me he ido."

El teléfono suena: "Hola, sí. Ya les dije a mis niñas que saldré de vacaciones contigo. Mis niñas están un poco tristes. Ya puse un anuncio en la tienda diciendo que me iré y que la tienda se cerrará durante un tiempo. Adiós, te veo en la mañana". A las niñas: "Ahora vayan a la cama. Cuando despierte probablemente será de mañana".

Gemma se quita el disfraz y se alista para dejar el cuarto de juego. Le digo que la veré a la misma hora la siguiente semana y que las mismas cosas estarán aquí aunque algunas de ellas podrán estar en diferentes lugares. Al salir por la puerta afirma: "hace mucho frío afuera". Olvida su gato perfumado y se lo doy.

OBSERVACIONES ESCRITAS POR LA TERAPEUTA DE JUEGO, DESPUÉS DE LA PRIMERA SESIÓN

1. La primera cosa que Gemma tomó fue el bebé, así que aquí puede ser donde reside el trabajo.
2. Gran énfasis en ordenar el desastre. Esto puede estar en el filo de lo compulsivo: ¿una defensa contra su caos interior?
3. Gemma protestó contra las armas, la arena mojada y las pinturas. De nuevo, quizá esto represente dónde reside el trabajo. ¿Existe una parte de ella que niega el elemento caótico interno que, de acuerdo con la referencia, explota algunas veces?
4. Es posible que el caos interior se ejemplifique en su pintura que va de acuerdo con su **personaje** limpio y presuntuoso, un exterior limpio pero con un interior revuelto.
5. Aunque en ciertos aspectos es un poco mayor para su edad, Gemma parece ser excelente para brindar cuidados. La conversación que tiene con sus niñas es en un tono dulce y amable.
6. Sospecho que está sobrecompensando y que ella misma necesita muchos cuidados.
7. Quedé sorprendida por la manera en que manejó la fase de terminación de la sesión, de hecho representó en el juego el final para sus "niñas", mediante entrar en la fantasía de las vacaciones. Debe haber tenido muchos finales en su vida. Siento que lo hizo con bastante cariño, aunque estoy sorprendida por la magnitud de esta parte del juego.
8. Su comentario final fue que hacía "mucho frío afuera".
9. Gemma jugó sola creando muchos roles, pero me sentí incluida aunque a distancia. ¡También me sentí muy inadecuada cuando ella señaló las deficiencias que había en el cuarto de juego!

Ejercicio

- ¿Qué siente acerca de esta primera sesión?
- ¿Se ha preparado de manera adecuada un cimiento para esta referencia?
- ¿Qué clase de saludo es apropiado para el niño y cómo se presentará la escena?
- Para usted ¿cuáles son las cosas más importantes que tiene que hacer y recordar?
- ¿Cómo registrará las sesiones?
- Después de la primera sesión ¿con qué rapidez puede usted analizarla con su asesor o supervisor?
- ¿Qué hará si se siente angustiado y confundido acerca de lo que sucedió?
- Cuando acepte un nuevo niño, escriba un lema:
  — Para usted mismo.
  — Para el niño.
- Suponga que usted es un niño de seis años de edad y asiste a su primera sesión de terapia de juego:
  — ¿Cómo se sentiría?
  — ¿Cuáles serían sus expectativas?
  — ¿En qué estaría pensando?
  — ¿Qué lo ayudaría a sentirse mejor acerca de su asistencia al cuarto de juego?
  — ¿Cuál sería **su** lema?

ASPECTOS TEÓRICOS Y PRÁCTICOS ACERCA DE LAS PRIMERAS SESIONES

La primera sesión es crucial (Allen, 1964, páginas 101 a 105), ya que determina la escena para lo que ha de seguir (Ginott, 1982a; cf. Axline, 1964f, página 22) y debe registrarse tan completamente como sea posible y discutirse con el asesor (Despert, 1964, páginas 110 a 114). Es importante que las condiciones sean correctas y que los preparativos hayan sido detallados (capítulo 4). Con frecuencia la primera sesión revela el trabajo que el niño necesita realizar y los aspectos para la manera en que se logrará el trabajo (Howarth, 1990, páginas 39, 41 a 42). Anote la primera cosa que hace el niño porque, en retrospectiva, con frecuencia esto contiene la clave.

Si se mostraron antes las fotografías del edificio y del cuarto de juego, es posible que el niño experimente una sensación de cierta familiaridad cuando se aproxime al edificio. El terapeuta de juego está disponible, así que no hay necesidad de esperar y, si se han conocido de antemano, es útil que la apariencia del terapeuta no se haya alterado de manera drástica. Algunos niños, en particular aquellos que han estado en un hospital o en instituciones, en cierta fase quizá expresen el deseo de pasearse por el edificio. Esto parece permisible, excepción hecha de que no se realice cada semana, de modo que el niño pueda ver que el cuarto de juego no es un hogar infantil u hospital disfrazado; recorrer el lugar puede tranquilizar su mente, en particular si adultos que ha conocido en su vida lo han engañado con un falso sentido de seguridad.

Al llegar, el terapeuta de juego le brinda completa atención al niño en presencia del acompañante y confirma qué pasará con el adulto acompañante durante el curso de la sesión, reiterando que se recogerá al pequeño al final de la misma. Es importante, en particular para niños pequeños que aún no desarrollan el concepto del tiempo, que se destaque que regresarán a casa o a la escuela, y que se ligue esto con algo en la rutina cotidiana del niño, como por ejemplo regresar a tiempo para comer o jugar. Angela, de seis años, había estado bajo custodia pero ahora se encontraba en el hogar con su madre que es soltera, quien la había traído a la terapia de juego. El terapeuta de juego podría decir: "Mami se va a ir de compras ahora, pero regresará por ti en una hora y entonces se irán juntas a casa para cenar". Un reloj en la pared del cuarto de juego puede mostrar a los niños qué tiempo permanecen allí.

Se debe ver el cuarto de juego desde una perspectiva infantil. Intente hacerlo atractivo sin demasiada estimulación ni desorden, de modo que haya espacio para que el pequeño pueda decidir qué hacer. Es un territorio neutral en el que los niños pueden imponer sus fantasías y necesidades. Valorar a los niños y permitirles autonomía de esta manera probablemente les signifique una experiencia enigmática y tal vez sea útil colocar el ambiente de juego en perspectiva si el terapeuta aclara que el cuarto de juego no es como estar en la escuela o en casa (ni en un club juvenil, hospital, hogar para niños o cualquier otro sitio que el niño conozca), sino que es un lugar que es suyo durante el mismo tiempo cada semana y en el cual pueden hacer (casi) todo lo que gusten.

Los ocho principios básicos de Axline (página 173) son útiles; comience donde está el niño, aceptándolo como es. No lo alabe, lisonjee o amenace. Refleje qué es lo que puede estar sintiendo el niño. "Quizá te sientas emocionado al ver todas estas cosas y no sabes qué hacer al principio." "Me pregunto si tienes miedo de estar aquí conmigo y no sabes qué es lo que va a pasar." Las palabras, gestos y sentimientos del niño son importantes y la tarea del terapeuta de juego es comprender las señales provenientes del pequeño para hacerlo sentir seguro.

En términos generales los niños se aproximan a la primera sesión en una de tres formas: algunos se lanzan dentro de una actividad y pronto están absortos en el juego; quizá incluyan al terapeuta de juego, quizá no, tal vez se aseguren de si es correcto hacer tal o cual cosa. Otros niños se sienten inseguros y un tanto perdidos. Cuando el terapeuta ya ha hecho lo posible por facilitarle al niño la entrada al cuarto de juego, el papel terapéutico no consiste en rescatar a un pequeño inactivo ni volverse directivo o acosarlo. El terapeuta puede verbalizar de manera enfática lo que el niño puede estar sintiendo, decir cosas como: "Me pregunto si aquí se siente raro y no estás seguro de qué hacer o qué se espera de ti", "quizá es difícil porque una parte de ti desea ver los juguetes pero otra parte está asustada". Es mejor si el terapeuta puede esperar a que ceda la resistencia o dificultad del niño, pero esto no es fácil, en especial para los terapeutas nuevos. Si la atmósfera es demasiado incómoda con un niño "atorado", el terapeuta podría invitarlo de nuevo a que examine los alrededores, ofrecer explorar juntos el cuarto de juego o quizá darle la opción de 2 o 3 actividades. Si el niño parece tímido, reservado e inseguro de qué hacer, el trabajador podría decir: "aquí hacemos lo que queremos" y poner la pauta por ejemplo, mediante, jugar con algunos coches y observar de reojo al niño que entonces puede encontrar su propia forma de relacionarse con el cuarto de juego y con el terapeuta.

Algunos niños, en especial aquellos que han sido privados de juguetes y de la oportunidad de jugar, quizá estén tan abrumados por un cuarto de juego bien equipado que simplemente **ven** los juguetes o corren de uno a otro y, en raras ocasiones, el terapeuta puede considerar necesario restringir el rango de materiales durante ciertas sesiones al principio. ¡Algunos niños pueden escudriñar estrepitosamente el cuarto en los primeros 10 minutos!

Los límites en el cuarto de juego se discuten en las páginas 197 a 200. Algunos niños se sienten abrumados por la total permisividad y libertad, así que el terapeuta de juego puede indicar algunos de los límites más o menos al principio de la primera sesión. Con otros niños, los límites se dan a conocer si surge la necesidad. Son importantes los parámetros acerca de cuáles son las habitaciones que puede usar el niño. Muéstrele al niño dónde está el baño y, si se ofrecen refrigerios, cuáles son las expectativas del terapeuta al respecto. El terapeuta de juego puede explicar acerca del equipo audiovisual, mostrarle al niño si se utiliza una pantalla de observación y hacerle saber si se va a realizar una grabación de la sesión.

En cierto momento puede ser conveniente obtener las percepciones del niño acerca de quién es usted (el terapeuta de juego), su nombre, cuál es el propósito de venir al cuarto de juego según el niño (Winnicott, 1984, página 21) y al final es útil recapitular cuándo será el siguiente contacto y preguntarle al niño cómo se siente.

Los terapeutas de juego que toman notas durante la sesión pueden decir porqué están escribiendo. La explicación varía de acuerdo con la edad del niño, pero expresiones como: "Escribo acerca del tiempo que pasamos en el cuarto de juego" o "me ayuda a recordar las cosas que hacemos", en general son aceptables. La mayoría de los niños no parecen molestarse porque el terapeuta tome notas, pero se debe aclarar que el niño es más importante que escribir. A veces, los niños corteses no quieren interrumpir el "trabajo" del terapeuta de juego. Otros niños inspeccionarán si se han registrado ciertas cosas. Otros "ayudarán" a escribir las notas. Los niños a los que no les gusta que se tome nota, o que en ocasiones pueden sentir que el que se escriba es una interferencia, ¡en general se lo dirán al terapeuta de una manera que no deja lugar a duda!

Durante la sesión, el terapeuta de juego puede aclarar que no se espera que el niño ponga en orden las cosas (si ese es el caso) y confirmará que el niño vendrá durante algunas semanas. Niños pequeños en general tienen un buen conocimiento de periodos escolares, fiestas, fechas religiosas o cumpleaños, así que decirles algo como: "Puedes venir aquí cada jueves en la tarde hasta Navidad", probablemente es suficiente el principio, teniendo en mente que la terapia de juego puede continuar después de esa fecha y que "extenderse más allá de Navidad" se discutirá con el niño en una fase adecuada.

A través de la sesión, el terapeuta de juego se concentra en dejar que el niño ponga la pauta a seguir y en reflejar algo acerca de lo que el niño pueda estar haciendo o sintiendo. El terapeuta confirma el **ser** del niño y le da espacio para **convertirse**. Esto puede ser una nueva experiencia tanto para algunos niños como para los trabajadores y no todos ellos (trabajadores y niños) lo encuentran cómodo al principio. Es útil si el terapeuta de juego se esfuerza en relajarse y disfrutar la sesión con una conciencia imparcial que posibilite tanto la involucración en el proceso, como la observación del mismo, sin estar demasiado autoconsciente. La relación de trabajo entre el niño y el terapeuta de juego, es decir la alianza terapéutica que surge del sentido de sí mismo del terapeuta de juego, el conocimiento técnico y la comprensión intuitiva con respecto al niño con problemas y el proceso terapéutico en sí, son algunos de los factores importantes en el éxito general de la terapia de juego, ya que activa el potencial curativo de la psique humana (Jung, 1966, citado por Allan, 1988b, página 99) y sin esto la terapia de juego podría irse a pique (Fordham, 1978, página 91).

> Recuerde que usted transmite información a través de sus actitudes y acercamiento, así como por sus palabras.

"Me llaman Janet. ¿Cómo te gusta que te llamen?"

"Soy alguien que juega y pasa tiempo con niños cuando ellos se sienten molestos y confundidos en su interior. No soy una trabajadora social, o una oficial de policía, o una..."

"Parece que algunos días te sientes un poco infeliz, triste o molesta (o lo que sea). Venir al cuarto de juego a veces ayuda a que los niños se sientan mejor y encuentren sentido a lo que ha sucedido" (usted, o el niño, pueden desear ser más específicos).

"Tú no vienes aquí castigada por haber sido traviesa."

"Tu mamá y tu maestro saben que vienes a verme y para ellos está bien que lo hagas."

"Venir al cuarto de juego no es como estar en la escuela, o con los niños exploradores, o en un hospital... Es el tipo de lugar donde puedes elegir qué hacer, y yo me aseguraré de que nos mantengamos seguros."

"No se permiten tocamientos sexuales, y no nos haremos daño."

"Estaré aquí, o jugaré contigo si tú me lo pides."

"No tienes que hacer algo si no quieres."

"— Y— te traerán al cuarto de juego (detalles acerca de cómo sucederán las cosas) los lunes, el día en que regresas a la escuela después del fin de semana. Te traerán en el descanso de la mañana y regresarás a la escuela a la hora de la cena."

"Nos veremos todos los lunes hasta las vacaciones. Podemos continuar después, si así lo deseas, pero hablaremos de eso más adelante."

"Tu mamá me hará saber si no puedes venir porque estás enfermo. Si yo me enfermo me aseguraré de que alguien te comunique cuándo podré verte de nuevo."

"Puedes contarle a quien quieras acerca de lo que sucede en el cuarto de juego. Yo tendré una charla con (la persona que refirió al niño) de vez en cuando, pero te lo comentaré y podemos decidir lo que te gustaría que yo dijera. También asistiré a tus audiencias, hablaremos de eso y te preguntaré qué te gustaría que yo dijera a la gente. Por lo regular no veré a tu mamá."

"Si me comentas que alguien te ha hecho daño, o ha tenido algún acercamiento de tipo sexual contigo o con otro niño, entonces tendríamos que pensar juntos a quién deberíamos decírselo."

"Éste es tu tiempo, lo utilizas como tú quieras."

"Te avisaré unos minutos antes de que finalicemos y sea tiempo de regresar a la escuela."

"Podemos beber algo y comer algunos panecillos o fruta. ¿Qué te gustaría?"

"El baño esta ahí."

"¿Deberíamos averiguar cómo trabaja esto? (vídeo, sistema de audio, pantalla de observación)."

"Esto es lo que podríamos hacer acerca del aseo..."

PRIMERA SESIÓN DE ANDREW

Andrew examinó el cuarto, se quitó el abrigo y escarbó en la arena (véanse páginas 37 a 38 para información preliminar). Desempacó una caja de coches, escogió un helicóptero: "Yo tenía uno de éstos y lo rompí". Me disparó desde un extremo de la habitación; entonces, aparentemente al azar, disparó por la ventana. Fue al rincón hogareño. Regresó los vehículos al cajón de arena. Exploró más el cuarto comunicándose conmigo a través de sus ojos. Me preguntó acerca del edificio en el que estábamos, después regresó al cajón de arena. El juego iba del rincón hogareño a la arena. Después hubo más exploración del equipo de juego.

Con cuidado, Andrew seleccionó un autocamión y lo estrelló contra otros coches. Unió varios vagones y jugó con un tanque, con gran gusto. Parecía estar emocionado y guardó carros en la cochera haciéndolos estrellarse desde el techo de la misma.

Más juego tranquilo en el rincón hogareño. En otra parte del cuarto se sentó viendo alrededor. Se dio mucho juego de mescolanza de agua y arena.

Una mirada de decepción acercó la sesión a su fin. Tenía una bebida, colocó de nuevo los coches dentro de la caja y virtió más agua en la arena. Preguntó si se podía llevar un tanque a casa y se le dijo que los juguetes del cuarto de juego tenían que permanecer allí.

PENSAMIENTOS DE LA TERAPEUTA DE JUEGO ACERCA DE LA PRIMERA SESIÓN DE ANDREW

1. Quedé impresionada con la tranquila confianza interior de Andrew. Gran parte del tiempo estuvo absorto, hablando en voz baja. No pareció "necesitarme" activamente.
2. Los temas principales parecen ser:
    a) Carros dentro y arriba de la cochera, una secuencia de chocar los coches, cinco en total. ¿Éstas son partes de su familia? ¿O trozos de él mismo que quiere chocar?
    b) La pistola. Me disparó al principio. Al final de la sesión me encontré la pistola enterrada en la arena. ¿La agresión (o temor, o lo que sea que la pistola representa) puede contenerse? ¿O necesita enterrarse?
    c) Mucho juego con arena, en realidad la **usó**, la empapó. Colocar los dos elementos juntos fue extremadamente fascinante para él.
    d) Aunque había visto los pequeños refrigerios, no se ocupó de ellos sino hasta el final de la sesión, cuando se llevó un panecillo (y había querido llevarse un tanque) a casa.

PRIMERA SESIÓN DE POLLY

Polly brincó por todo el cuarto (véase página 38 para información preliminar). Pidió ir a ver el edificio y después regresar a terminar de jugar. Estuve de acuerdo para que ella verificara que no era un hogar infantil o un hospital disfrazado. Polly quiso llevarse una muñeca en su recorrido por el edificio y la envolvió en una manta.

"¿Puedeo llevarme la bolsa? Podría no gustarle si va sola. Y una pluma azul para que pueda escribir a dónde vamos. ¡Ah, caramba!", dijo cuando soltó una frazada de ropa de cama. Inspeccionamos el local. "Al bebé le gusta." De regreso en el cuarto de juego Polly puso al bebé en la cuna. "Fue bonito, ¿no crees?"

"No seas un bebé, tenemos una", ordenó en tanto recogía una muñeca. Seleccionó a *Tootles the Taxi* para leérmelo después. Mientras asía a un osito de peluche, Polly me dijo que era la mamá y me pedía a mí, la hermana mayor, que le encontrara su bolsa. Después se volvió la dependienta de la tienda.

En el rincón hogareño, Polly me dijo que pronto sería hora de la cena. Después pidió materiales para escribir. "¿Qué quieres que escriba?" preguntó. "Ve a la cama y Santa vendrá a las 3 de la mañana. Te arroparé cuando haya acabado lo que escribo." Está enojada conmigo (el bebé) y amenaza con irse de la casa si no me comporto. Prepara la cena y le cuenta a alguien en el teléfono acerca de Santa Claus. Más juego con comida. Lleva al bebé a la cuna, hacia donde yo estoy, además de comida para todos nosotros. Es de noche y nos vamos a la cama.

PENSAMIENTOS DE LA TERAPEUTA DE JUEGO ACERCA DE LA PRIMERA SESIÓN DE POLLY

1. Después de revisar el edificio, Polly fue sorprendentemente rápida en entrar al "trabajo".
2. Parece que Polly trabajará tanto en su sí mismo de bebé, en parte de manera directa y en parte a distancia (a través de convertirme en bebé), como en sus experiencias al recibir atención materna.
3. En ocasiones necesitó afirmar el poder y control sobre su ambiente.
4. Sospecho que representará por medio del juego muchas de sus experiencias tempranas.

PRIMERA SESIÓN DE PETER

Peter se puso una gorra de policía y sugirió pelear, pero lo último no sucedió de inmediato (véase página 38 para información preliminar). Jugó a que me tomaba fotos, después creó una gran cuesta y tuvimos que hacer subir un auto a gran velocidad. Entonces nos lanzamos el auto, uno al otro por el piso. Esto se siguió de intensas luchas con espadas y pistolas y nos arrojamos cojines uno al otro.

Peter encontró cinco vehículos y los colocó en el cajón de arena. Tuve que hacer un camino. Identificó el coche más chico con un niño pequeño; el "niñito" y otros autos estaban atrapados y tuvimos que ayudarlos. "Haz de cuenta que el niñito está enterrado". Peter identificó dos grúas, una era un "auxiliar" para él mismo y yo tenía una como "auxiliar". Se rescató a los vehículos enterrados, pero se les volvió a enterrar y en esta ocasión el auxiliar los alineó sanos y salvos. "Ya acabé con eso." Hizo grandes salpicaduras de arena destinadas a alcanzarme. "¿Te di? Bien."

Peter se resbaló y se golpeó la rodilla, entonces lloró como un bebé y se quejó de haberse raspado. Con seriedad le apliqué los primeros auxilios a la zona lastimada y me di cuenta de que ¡estaba trabajando sobre mugre y una vieja cicatriz! Jugó con la cochera.

PENSAMIENTOS DE LA TERAPEUTA DE JUEGO ACERCA DE LA PRIMERA SESIÓN DE PETER

Peter utilizó la sesión de manera efectiva. Las principales impresiones que tuve fueron:

1. Enojo, mantenido dentro de los límites, pero necesita poder desahogarlo y quizá con el tiempo nombrar con qué o con quién está enojado.
2. Pareció que en el cajón de arena Peter bosquejó su problema. Se identificó con el auto pequeño que estaba en peligro de hundirse, de ser enterrado, atajado. Con un auxiliar y algo de ayuda por parte de sí mismo, pudo salir. Antes, en la sesión, había hecho que los autos intentaran subir por cuestas imposibles —pero al menos podían moverse y no se descompusieron.
3. Hubo un elemento regresivo y una parte muy herida de él que necesita atención. También juega de manera adecuada a su edad.
4. Me utilizó de manera directa y probablemente sacará mucho de su enojo y dolor conmigo.

Bienestar para el terapeuta de juego:

- ¿El cuarto de juego es cálido, limpio e invitante? Considere la perspectiva de un niño.
- ¿Hay materiales de juego apropiados? ¿Recordó poner objetos especiales?
- ¿El equipo audiovisual se encuentra funcionando? ¿Hay lápiz y papel a la mano?
- ¿Qué hay acerca de los refrigerios?
- Organícese de tal manera que se encuentre listo a tiempo. Dé la bienvenida al niño y sus acompañantes. Verifique que los acompañantes sepan qué hacer y, en presencia del niño, confirme la hora en que éstos recogerán al niño y el lugar a donde éste regresará.
- Invítelo a entrar al cuarto de juego y procure hacer el mínimo de comentarios de bienvenida después de la primera sesión. Si no se le ha involucrado en el juego, permanezca sentado en un lugar donde tenga una visión completa del cuarto del juego.
- Si lo considera apropiado, en las primeras etapas puede enfatizar al niño que esto podría parecer un poco extraño y atemorizante, pero si él lo desea puede explorar alrededor.
- El niño no tiene que hacer algo.
- Si se ofrecen algunos refrigerios, usted podría hacerle saber al pequeño cuáles son sus expectativas, si puede servirse él mismo, o si se le darán a una hora establecida.
- Avísele cuando la sesión esté por terminar. Por lo regular se considera adecuado hacerlo cinco minutos antes.
- Informe al niño lo que se espera de él respecto al aseo.
- Al final de la sesión puede preguntar al niño cómo se siente ahora.
- Recuerde al niño su asistencia a la siguiente sesión. Llévelo hasta donde están sus acompañantes.
- Regrese al cuarto de juego y reflexione acerca de lo sucedido.
  - ¿Cuál fue el proceso?
  - ¿Cuál fue el contenido?
  - ¿El manejo fue centrado en el niño?
  - ¿Qué hay acerca de sus habilidades de asesoramiento?
- Escriba sus notas y ponga en orden el cuarto de juego.

RESUMEN

En este capítulo se han compartido algunas notas de las primeras sesiones de ciertos casos de niños, a quienes ya se conocía, y se han leído algunas reflexiones del terapeuta posteriores a las sesiones. Se aprendió que los niños utilizan sus sesiones de manera diferente y que la primera cosa que un niño hace puede indicar los aspectos clave que se trabajarán en la terapia. También se exploraron aspectos teóricos y prácticos de las primeras sesiones.

Una de las cosas que se descubren en la primera sesión son los estilos de juego a través de los cuales se comunica el niño, éstos se discuten con mayor amplitud en los siguientes cuatro capítulos.

LISTA DE VERIFICACIÓN DE LA PRIMERA SESIÓN

1. ¿El trabajo preparatorio fue efectivo?
    a) Las personas que cuidan al niño, quien lo refirió, el acompañante y la escuela (y cualquier otro profesional) tienen un concepto claro de sus papeles respectivos en cuanto a lo relacionado a las sesiones de terapia de juego?
    b) ¿Todos tienen un conocimiento acerca de las fechas de las sesiones, el horario y los arreglos de transporte de ida y vuelta a las sesiones?
    c) ¿Qué se ha previsto si cualquiera de las personas esenciales para la terapia de juego estuviera enferma, tuviera que cancelar o se encontrara de vacaciones?
2. ¿Se ha preparado al niño de manera adecuada?
3. ¿Cuáles son las normas para la confidencialidad? ¿El niño está consciente de que pueden haber, en raras ocasiones, algunas cosas que el terapeuta de juego le tenga que decir a otro adulto?
4. ¿Se ha reservado el cuarto de juego y es adecuada la sala de espera?
5. Si se utilizan grabaciones de vídeo o de audio, o una pantalla de observación ¿el equipo se encuentra colocado y se han firmado las formas de consentimiento adecuadas?
6. Si ya ha visto previamente al niño ¿su apariencia es similar a la ocasión en que se conocieron?
7. Registre la primera sesión de manera tan amplia como sea posible, inclusive aquello que usted y el niño dicen, sienten y hacen. Anote, en particular, la **primera** cosa que el niño hace al entrar al cuarto de juego. ¿Se encuentran a mano una pluma o papel? ¿Ha destinado usted tiempo aparte para realizar esto?
8. En la rara ocasión en que un padre u otro adulto se encuentre dentro del cuarto de juego (página 203), asegúrese de que se encuentra cómodamente sentado e indíquele que no debe tomar ninguna iniciativa, a menos que usted se lo pida; adviértale que los intentos del niño para incluirlo deben desviarse hacia el terapeuta de juego o los juguetes.
9. Recuerde, o comunique al niño los detalles prácticos:
    a) Cuándo terminará la sesión y quién lo llevará de regreso a su casa o escuela.

b) Dónde se encuentra el baño.

c) Qué disposiciones existen (si las hay) acerca de los refrigerios.

d) Si se espera que el niño ponga en orden las cosas.

10. Decida cuáles pueden ser los límites adecuados (páginas 197 a 200).

   a) ¿Cuándo le informará al niño acerca de estos límites?

   b) ¿Qué hará usted si el niño transgrede estos límites? **Aviso, recordatorio, acción** son palabras clave útiles.

   c) ¿Cuál es el castigo máximo?

11. Prepárese para esta primera sesión vital. Enfoque sus pensamientos en el niño. Haga su mejor esfuerzo para sentirse dentro y empatizar con el niño.

12. Ponga en orden las cosas (¡si eso le concierne!) y escriba sus notas.

13. Después, ¿cómo se sintió en un ambiente de terapia centrada en el cliente? ¿Los marcos teóricos y metodológicos fueron claros?

14. Una asesoría detallada después de la primera sesión ayudará a que se aclare lo que ha sucedido. Si el terapeuta de juego puede comprender y **aceptar** al niño y al juego (o la falta de éste), esa comprensión y aceptación le dará libertad al pequeño para utilizar el tiempo de la manera adecuada.

15. ¿Qué aprendió de usted mismo a partir de esta sesión? ■

Relacionarse a través de roles, relaciones y palabras

6
CAPÍTULO

En general, no tiene utilidad el tratar... el desarrollo (psíquico) detenido sólo con la razón. Debemos tratar de entender el lenguaje simbólico con el cual la multifacética psique se expresa en imágenes.

(Kalff, 1980, página 165)

- Algunos niños se relacionan en mayor medida de manera verbal, a través de roles y relaciones.
- Las palabras, tono de voz, gestos y contenido emocional son importantes.
- Los niños pueden representar libretos en *role play* (juego de rol) dramático, algunas veces se proporciona un papel al terapeuta de juego como co-actor.
- Los títeres son otro recurso para explorar los eventos de vida.
- Algunos niños tal vez inviten al terapeuta de juego a participar, contando o inventando cuentos.
- Muchos niños disfrutan que se les lea. Los libros, mitos y cuentos de hadas que reflejan las experiencias de los niños pueden ser útiles.
- Otros métodos de comunicación verbal son la escritura de cartas, cuentos y "cuadernos de ejercicios".
- Los niños que han experimentado privación a edad temprana pueden presentar una regresión terapéutica de manera espontánea.
- Otros aspectos del juego primitivo paterno/infantil incluyen las "escondidillas" y búsqueda de objetos escondidos.

Algunos niños se expresan más a través de los juguetes y materiales de juego (capítulos 7 y 8); otros se relacionan de manera predominante mediante palabras, roles y relaciones; otros emplean el juego híbrido (capítulo 9), que es una mezcla de ambos, y a veces el énfasis cambia a medida que la terapia de juego progresa. El lenguaje implica comunicación directa con otra persona, cosa muy audaz, y muchos niños tienen más capacidad para comunicarse mediante sus dedos o a través de sus actos que con palabras. Niños que tienen problemas en el uso del lenguaje a veces experimentan una demora en las relaciones humanas, de modo que el terapeuta de juego espera hasta que exista la suficiente confianza para que el pequeño hable con libertad. A veces los niños juegan solos, en ocasiones involucran al terapeuta y el niño proyecta sus necesidades dentro de los *role plays* (fantasía). El niño puede imponerle muchos roles al terapeuta de juego, quien en ocasiones puede estar activamente involucrado y con un guión que el niño determina. Muchos niños espontáneamente vuelven a crear el estado de bebés o niños pequeños de modo que en esta ocasión pueda volverse a experimentar de manera diferente.

Toby (páginas 3 a 5):

"Usted no sabe que tengo muchos disfraces, de policía, conductor de camiones, motociclista y doctor." El escenario se fue complicando a medida que yo era, de manera rápida, la "mala", una niña llamada Helen, a quien la "mala" asaltaba, y la madre de Helen. Se me dijo que matara a alguien y lo arrojara desde una pared, por lo cual me encerraron en prisión. Después había sido Helen la que había asesinado y yo era la madre a quien el policía (Toby) llevó la noticia pidiéndome (a la madre) que fuera a la estación de policía para ver a Helen, quien ya había matado antes y tenía que ser encarcelada.

En el tribunal yo fui el juez, Helen la acusada y Toby fue el policía, un testigo y el trabajador social de Helen. Toby brindó evidencia como policía. El cargo era que Helen asesinaba personas a cuchilladas, a veces por una provocación y a veces sin ella. El trabajador social (Toby) le habló al juez sobre los antecedentes de Helen, aconsejándole que la única esperanza para ella era que se le enviara de por vida a la cárcel. Toby organizó un servicio funerario, colocó las sillas como si fueran la carroza y dejó el ataúd sobre dos sillas al fondo. Estábamos muy absortos y no nos dimos cuenta de que el tiempo se había terminado. Le pedí al acompañante que esperara unos minutos porque era importante que se terminara este juego. Se bajó el ataúd a la tumba mientras nosotros de manera reverente estábamos junto a ella.

Establecí lazos entre el juego de acuchillar y los ataques que Toby había realizado con un cuchillo. Dijo que algunas veces se enojaba cuando lo provocaban y otras sin que lo hicieran.

Ejercicio

- ¿Qué estructura de palabras, conceptos y oraciones utiliza usted con los niños de cinco años, con los de ocho y con los de 12 años?
- ¿Cómo sabe si el niño se desempeña de acuerdo con su edad cronológica?
- ¿Qué habilidades para escuchar utiliza usted?
- ¿Cómo corrobora si ha comprendido al niño?
- ¿Alienta a los niños a contar sus propios cuentos?
- ¿Qué es para usted un cuento? ¿Qué apoyos tendría disponibles?
- ¿Interrumpe la narración de **su** cuento o del cuento de otros niños?
- ¿Corrige al niño para que narre el cuento **correcto**?
- Si usted fuera niño, ¿cómo narraría **su** cuento? Haga esto en la imaginación, después de manera activa.

ROLE PLAY DRAMÁTICO

- La "actuación" espontánea es natural para muchos niños.
- Los adultos pueden sentirse conscientes de sí mismos.
- Los niños eligen eventos relacionados con sus experiencias internas y externas. Los temas de vídeo y programas de televisión tienen una cualidad de "como si" y transmiten mensajes acerca del niño.
- Los escenarios y roles pueden cambiar de manera rápida.
- Cuando desempeñe un papel, asegúrese de que sus oídos, ojos, pensamientos, sentimientos e intuición internos mantengan la conciencia terapéutica.
- Puede pedírsele que se disfrace. ¿Qué artículos podrían ser los más útiles para disfrazarse?

Muchos niños entran de manera espontánea en el *role play* dramático cuando se atribuyen roles a sí mismos (y al terapeuta de juego). Con frecuencia, los niños son observadores certeros y tienen un "sentido" detallado para los roles que desean, así que el pequeño puede atribuir y dirigir de manera meticulosa al terapeuta para lograr el efecto requerido. Toby y algunos de los otros niños que se han visto, han provisto algunos ejemplos de *role play*. El juego dramático incluye todas las variaciones desde la mímica hasta la actuación improvisada, *role play* o una obra determinada. Gemma desempeñó una maravillosa parodia de un espectáculo de comedia ligera en donde insultó libremente a su público/terapeuta de juego. Los niños más pequeños presentan un *acting out* cuando permiten que los muñecos los representen a ellos mismos y a sus imágenes paternas. Algunos niños se disfrazan y se proyectan a sí mismos en otro personaje a partir del cual se desarrolla la fantasía (Bettelheim, 1976; Gondor, 1964; Irwin, 1983, página 166), la cual expresa sus necesidades e impulsos internos. Otros niños actúan dramas alrededor de un problema actual en su vida cotidiana. Por ejemplo, Toby elaboró algunas escenas en las que se le amedrentaba, posteriormente se volvió el amedrentador y después el policía que detenía la agresión. Keith, de 12 años, regañó a la maestra/terapeuta de juego de manera despectiva, se convirtió en el maestro y demostró cuánto mejor podía hacer el trabajo.

En los *role plays*, las relaciones entre los dos "protagonistas" pueden volverse muy "reales" a medida que se comparten experiencias (Fine, 1979; Moreno, 1946, 1959, 1969). La terapeuta de juego se sintió muy mal cuando Toby le gritó con mucho enojo y la ridiculizó, y esto la hizo especular que quizá ella experimentaba lo mismo que él había sentido cuando su madre y su padrastro le daban órdenes confusas y lo menospreciaban.

TÍTERES

Ejercicio

- Haga usted mismo algunos títeres. ¿Cuál sería de mayor utilidad? Intente varios modelos.
- Relájese y permita que los títeres narren un cuento.
- ¿Con cuáles títeres se identifica, y por qué?
- ¿Podría utilizar títeres en otras áreas de su vida?
- Sea un niño y haga algunos títeres de bolsas de papel, cartón, etcétera. ¡Utilícelos y diviértase!

Los títeres son populares con algunos niños (Hawkey, 1979, página 360), son una rica fuente de juego simbólico y un auxiliar terapéutico útil (Irwin, 1983, páginas 159 a 164). Los niños tímidos a veces hablan con más fluidez "detrás" del títere, con el cual dicen y hacen cosas que pueden encontrar demasiado difíciles de expresar de manera abierta y por las que no se sienten responsables (Currant, 1985, páginas 55 a 60; Oaklander, 1978, página 104). Puede haber ocasiones en las cuales, si lo involucra el niño, el terapeuta de juego puede alentarlo a elaborar ciertos aspectos o proporcionar escenarios alternativos (Marcus, 1979, páginas 375 a 376).

Peter, de seis años, jugó con los títeres de familia (página 38). La madre títere fue terriblemente dura con el niñito títere; después el niñito y el lobo atacaron a la madre, la derrotaron y la pusieron en el bote de basura. En esta ocasión, la terapeuta de juego aceptó lo que Peter había "actuado", y le dijo que a veces es difícil para los niños pequeños cuando no les gusta lo que su madre les hace y se sienten enojados y desean deshacerse de ella. Toby puso en escena muchos espectáculos de títeres con temas variados. A veces, los animales intrépidos iban en busca de un conejo apocado y éste sentía una felicidad inmensa de que lo encontraran y de darse cuenta de que los animales grandes tenían interés en él. Cuando jugaba con los títeres de familia, éstos tendían a entrar en un pandemónium, aunque a medida que la terapia de juego avanzó, las escenas de la familia de títeres se volvieron más constructivas.

Las colecciones de títeres varían. Dado que los problemas de los niños en general se centran alrededor de las situaciones en casa, es importante contar con una multitud de personajes (Woltmann, 1964, páginas 395 a 399). Algunas selecciones incluyen figuras paternas felices e infelices y niños de diversos tipos. Otros terapeutas de juego prefieren a los arquetípicos rey y reina, príncipe y princesa, un bebé sonriente y uno llorón, la bruja mala y el mago. Otras colecciones consisten en una "familia" de animales, con criaturas amistosas y salvajes adicionales. Las interacciones estereotipadas entre títeres que se ven en televisión pueden ser menos útiles pero existen excepciones.

Martin, de 12 años, en ocasiones era muy expresivo con su terapeuta de juego y en otras retraído, quizá como reflejo de la ambivalencia que sentía hacia su madre, pero que era incapaz de expresar con libertad (páginas 105 a 106):

> Recogió uno de los dos títeres de emú, "¿qué es esto?" "Oh, un emú" y manipuló su rostro para darle una expresión amenazante y me atacó. Me lo quité de encima. Me atacó con más ferocidad y me inmovilizó por la parte de atrás de mi cuello. La expresión de Martin era dura y decidida.

Unas cuantas semanas después:

"Tengamos una pelea", y nuestros emús pelearon con violencia. Él era muy fuerte, pero no me lastimó mucho. Atrapó las piernas de mi emú entre las suyas y yo grité y gemí, con la esperanza de que él gritara para librarse de la tensión que yo sentía de estar atrapada dentro de él. Respondió, pero de manera bastante silenciosa. Ordenó que muriera mi emú y yo lo hice dar una sacudida de modo que Martin, de manera furiosa, lo atacó; finalmente lo derrotó con las piernas de su emú. Ambos murieron.

CUENTOS Y JUEGOS DE PALABRAS

Algunos niños relatan cuentos con frecuencia "acerca de un niño" o "de una niña", o una persona o animal con el cual el pequeño se identifica (Mitchell, 1981; Wood, 1988). Una extensión de esto es "la técnica de narración mutua de cuentos" (Durfee, 1979, páginas 406-408; Gardner, 1979, páginas 313 a 321). Cuando el niño narra un cuento el terapeuta de juego intenta indagar su significado (a veces oculto, simbólico) y puede relatar otro cuento que se base en el mismo tema o temas, pero con adaptaciones y resoluciones alternativas a los conflictos que arrojó la narración del niño.

Es posible que la cirugía por la que tuvo que atravesar Pam, de 10 años, hubiera afectado su cerebro por lo que introdujo una serie de juegos de memoria. Ella y su terapeuta de juego tomaban turnos para comprar y tocar instrumentos musicales, sumando un nuevo artículo a su lista cada vez que les tocaba su turno. Debido a que Pam había estado "viviendo dentro de su cabeza" y su terapeuta de juego quería alentarla a que "viviera más en su cuerpo", le sugirió que podrían utilizar mímica o baile junto con la música. Un poco después.

Ella crea un juego acerca de instrumentos musicales que se rompen y comenzamos con ocho hasta llegar a uno, teniendo que recordar cuáles hemos descartado y por qué. Hace una última prueba cuando todos los instrumentos están reparados. Hizo que se le recargara el xilófono grande y los instrumentos que estaban "rotos" terminaron completamente bien.

La semana siguiente Pam dijo que jugarían a visitar una pastelería. Parecido al juego musical, se agregaba un pastel cada vez. Retornó a los instrumentos musicales, el terapeuta de juego y la niña seleccionaban un instrumento con el cual se podían realizar acciones adecuadas, de modo que un tambor se empleaba para marchar, un organillo de boca para bailar alegremente, un triángulo para un baile acompasado, un pandero para una danza española. Había variaciones en el juego de los instrumentos musicales como: ¿en cuántos instrumentos cada persona podía tocar tres notas en 30 segundos? ¿Cuántos instrumentos podían tocarse al mismo tiempo? ¡El juego de Pam ponía a prueba también la memoria! Se inventó una secuencia de juegos en la arena en los que el terapeuta de juego tenía que adivinar qué hacía Pam. En su última sesión, Pam y el terapeuta hicieron mímica utilizando los instrumentos de una manera no común y tenían que adivinar cuál instrumento era. Las mímicas se volvieron más abiertas, la más imaginativa de las cuales fue aquélla en la que Pam era una directora de orquesta cuyo intérprete de pandero llegaba tarde.

Peter inventó un juego en el cual la terapeuta de juego tenía que cerrar los ojos mientras él gateaba por los muebles y ella tenía que adivinar cómo había llegado Peter al lugar donde estaba. Esto parecía expresar la confusión de Peter acerca de lo que le había ocurrido en el pasado y la forma casi mágica en la que se le había cambiado de un lugar a otro. El "juego" persistió hasta que Peter comenzó a sentirse más seguro.

Ejercicio

- ¿Qué cuentos recuerda que hayan tenido un impacto en usted cuando era niño?
- ¿Qué contendría su propia colección de libros del cuarto de juego?
- ¿Puede permitir a los niños narrar **sus** cuentos y no imponer los suyos?
- Algunas veces las pinturas y fotografías suenan, huelen y evocan historias.
- Esté preparado para trabajar con las fantasías de los niños y no las descarte al decir "no fue del todo así...". Mejor diga "dime más acerca de...".
- Disfrute la lectura de libros e historietas infantiles, así como ver programas de televisión y vídeos para niños.

LA PALABRA ESCRITA

- Si el niño lo pide, ayúdele con la ortografía, pero de no ser así no enseñe al niño o controle lo que escribe.
- Quemar los escritos (y dibujos) puede ser terapéutico, en especial si se refieren a cosas desagradables. ¡Cuidado con las alarmas contra fuego!

"Para niños bajo cierto tipo de tensión, la comunicación escrita tal vez tenga un significado considerable" (Crompton, 1980, página 116). Jean, de 11 años, era una paradoja de niña y era tanto mayor como menor para su edad. Con bajas calificaciones en la escuela y una búsqueda abrumadora de atención, Jean tomaba actitudes responsables hacia su hermano, que vivía en otro lugar, y hacia la vida en general. Gran parte de su terapia de juego tenía que ver con la comunicación, las relaciones y la regresión. De inicio, trajo fotografías a sus sesiones, dando explicaciones y meditando acerca de las relaciones familiares y haciendo tarjetas de felicitación para todos y cada uno. Después, la escritura de cartas tomó un papel preponderante. A sugerencia de Jean, ella y la terapeuta de juego tomaban turnos para sentarse en el rincón hogareño y recibir sus cartas respectivas por medio de un buzón. Por ejemplo:

Querida Tabitha
Espero que estés bien, después de esta carta pintaré algunos dibujos (sic) para que los pongas en tu casa y haré algunos para Margaret y Diana.
Nos vemos pronto.
Te quiero mucho
Jean
X*
(Margaret y Diana eran secretarias.)

---

* N. de T. En muchos países de habla inglesa los niños ponen una "X" para simbolizar un beso.

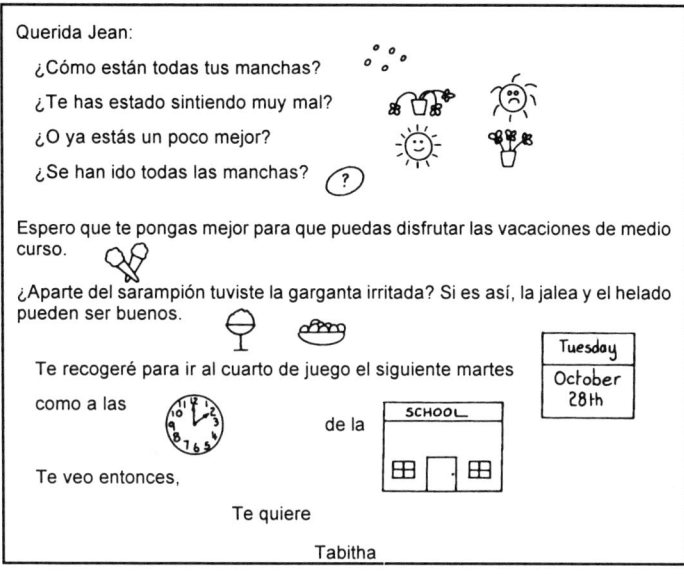

Figura 6–1.

La terapeuta de juego le envió a Jean una carta cuando la niña perdió una sesión a causa del sarampión y Jean le contestó (figuras 6–1 y 6–2).

Al acercarse el final de la terapia de juego se consideró apropiado cambiar a Jean de sesiones semanales a quincenales. Esto se discutió con ella y después se confirmó en una carta que la terapeuta escribió, Diana pasó a máquina y Margaret ilustró (figura 6–3).

Wendy, de siete años, amaba escribir, creó su propio libro acerca de su estancia en el cuarto de juego y le hacía crucigramas a su terapeuta. Era una niña inteligente pero se había separado de sus sentimientos de modo que, gradualmente, la terapeuta

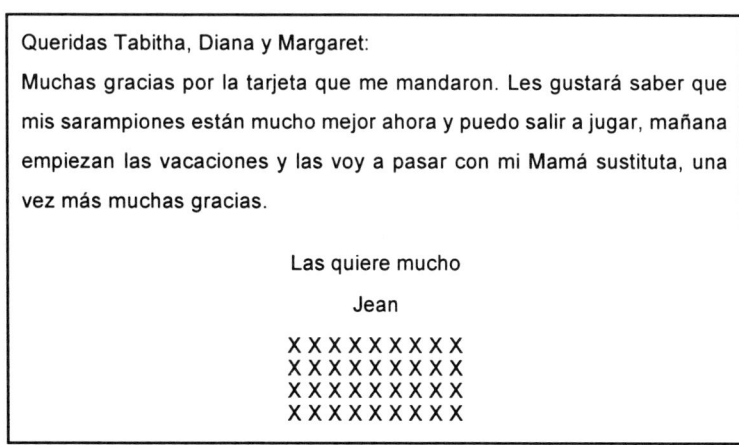

Figura 6–2.

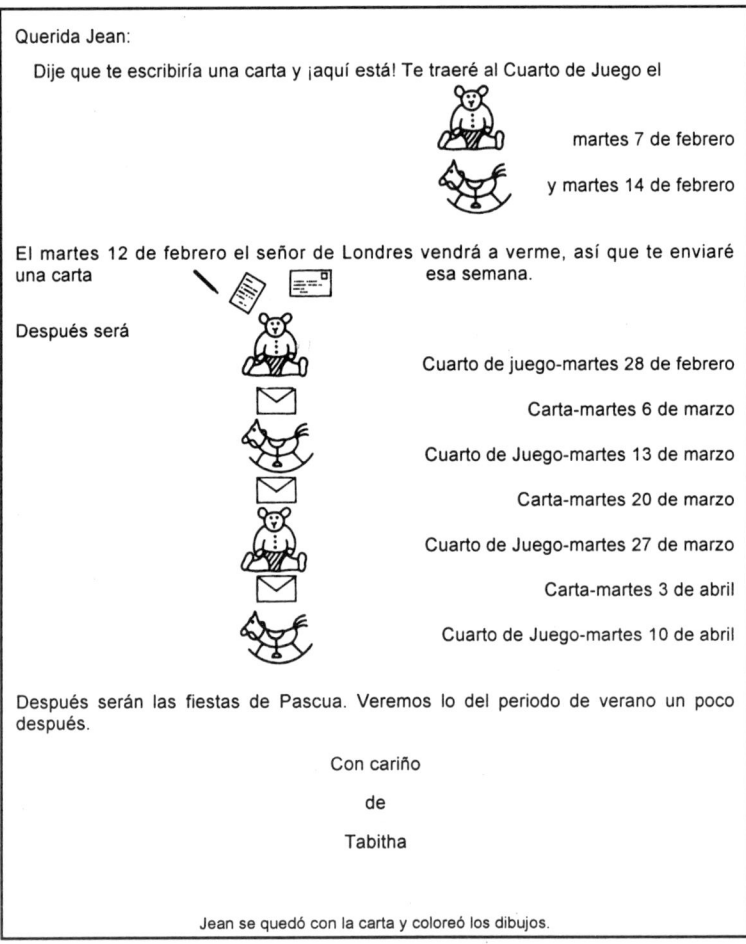

Figura 6–3.

la alentó a bailar algunas de las cosas acerca de las que escribía. Esto, asociado con juegos de "sentimientos" y un hogar sustituto que le brindaba apoyo, pareció ayudar y Wendy se volvió más espontánea, vital y menos "dentro de su cabeza".

Ejercicio

- Intente escribir con su mano no dominante (por ejemplo, si usted es zurdo utilice su mano derecha y viceversa) sobre papel de raya.
- Haga a un lado la manera de pensar de los adultos, deletree fonéticamente y "olvide" las reglas gramaticales, disposiciones y puntuación.
- Utilice la estructura de palabras y oraciones de los niños.
- Observe el trabajo escrito de los niños.

REGRESIÓN TERAPÉUTICA

- Los niños pueden retroceder a una edad más temprana de manera espontánea, tal vez a un punto donde sus necesidades no fueron satisfechas de manera adecuada.
- Existe una diferencia cualitativa entre los niños que experimentan su propia regresión y aquellos que emprenden un ordinario juego de "bebé".
- Algunos niños regresan de manera sistemática a través de sus etapas hasta la lactancia y después vuelven a crecer.
- Otros niños van justo de manera directa a la infancia y vuelven a crecer.
- Pocos niños hacen una réplica de su nacimiento.
- Por lo regular, la regresión sobreviene en ápices y fragmentos —un ápice aquí, otro allá— mezclados con otros temas de juego.
- El terapeuta de juego representa los roles paternos u otros asignados por el niño a menos que, generalmente en una etapa posterior, se decida por modelos paternales alternativos.
- El terapeuta debe tener cuidado de que los contactos que se involucran en el juego de bebé no se interpreten sexualmente, ni se vuelvan sexuales.
- Sólo en muy rara ocasión la regresión ocurre fuera del cuarto de juego. Los custodios, la escuela o ambos deben informar al terapeuta de juego si esto sucede.

La regresión terapéutica es normal (Harter, 1983, página 121), con frecuencia se considera valiosa (Fordham, 1978, páginas 136 a 137) y es un término que se utiliza cuando los niños retornan a formas conductuales anteriores; un niño de seis años puede actuar como un pequeño que comienza a caminar, uno de 10 años como un bebé. Algunos niños presentan regresión cuando las presiones son excesivas o cuando han enfrentado un evento o pérdida traumáticos (Gumaer, 1984, página 8; Jewett, 1984, página 34) y vuelven a conductas y actitudes de un periodo en el que se sentían más seguros y con menos demandas. Otros regresan debido a la necesidad de volver a experimentar una fase del desarrollo que no se manejó de manera adecuada en su momento. La regresión en terapia de juego:

> ... puede expresarse no sólo en los materiales utilizados sino en el tipo de juego, la niña dentro de la fantasía toma el rol de otros y se constituye a sí misma en la madre, la maestra o el bebé, en escenas en las cuales vive por el momento, revelando su conflicto individual a medida que juega (Jackson y Todd, 1964, página 318).

Después de varias aventuras de fantasía, Toby (véanse páginas 4 a 5) dijo que quería jugar el "juego del bebé travieso" y buscó el biberón y el chupón. Como bebé, y después como pequeñito chillón, volcaba las cajas, corría por la casa y la destruía. En la sesión de la siguiente quincena Toby, en una combinación de niñito, bebé y cachorrito, arrojó la muñeca bebé desde la cuna, a la cual se metió a gatas pidiendo su biberón y chupón y volvió a crecer en un ambiente más tranquilo.

Durante los primeros años de Polly se había dado una conducta materna inconsistente, errática y a veces inadecuada, y desde que era un bebé había tenido que luchar por sí misma y había mostrado una veta independiente y nada dócil (página 38). Polly era un ejemplo sorprendente de cómo un niño inicia la regresión de manera espontánea. **Ella** sabía el trabajo que necesitaba realizar en su terapia de juego. En su primera sesión tomó el control, ordenándole a la terapeuta que fuera el bebé y Polly era la madre enojada que abandonaba la casa con la amenaza de no volver. Polly alimentó a la terapeuta/bebé y a sí misma con los biberones y envió a la terapeuta/bebé a la cama (Guerney, 1983a, página 48). Hacia el final de la quinta sesión:

> Se quiere convertir en bebé, se escurre entre mis brazos y la mezo, la acuno, la alimento con el biberón y la acaricio, diciendo que tengo un bebé muy lindo. Pide que la lleven a la cama y se quita los zapatos. Después es un bebé más grande que hace ruiditos y balbuceos y yo le respondo de la misma manera.

Aproximadamente una semana después, Polly le sirvió algo de cenar a la terapeuta (pescado y papa), le preguntó si podría arreglárselas para comer con la cuchara mientras que Polly alimentaba a los bebés. En la siguiente sesión, después de haber dicho que sería el bebé y la terapeuta de juego la mamá, Polly tendió una cama y después, durante un corto tiempo, le pidió a la terapeuta que la cargara y la alimentara. Entonces, Polly "cayó por las escaleras" y lloró tirada en el piso, pero no esperaba que la recogieran. También jugó a que la tiraban. A veces se tendía en un cojín, tomando un biberón y dando patadas cada vez con más enojo. Durante los episodios regresivos, Polly utilizaba balbuceos y ruidos de bebé. Se sentaba en la rodilla de la terapeuta mientras veía *El primer libro del bebé*, de manera gradual tomaba libros más avanzados y rompecabezas correspondientes a su "crecimiento". En una cierta fase gateó. "Haz como que me voy haciendo más y más grande... imagina que de nuevo soy pequeña."

Muchos meses después:

> "Imagina que te traigo un regalo" y Polly envuelve al muñeco bebé. Lo desenvuelvo y estoy feliz de encontrar al bebé. "Ella es muy especial para ti." Este juego se repite. "La puedes tener en tu cuarto. Haz como si estuvieras muy contenta y es el día de Navidad." Después es mi cumpleaños (de la terapeuta de juego) y tengo nueve años. "Haz como si tiraras al bebé", lo cual hago. "¿No estás realmente triste, o sí?" (lo estaría si hubiera tirado a un bebé de verdad). "Haz como si tuvieras 20 años y quisieras recogerla. Eres la mamá del bebé." Hago como me lo pide, sosteniendo al bebé de manera cuidadosa, acariciándolo. Polly se sienta en mi rodilla y la mezo. Entonces ella se retuerce en el suelo entre mis piernas. "Haz como si yo quisiera ir a la cuna" y se aprieta dentro de la cuna de las muñecas. "Me puedes recoger" y la mezo como lo hice con la muñeca.

La terapeuta de juego sentía que Polly había creado una experiencia de renacimiento. Después de este episodio la intensidad del enojo del juego madre/bebé desapareció.

Peter (página 38) se cayó dos veces en el cuarto de juego; en ambas ocasiones lloró de manera desesperada y exagerada durante aproximadamente 20 minutos y se le tuvo que mecer y tratarlo como a un bebé. Aparte de otras cosas que dijo e hizo, parecía que lloraba por sí mismo y por la pérdida y confusión acerca de su propia madre. Otra señal de su regresión era el extremadamente pantanoso juego en la caja de arena, jugar de esa manera también pudo haberlo ayudado con sus problemas de defecarse y orinarse. Después, su juego de ensuciar se extendió hasta el grado en que la terapeuta tuvo que imponer límites, entonces él representó a través del juego a un bebé llorón. En el juego con la casa de muñecas, el asustado bebé tuvo que cuidar de sí mismo ya que en gran medida las figuras paternas los ignoraban. A veces la terapeuta de juego era el bebé y Peter el padre cruel, inconsistente y enojado.

Rebecca, de siete años, declaró que necesitaba volver a experimentar ser un bebé, y en muchas sesiones enfocadas atravesó los procesos de desarrollo desde ser un recién nacido hasta los dos años de edad, en esa fase dijo que ya estaba bien y no necesitaba más trabajo de regresión.

En mayor o menor grado muchos niños, de manera espontánea, entran en regresión terapéutica (Irwin, 1983, páginas 150 a 151) y saben hasta cuál fase necesitan regresar (Dockar-Drysdale, 1990, página 42). El terapeuta de juego ayuda a través de aceptar y responder ante lo que sucede y mediante darse cuenta de que el niño está volviendo a trabajar y experimentar algo que no se logró de manera satisfactoria en una fase más temprana. En general, la regresión tiene una corta vida y se mantiene dentro de límites razonables, aunque sí interfiere con el mundo exterior del niño y por tanto debe tranquilizarse a los adultos preocupados. Por ejemplo, a una edad temprana Wendy, de siete años, cuyo emplazamiento sustituto se estaba poniendo en riesgo, había sufrido de un cuidado paterno deficiente y entró en una fase regresiva en la terapia a medida que representaba, por medio del juego, sus experiencias negativas, pero en esta ocasión le pedía a la terapeuta que fuera una figura materna más adecuada. Mientras esto sucedía, Wendy empezó a comportarse de una manera demasiado infantil en casa. Sin embargo, sus relaciones en la escuela y con los de su misma edad permanecían normales y se tranquilizó a los padres sustitutos diciéndoles que esta conducta inmadura pasaría.

En 41 de las 47 sesiones, Martin (páginas 105 a 106) pasó gran parte del tiempo leyendo, escondido en un rincón. Se podría afirmar que estaba regresando a un lugar más seguro en el que no había interrupciones. Después de que inició "escondidillas" extensas, atacó a la terapeuta de juego y lo que ella representaba, mediante peleas de emús, bolas de nieve y una espada.

Va hacia el agua. "¿Para qué son éstos?", dice mientras señala dos barcos y dos recipientes. [Para que la gente juegue con ellos.] "¿Aquéllos (los recipientes) son para hundir los barcos?" [Pueden ser para lo que tú quieras.] Hunde los barcos y después dice: "Ahora voy a jugar con la arena. Voy a hacer un castillo de arena —la arena no está lo suficientemente mojada." Le pregunto qué puede hacer al respecto. "Ponerle agua." Va a jugar con los palitos chinos y me mata con una espadita de plástico. La cabeza de Martin surge de su "esquina". "Estoy muerto." Revive. Saca su cuerpo. "Pegar cabeza", mientras que se golpea la cabeza contra la esquina. [Pegar cabeza] repito como un eco. Gatea al rincón. "A casa E.T. fue a casa." [E.T. fue a casa] digo a manera de reflejo, "E.T. —E.T. hambre." [E.T. hambre] repito con suavidad. Martin me muestra un panecillo. "E.T. consiguió algo de comida", a lo cual respondo [E.T. está en casa y consiguió algo de comida]. "Bien", dijo Martin. [Bien] le digo yo.

El discurso y la conducta de Martin eran de manera excepcional infantiles y existía una atmósfera de renacimiento. E.T. se encontraba "en casa" en la esquina-vientre y tenía comida. Wickes (1963, páginas 14, 20) comenta: "El tiempo (para morir) es cuando se completa y supera una fase vital y el inicio de un nuevo ser está listo para nacer dentro de la psique" y "... la vida es un proceso de muertes y renacimientos. Debemos morir para convertirnos".

Ejercicio

- Investigue tanto como pueda acerca de su vida temprana. Observe fotografías, vuelva a visitar gente y lugares, perciba los sentimientos.
- Imagínese usted mismo en diferentes edades. ¿Cuáles fueron los traumas en su vida?
- ¿Podría **usted** emprender una regresión con su terapeuta?
- ¿Puede percibir algunas de las frustraciones y tensiones en la vida de sus propios niños?
- Observe e interactúe con niños de todas las edades y con diferentes antecedentes.
- ¿Qué sabe usted acerca de la vida de los niños de otras culturas y de niños con discapacidades?
- Mejore su conocimiento acerca del desarrollo normal y anormal del niño.

"ESCONDIDILLAS" Y JUEGOS RELACIONADOS

Niños de todas las edades, en regresión terapéutica, parece que disfrutan de estos juegos en los que trabajan la confianza básica y las relaciones paterno/infantiles básicas. El bebé en parte se complace de encontrar que es una entidad diferente y en parte tiene miedo (Álvarez, 1988).

La terapeuta de juego se preguntaba, en el caso de Martin, si las "escondidillas" indicaban tanto una ambivalencia con respecto a las sesiones como una regresión y, a cierto nivel, una necesidad urgente de que se le encontrara.

> Al llegar, Martin puso su mano en torno a la puerta; "ven y encuéntrame" y con ello se entregó a un extenso juego de "escondidillas". Tomábamos turnos y se quejaba si sentía que uno de nosotros se quedaba atorado.
> Mientras me escondía, experimentaba sentimientos de temor y placer. ¿Quiero o no quiero que me encuentren? Placer cuando la tensión terminaba y **me** encontraba. Me pregunto si ésta es la manera en la que él se siente con respecto al hogar sustituto. ¿Lo encontrará o no lo encontrará una familia? ¿Se está encontrando a sí mismo o no?

Kalff (1980, página 47) sugiere que en las "escondidillas" los niños muestran que están listos para descubrir algunos de sus "secretos" o de sus sí mismos escondidos, los cuales quieren que se busquen y "encuentren".

> Jean inicia un juego de "escondidillas" y le recuerdo que debemos de permanecer dentro del cuarto de juego. Ella se esconde primero. Hago como si no supiera dónde está y al final la descubro bajo un cojín. Cuando me escondo por segunda ocasión,

adopta mi forma de comentar: "¿Me pregunto dónde estará? ¿Está en el rincón hogareño? No. ¿Está detrás de la puerta? No. ¿Me pregunto dónde está?" En la tercera ocasión ella se esconde y realiza un excelente trabajo al cubrirse con mantas detrás de una cortina larga. Cada vez que se le encuentra da grititos de gusto.

El juego de "escondidillas" se reemplazó cuando Jean pidió que se escondieran los panecillos y buscarlos se convirtió en un ritual semanal.

Otros niños inician juegos similares como encontrar y entrelazar los dedos y las manos entre la arena y cazar objetos escondidos. Todos ellos se relacionan con "¿Soy/No soy?" "¿Me encontrará/No me encontrará (el terapeuta de juego-padre)?"

- Piense acerca de los juegos que por lo general juegan custodios y niños.
- Muchos de estos juegos cumplen alguna función en el desarrollo del niño, en especial en el trabajo respecto a:
  — "¿Quién soy?"
  — Pérdida *versus* continuidad.
  — "¿Se me puede encontrar?"
  — "¿Es usted confiable?"

RESUMEN

Los niños en terapia de juego no siempre utilizan, para expresarse, un lenguaje adecuado para su edad. Algunos crean apremiantes *role plays* en los que su diálogo e ideas con frecuencia parece que sacan a la luz los conflictos internos. Otros encuentran más fácil proyectar su trama con el empleo de títeres. Para unos cuantos niños es más satisfactorio contar cuentos y escribir cartas. Muchos niños entran en regresión terapéutica de manera espontánea, volviendo a desarrollar partes de sí mismos que se dañaron la primera vez en derredor, con algunos de los juegos de "escondidillas" ya que estos evocan el juego temprano del bebé. Después de ver algunas de las maneras en que los niños se comunican a través de los roles, relaciones y palabras, el siguiente capítulo examina cómo se expresan los niños, con frecuencia de manera simbólica, a través del uso de juguetes y actividades basadas en el juego. ■

Relacionarse a través de juguetes y actividades basadas en el juego

7
CAPÍTULO

Dentro de cada niño existe una historia que necesita contarse, una historia que nadie más ha tenido tiempo de escuchar.

(Winnicott, 1984, página 21)

- Todas las categorías del juego se traslapan.
- Algunos niños juegan de manera predominante con juguetes y materiales del cuarto de juego.
- La comunicación a través de roles y relaciones puede ser secundaria.
- El terapeuta de juego, un espectador o comentarista pueden involucrarse de manera activa.
- Es importante apoyar y aceptar el juego del niño.
- Comprender algo del simbolismo del juego nos ayuda a darle sentido a lo que está sucediendo.

Algunos niños se expresan de modo más fácil mediante el empleo de juguetes y actividades que se basan en el juego, que a través del discurso e interacción personal. Los juguetes del cuarto de juego deben prestarse para el juego simbólico, imaginativo, y permitir la expresión de sentimientos (Boston, 1983b, página 6; Ginott, 1961, páginas 240 a 245). Algunos terapeutas de juego seleccionan juguetes y otros materiales de juego que piensan que son efectivos para provocar algún juego pertinente. Por ejemplo, proporcionar dos casas de muñecas y muñecos de una familia a niños que han pasado por una ruptura familiar; materiales para bebé a un niño que pudiera sufrir una regresión, o alguien que necesite expresar sentimientos acerca de un nuevo bebé en la familia. Otros terapeutas de juego poseen un amplio repertorio de equipo, pero pueden enfocarse en elementos específicos si se aborda algún problema en particular. Los juguetes tienen el potencial de actuar como símbolos transformadores y como narradores de una historia. Por supuesto, el terapeuta no puede estar del todo seguro del significado del juego y en raras ocasiones se le comunican las interpretaciones al niño. Los lectores quizá encuentren explicaciones alternativas para el material de juego pero se espera que pueda transmitirse algo acerca del lenguaje del simbolismo.

Ejercicio

- Escriba o dibuje una lista de materiales de juego que usted piense que serían convenientes para el cuarto de juego.
  — ¿Por qué hizo esta elección?
  — ¿Ha tomado en cuenta la sociedad multicultural?
- Suponga que tiene cinco años de edad. ¿Qué le gustaría encontrar en el cuarto de juego?
- Realice un ejercicio similar para edades de 8, 10 y 12 años.

RINCÓN HOGAREÑO

Ejercicio

- Dibuje primero su rincón hogareño ideal como terapeuta de juego y después como niño.
- ¿Cómo refleja éste la sociedad multicultural?

Generalmente, el rincón hogareño es una casa de juguete o una esquina del cuarto. En este rincón con frecuencia los niños retratan lo que han vivido en casa, lo que han atestiguado o aquello sobre lo que han fantaseado. El niño puede "tener" diversas edades que van desde el estado de bebé hasta la vejez, y experimentar con roles y relaciones. Algunos pequeños que se sienten inseguros cierran puertas y ventanas, otros tiran cosas a su alrededor, otros son meticulosos.

Gemma utilizaba con frecuencia el rincón hogareño y lo ordenaba y limpiaba con cuidado, lo hacía más atractivo y cuidaba de sus "niñas". "Tener niños es muy difícil", observó. Le telefoneaba a la terapeuta de juego invitándola a que la visitara y servía cierta comida que preparaba por primera vez y que le recomendó el tendero. Dentro del juego, Gemma habló mucho acerca de lo que tenía que hacer en casa y de qué tan duro era el trabajo, pero resistió las ofertas de una amiga de la terapeuta para cuidar de sus niñas de modo que ella pudiera salir de paseo. La niña señaló: "Mami (su madre biológica) sabía cómo ser una mamita, pero no quería ser una mamita".

Peter es algo diferente:

Le estaba diciendo al bebé que no podía comer ningún panecillo. "Vete, mujer, ya despertaste al bebé" me grita. "Vete a la casa del policía" y le cocina la cena al bebé. Chilló: "Alguien sigue gritándome que me vaya". Sin razón aparente, Peter arrojó una tetera, pateó un cuenco y rompió un cepillo. Trae arena seca, la mezcla con agua dentro de la tetera y enloda alrededor del rincón hogareño mientras que en el proceso vuelca su taza con bebida.

En otra ocasión, Peter le ordenó a su terapeuta de juego que entrara en el rincón hogareño, la hizo que lo limpiara, le ató las manos detrás de la espalda a una canasta volteada al revés, donde permaneció durante un tiempo. Finalmente se le liberó, de manera propositiva su "padre" le puso las manos sobre una hornilla caliente ¡y despúes las cortó en pedacitos antes de convertirlas en guisado!

En estos estractos los niños quizá ilustran casi en su totalidad algunas de sus asociaciones individuales con el "hogar" y los difíciles problemas que giran en torno a sus relaciones tempranas (o carencia de éstas) con figuras primarias. Cuando este juego se acepta y elabora, las energías pueden transferirse a otro tipo de juegos más maduros, en donde el rincón hogareño adquiere un estatus apropiado a la edad.

COMIDA

En ocasiones es informativa la utilización que el niño hace con la comida imaginaria o con los refrigerios reales. En algunos niños su juego refleja que la comida no es un problema, ya que, si llega aparecer ésta es suficiente, del gusto del niño y con frecuencia se invita al terapeuta de juego, bajo cualquier rol, a que comparta golosinas imaginarias en el rincón hogareño, o panecillos en la mesa. Otros niños, sin embargo, presentan una imagen más sombría. Dentro del juego puede negárseles la comida (ya sea que no haya o que se retenga) o se les puede engañar (se les dice que es algo de lo cual disfrutarán y resulta algo malo) o de manera deliberada les dan veneno o sustancias como heces de perro.

La comida es un elemento esencial que transmite de manera simbólica valoración y cariño, lo mismo que el hecho de tener aspectos nutritivos prácticos. Los niños que experimentaron problemas con la comida tienden, ya sea a excederse con los panecillos del cuarto de juego, o acumularse "para después". Algunos niños resueltamente ignorarán los refrigerios hasta que sientan que se les cuidó lo suficiente como para relajarse, confiar y tomar la comida del cuarto de juego. Niños con menos traumas dentro de las primeras fases de la alimentación responden de manera más "normal" a la disponibilidad de panecillos y bebidas, y los toman si sienten la necesidad.

MUÑECAS Y CASA DE MUÑECAS

Ejercicio

- Las casas de muñecas comerciales rara vez son las más apropiadas. Diseñe la suya, y hable con otros terapeutas de juego e investigue qué consideran ellos más útil.
- Encuentre a su niño interior y descubra cuál sería su pequeña casa ideal.

Algunos niños eligen nunca jugar con la casa de muñecas; otros lo hacen en ocasiones.

"Haré una casa, ¿sí? Es una bonita casa, mira. Dos camas, así también su hermano puede ir a dormir. Es una casa bonita, ¿no? Bonita, ¿no? Hice una casa bonita. ¿Harías la parte de abajo? La podrías hacer bien. ¿Dónde está el bebé? Aquí está el león para que cuide la casa. ¿La cuna puede ir abajo? La pondré arriba con la madre y eso, porque allí era donde yo dormía cuando era un bebé. Es buena esta casa. Estufa para que vaya abajo. . ."

Esta secuencia sucedió en una de las sesiones de Tim en la época en que hacía una madriguera para el *Incredible Hulk* y él mismo (páginas 111 a 113), y estaba llegando a aceptar parte de la confusión de su vida en el hogar. Había un lugar para el bebé en el nuevo mundo de Tim (en su vida real, cuando era bebé, es probable que se le hubiera considerado una especie de estorbo) y había una estufa para proporcionar alimento.

Después de haber pasado un tiempo jugando con la casa de muñecas, Toby (páginas 4 a 5) empujó un camión junto a la casa y lo llenó de muebles. El camión se marchó y después regresó los muebles a la casa de muñecas. Se amuebló bien la planta alta, en la baja los muebles eran escasos.

Esto tal vez representó cierta cantidad de cosas. Toby estaba inseguro de si pertenecía a su propia casa, así que de manera figurativa se mudó pero regresó a reclamar su lugar. Sin embargo, ¿la planta alta amueblada y la baja desnuda **podrían** sugerir que se sentía mejor bajo sus propios medios que con su familia; o que en sus cimientos, la planta baja, eran un poco deficientes?

A la semana siguiente, Toby arregló la casa de muñecas de manera convencional y después de unas cuantas sesiones, se agregó mobiliario a la planta baja y Toby dijo: "Esta familia se está haciendo rica". En ese entonces la relación con su familia se estaba enriqueciendo.

El juego en la casa de muñecas puede ser muy revelador. Por ejemplo Brian, de nueve años de edad, creó una escena explícita de recámara en la que un hombre yacía sobre una mujer y por la forma en que describió lo que sucedía, lo cual incluía algunas observaciones poco comunes, parecía probable que tuviera conocimiento de primera mano. Jean, de 11 años, se identificó claramente con el hogar infantil en el que vivía y creó un cuarto de televisión, un comedor con muchas mesas y sillas, y una hilera de recámaras.

Pueden ser útiles dos casas de muñecas. Una niña representó, a través del juego, riñas violentas y soeces entre vecinos; otra trabajó en su casa actual y en la futura.

Las muñecas llenan cierta cantidad de roles. Los niños pueden jugar de manera realista, colocando muñecas en la cama, dándoles de comer, llevándolas de paseo y demás. En algunos casos, los niños usan el muñeco bebé para expresar la parte de bebé propia. Lo que le hace el niño al bebé (muñeco) puede que sea lo que se le hizo a él cuando era un bebé o lo que vio que alguien más le hacía a un bebé, o el cumplimiento de un deseo; y con frecuencia es una sobrecompensación de lo que el pequeño hubiera deseado que le pasara a la parte de bebé de sí mismo. En una de las primeras sesiones, Andrew había arrojado un coche amarillo (que es probable que simbolizara a su padre, páginas 89 a 90) a la cuna de un muñeco bebé, pero cinco sesiones después cuidaba del mismo muñeco. Esta alteración en la conducta hacia el muñeco sucedió aproximadamente al mismo tiempo en que Andrew comenzó a aceptar a su padrastro.

Durante un tiempo, Polly (página 38) estaba en extremo enojada con el travieso bebé, pero en un momento dado llegó a quererlo y a cuidar de él. Otra niñita arrojaba de manera constante al bebé por todo el cuarto de juego hasta que, al fin, fue capaz de tolerar sus celos hacia su hermana pequeña. A las muñecas se les acuchilla, estrangula, se les cortan los miembros y se les pone en un basurero; o se les ama y alimenta. Representan congregaciones, una clase en la escuela, miembros de la familia o residentes del hogar infantil. Pueden introducirse a escena como personajes sustitutos en *role plays* complejos. Las muñecas se meten en todo tipo de embrollos y atraviesan tanto experiencias amorosas como desesperadas.

Las muñecas anatómicas, que favorecen algunas formas de trabajo de revelación, es probable que no sean parte del equipo estándar en la mayoría de los cuartos de terapia de juego, pero ésta es una de las áreas en donde aún se encuentran en evolución el conocimiento y la experiencia. Los niños que las han utilizado para propósitos de revelación tal vez tengan sus puntos de vista acerca de las muñecas anatómicas, ya sea que les agraden o les repugnen. Si se tienen este tipo de muñecas como parte de los recursos del cuarto de juego, el niño puede ser cauteloso y requerir que se le aclare acerca de la diferencia entre las sesiones de revelación y las terapéuticas.

JUGUETES DE CONSTRUCCIÓN Y ROMPECABEZAS

En muchas ocasiones Ann, de ocho años, construyó imaginativas escenas con el Lego, mientras que la terapeuta de juego comentaba que a veces la gente se siente repartida en pedazos pero que las piezas pueden unirse para formar algo. Al utilizar juguetes de construcción los niños pueden expresar cómo se han sentido (aun de manera preverbal) acerca de estar "rotos", ser "piezas descartadas" o "unirse", "hacer algo nuevo", a medida que ingresan en familias sustitutas o sus propias circunstancias mejoran. Demoler creaciones a partir de los juguetes de construcción quizá sea la expresión vívida de sentimientos. Construir y crear a veces es positivo y satisfactorio, y puede mostrar que el niño se encuentra dentro de un marco mental progresivo. Philip, de 12 años, considerado como un inútil en la escuela, realizó modelos avanzados de Lego en el cuarto de juego, como muestra de un buen entendimiento de construcción y "mecánica". Tenía estándares altos y deshacía las partes que no estaban correctas (destruir el trabajo era uno de sus problemas en la escuela). Una vez que realizaba las cosas a su entera satisfacción en el cuarto de juego, se volvía más confiado y aceptaba que su terapeuta de juego hablara con sus maestros. De ahí en adelante mejoró su perfil en la escuela, y su vida en casa también llegó a ser mucho mejor.

Los rompecabezas también tienen una función de integración y muchos niños a veces vuelcan su interés hacia ellos en los momentos en que literalmente se rompen la cabeza o tienen confusión acerca de algo, cuando intentan darle un sentido a lo que sucede o se encuentran en el proceso de integrar una parte de sí mismos que hasta la fecha se encuentra dividida.

ARMAS

Ejercicio

- Usted es un niño de siete años de edad.
  - —¿Qué armas de pelea le gustaría tener en el cuarto de juego?
  - —¿Qué armas inventaría si no hubiese ninguna disponible?
  - —¿Por qué piensa que los adultos se molestan algunas veces por las armas?

Pelear es una parte inherente de la naturaleza humana y muchos niños desean "actuar" mediante el uso de armas. Si ninguna está disponible es probable que se invente, tan grande es la necesidad del niño de "pelear" bajo condiciones controladas.

> Peter, de seis años, me atacó con espada y pistola. Cuando le respondí el ataque, desvió las balas de modo que me entraran. Después de darle nalgadas al bebé, Peter me disparó en los genitales y boca, dejándome por muerta/dormida. Me ató, humilló verbalmente y me amenazó con una daga. En otra ocasión, Peter acuchilló su imagen en el espejo mientras decía "no me importo".

En la terapia de juego, las armas se utilizan para defender las partes atemorizadas, indefensas e inmaduras de la personalidad y para atacar las amenazas del exterior. También pueden ser el medio para librarse de lo viejo y abrirle paso a lo nuevo. La agresión no necesariamente indica maldad, es una parte saludable del desarrollo normal y los niños con frecuencia "pelean" para sobreponerse y convertirse. Aquellos que se sienten inseguros están en mayor disposición de pelear, a menos de que se les subyugue e intimide tanto que pierdan el empuje. Los que han sido abusados de manera cruel quizá sean sádicos, realizando en otros lo que les sucedió a ellos y presentando por medio del *acting out* lo que querrían hacerle a su atacante si fueran lo suficientemente grandes o fuertes. Los ataques hacia el terapeuta de juego suelen no ser personales, sino que se dirigen contra lo que el terapeuta representa en la psique del niño.

> Martin, de 12 años, me dispara en diversas ocasiones y finjo estar muerta, revivo y me vuelve a disparar. Después me dio una pistola y me ordenó que teníamos que dispararnos. Merodee por el cuarto y nos disparamos. Martin me informó cuándo yo estaba muerta, tomó mi pistola y le quitó las balas, después de lo cual me revivió. En una ocasión en que estaba muerta se construyó una barricada con cojines y afirmó "tus balas no pueden lastimarme" y era una especie de superhéroe. Le arrojé una pelota de estambre diciéndole que eso lo derrotaría, pero no fue así. Era invencible, pero también me dio el poder de revivir. Después, corrió alrededor con su pistola y yo fingí perseguirlo con la mía. Luego de una carrera veloz se tendió a la espera detrás de algunos cojines y tuvimos otro tiroteo. Más adelante volvió a huir y lo perseguí variando nuestra ruta.

Esto sucedió por la época en la que Martin intentaba encontrarse a sí mismo en relación con la terapeuta de juego, hacia la cual tenía cierta ambivalencia, y ello condujo a una relación más positiva.

En ocasiones, Andrew disparaba al azar, sólo después se atrevió a dispararle a su terapeuta de juego. Gemma y Polly no estaban muy interesadas en las pistolas aunque a veces Gemma mantenía a raya a los atacantes potenciales y entraba en algunas intensas escaramuzas con espadas. Las luchas con espadas pueden ser enérgicas y demandantes, y en general el niño le dice al terapeuta lo que debe hacer. La mayoría de los niños están conscientes de los peligros de las peleas con espadas y normalmente las mantienen dentro de límites razonables.

JUEGOS DE MESA Y OTROS

No todos los terapeutas aprueban los juegos de mesa dentro del cuarto de juego, pero éstos tal vez tengan su utilidad (Schaefer y Reid, 1986). Si, cuando se emplean juegos de mesa, se sigue el enfoque terapéutico centrado en el niño y éste hace lo que desea, el terapeuta puede comentar que está bien hacer trampas, o "jugar así" dentro del cuarto de juego, pero que en otros ambientes el niño necesitará adherirse a las reglas normales. Algunos niños le dan rienda suelta a su imaginación y crean todo tipo de reglas extraordinarias. Con otros niños los juegos son más formales, los pequeños juegan en serio y el juego con frecuencia quizá represente alguna situación vital. Nickerson y O'Laughlin (1983, página 184) discuten que, como en la vida, los juegos tienen lineamientos y normas, y por ello ofrecen "una oportunidad para luchar y dominar las complejidades y caprichos (de la vida) de una manera condensada y terapéuticamente enfocada".

Aproximadamente a la mitad de su terapia, los juegos de mesa reemplazaron los conflictos bélicos en las sesiones de Toby (páginas 4 a 5). El juego *Misfits* era uno de sus favoritos y después lo superaron las damas, que se convirtieron en el principal campo de batalla:

> Durante la sesión se le ocurrió a la terapeuta que quizá los juegos eran una prueba diferente de fuerza de los episodios *Darth Vader*/tanques/Hombres de Acción, y Toby confirmó esto al decir de modo voluntario que imaginaba que el juego era una guerra.

La terapeuta le permitió a Toby que se llevara un juego a casa entre sesiones, con la esperanza de que se convirtiera en una actividad familiar, y se le dieron juegos de mesa a él y a la familia, como regalos de despedida.

Puede ser reveladora la manera en que el niño se siente cuando utiliza los juegos, lo mismo que el papel en el que se coloca al terapeuta. ¿El niño quiere ganar a toda costa? ¿El niño es conciliador hacia el adulto? ¿Se urge al terapeuta de juego a que sea poderoso y vengativo? ¿Cómo es que la actitud del niño reproduce las experiencias de éste en sus mundos interior y exterior?

COCHES, ANIMALES Y PUEBLOS DE JUGUETE

El juego de Andrew con estos artículos se discute como ejemplo acerca de cómo eligió representar, por medio del juego, algunos de sus problemas utilizando juguetes específicos. Otros niños pueden seleccionar artefactos diferentes para contar su historia. Andrew (páginas 37 a 38) tenía un lenguaje adecuado y parecía sentirse a gusto con su terapeuta de juego, pero no verbalizaba gran cosa. A través de observaciones cuidadosas y silenciosas, estar disponible cuando se le requería y escribir notas detalladas, la terapeuta observó su juego e hipotetizó lo que estaba ocurriendo. Aunque se escribe en incisos aparte acerca de coches, animales y pueblos de juguete, éstos pueden verse como aspectos de un problema nuclear, la relación con su padrastro.

Los temas de su terapia de juego tenían que ver con asuntos de poder (él mismo contra su enorme y enojado padrastro), que se representaban simbólicamente a través del juego con coches y animales salvajes; y con la integración y camaradería, demostrados por la manera en que utilizaba tales juguetes.

COCHES

Los coches pueden simbolizar al Yo (Swainson, 1978, página 184). A medida que progresaba su juego, la utilización que hizo Andrew de un coche amarillo y uno rojo y crema se volvió cada vez más interesante. En la primera sesión, jugó con coches en la arena y en una cochera (una casa de coche). Derrumbar el techo de la cochera se volvió un rasgo común y la terapeuta de juego se preguntaba si él podría haber sentido que su casa estaba a punto de derrumbarse a su alrededor. En la segunda sesión, eligió un auto amarillo, que después se pensó que representaba el automóvil amarillo de su padrastro. El coche amarillo exploró el cuarto de juego y en particular la casa de muñecas, en donde con frecuencia chocaba contra montones de muebles.

Un coche rojo y crema apareció en la cuarta sesión y, como el coche amarillo, embestía los muebles de la casa de muñecas. Se hizo la suposición de que el coche rojo y crema podía simbolizar a Andrew que quería imitar a su padrastro. En la siguiente sesión, Andrew le disparó al coche amarillo y el coche rojo y crema corrió con libertad por los alrededores, embistiendo contra un gran grupo de animales. Colocó ambos coches dentro de la cochera, aunque pronto el amarillo colgaría sobre un gran precipicio. Posteriormente, éste atropelló las casas del pueblo.

Una semana después, el coche rojo y crema circuló **entre** el pueblo de juguete y los animales de granja, el coche amarillo también circuló entre las cosas y ambos carros fueron uno junto al otro. Ya no había tal necesidad de enfrentarse y chocar, de dominar y ser dominado; los coches circulaban con cuidado y de manera armoniosa.

En la novena sesión, los coches se presentaron uno junto al otro, pero en esta ocasión el coche rojo y crema se estrelló contra el coche amarillo (hipotéticamente, ahora Andrew podía soportar hasta cierto punto a su padrastro). Después, el coche rojo y crema fue libre de circular sobre algunos animales de granja y se encontró con animales salvajes. Fue a la cochera y le brindó una rápida visita al coche amarillo volcado.

A la semana siguiente, el coche rojo y crema estaba en la cochera y, más tarde, Andrew hizo un camino en la arena para el color amarillo; se encontraba preparado para ayudar al coche amarillo a progresar en su mundo.

En la onceava sesión, Andrew le disparó al coche rojo y crema. Los dos coches circularon juntos, se afianzaron a un tractor y manejaron juntos de nuevo. Otros aspectos de su juego sugerían que Andrew estaba internalizando el simbolismo de los coches, así que no los usaba mucho dentro de su juego. Finalmente, el coche rojo y crema se subió en el amarillo empujándolo fuera del camino. Los dos vehículos corrieron juntos y se hicieron caminos separados para cada uno. Los metió en la cochera y colocó personas dentro del coche amarillo.

Después de unas cuantas sesiones de juego, la asistencia de Andrew en la escuela había mejorado y las quejas en casa disminuyeron.

ANIMALES

De acuerdo con Cirlot (1971, páginas 10 a 13), los animales son "de suprema importancia en el simbolismo", ya que reflejan una jerarquía de instintos y áreas inconscientes que van desde los animales grandes y salvajes (que podrían vincularse con instintos fuertes de tipo animal) hasta la comercialmente útil y plácida vaca y a los (en general) domesticados y con frecuencia obedientes instintos del perro doméstico que contrastan con los más independientes del gato. Cooper (1978, página 12) afirma que los animales representan diferentes aspectos de la naturaleza de la persona o de las fuerzas instintivas e intuitivas diferentes del intelecto, voluntad y razón.

Andrew utilizó por primera vez animales en la cuarta sesión. Una vez que el coche amarillo cristalizó como representación de su padrastro, tuvo que luchar con sentimientos menos tangibles (no sólo acciones) de opresión, impotencia y lucha por el equilibrio que parecían representarse en su juego con animales.

El juego con animales se centró alrededor de la serpiente y de poderosos animales salvajes. "Muerta", dijo cuando un gran elefante aplastó a la serpiente. Después, la serpiente asumió mucho del papel del coche amarillo, ya que también exploró el cuarto de juego y, en la sexta sesión, Andrew la unió al coche amarillo y trató de integrarla con él.

En la séptima sesión el coche rojo y crema recibió energía de un gorila que se colocó sobre su techo y una **familia** de patos se puso dentro del coche.

En la novena sesión:

> Andrew pone de pie un elefante, un ciervo y un gorila. Maneja el coche rojo y crema entre ellos sin derribarlos. El gorila persigue al coche rojo y crema. El elefante y el gorila se paran delante del coche rojo y crema que está rodeado de un elefante, un ciervo, un hipopótamo, un león y un leopardo. Gruñidos. El coche rojo y crema intenta salir. El león lo detiene. Gruñidos y siseos. El gorila se atora en la trompa del elefante. El elefante empuja al coche rojo y crema y al león. El gruñente león atrapa al coche. Andrew está absorto. Crea una trama similar con más animales salvajes. Pone de pie un molino de viento enfrente del coche dentro del círculo de animales. La serpiente desliza la cabeza dentro del círculo entre el león y el gorila. El coche rojo y crema se mueve cuidadosamente y de nuevo lo vuelven a rodear. Los animales se marchan dejando al molino de viento. El elefante se mueve enfrente del coche, el gorila atrás, el molino a un lado y se pone algo sobre el cofre. Otros animales lo rodean. La serpiente se desliza debajo del elefante. Siseos y ruidos acechantes. La serpiente se acuesta alrededor de la mitad del círculo de animales salvajes. El elefante queda colocado firmemente enfrente del coche, montándolo. Todos son retirados.

A la semana siguiente, los animales y la serpiente fueron apilados en la grúa. La pantera (que simbólicamente salva del "mal" al dragón; Cooper, 1978, página 126) fue colocada en el montacarga, después dentro de la cabina. Quizá lo peor había pasado.

En la doceava sesión, la serpiente corrió alrededor del pueblo de juguete y se metió dentro de la grúa, su trabajo ya estaba hecho. Andrew levantó al gorila y un elefante grande con uno pequeño estuvieron trompa con trompa. "Uno es grande y otro chico", señaló mostrándolos a la terapeuta de juego. Ella supuso que esto podría indicar reconciliación, un encuentro entre contrarios, entre padrastro e hijastro. Andrew colocó a los animales salvajes en la grúa, llevándolos a la cochera donde los paró en el techo, y con cuidado enrolló a la serpiente entre ellos. No había necesidad de pelear o caer. Todos estaban a salvo.

La sesión final mostró a Andrew haciendo un intento por equilibrar a la gallina y los pollitos, el pato y los patitos sobre el molino. El equilibrio de la familia parecía ser su preocupación.

PUEBLOS DE JUGUETE

Los pueblos de juguete aparecen en 10 de las 15 sesiones de Andrew, pero los eventos en la doceava y treceava sesión quizá son los más interesantes.

Una casa puede ser un símbolo del albergue y englobamiento del sí mismo (Swainson, 1978, página 184); un pueblo tiene muchas facetas. De modo paciente, Andrew erigió los edificios en un óvalo y colocó caminos, árboles, animales y personas al azar dentro de él, formando los caminos en un cuadrado. Gorilas grandes y pequeños se colocaron adentro, la serpiente circundó parte de la periferia y cada espacio se llenó con animales salvajes y después de granja. Como reflejo de estos diferentes aspectos de la psique del niño, la terapeuta comentó: [Todas estas cosas viviendo juntas. ¿Son felices o se pelean?] "Es el día de la Navidad", respondió. [Oh. Un día especial.]

La siguiente semana, Andrew rodeó a los coches rojo y crema, y amarillo con el pueblo de juguete y éstos escaparon. Después de viajar por diversos caminos, los coches se agruparon con el pueblo de juguete de modo que de nuevo Andrew hizo una configuración oval/cuadrada/circular, que los coches derribaron subsecuentemente. Su psique había producido estas formas de mandala (páginas 230 a 231) que podrían entenderse como otra demostración de que Andrew integraba los factores tanto internos como externos en lucha y creaba dentro de sí un nuevo sí mismo interno, más fuerte.

Muchos niños juegan con la serpiente. Las serpientes habitan en todo tipo de terreno y tienen muchos significados simbólicos (Cooper, 1978, páginas 146 a 151). Pueden ser fuertes, gentiles, brindar compañía o ser criaturas asquerosas, peligrosas y atemorizantes. En ocasiones, simbolizan la fuerza vital de la energía interna y un freudiano podría ver connotaciones fálicas en ellas. Las serpientes también son paradójicas, como en el símbolo médico del caduceo donde la serpiente es tanto curativa como venenosa.

Pam, de 10 años, estaba bien informada:

> "La serpiente, pienso que es mi cosa favorita", dijo con un poco de ambivalencia. "Tengo una excelente idea. Sabes que hay serpientes en el desierto —horribles. Pensé en ponerla aquí (cajón de arena). Eso lo haría parecido al desierto; generalmente tienen grandes colinas, a veces. Ve (serpiente) si te gusta. Podría ser una cascabel. Quizá es un crótalo, pero ésas las hay en Inglaterra, culebras de pasto en el pasto. Podría ser una cobra. Hizo bonitos patrones en la arena."

RESUMEN

En este capítulo se exploraron algunas de las formas en que los niños se expresan a través de materiales de juego de una manera que se vincula con los objetos. El rincón hogareño permite representar toda clase de dramas personales y domésticos. La comida imaginaria puede reflejar las experiencias tempranas y actuales del niño acerca de ser (des)atendido y alimentado. Las muñecas y la casa de muñecas también cubren una función similar y aquéllas participan mucho del castigo y maltrato. Los juguetes de construcción y rompecabezas con frecuencia se utilizan de manera positiva, sugiriendo reconstrucción y crecimiento, aunque en ocasiones retratan destrucción y confusión. Las armas también son multifacéticas y se les utiliza en logros saludables o violencia deprimente. Los juegos de mesa y de otro tipo a veces representan un papel que puede mostrar algo acerca de los sentimientos internos del niño. Se da un ejemplo de cómo un niño, mediante carros, animales y pueblos de juguete expresa y encuentra solución a sus conflictos internos. El siguiente capítulo alienta a revisar las formas de expresión más fluidas que se facilitan por medio de la pintura, dibujo, arcilla, arena y agua. ■

Relacionarse a través de las artes plásticas

La mayor tranquilidad que podemos dar a los niños es el sentimiento de que se les comprende y acepta junto con la parte dolorosa y triste que llevan dentro de sí. Si no negamos esta parte dolorosa de sí mismos, ellos no necesitan hacerlo y su resistencia natural puede llevarlos de nuevo a la vida.

(Winnicott, 1984, página 20)

Los materiales plásticos dan a los niños la oportunidad de expresar lo inexpresable, a través de:

• Pinturas y dibujos.
• Arcilla y modelado.
• Arena y agua.

Ejercicio

• Algunas personas adultas se sienten absurdas e incómodas cuando utilizan pinturas, crayones, arena, etcétera, pero los terapeutas de juego necesitan contactar el niño interior que disfruta "creando", sin censura adulta.
• ¿Puede recordar sus experiencias con pinturas, arena y demás cuando era un niño pequeño?
• Reviva la satisfacción de usar estos materiales. Con su mano no dominante, dibuje y pinte sentimientos, fantasías incidentes de su infancia, sueños (permita que su pluma o brocha se haga cargo).
• ¡Busque algo de arena y agua, y diviértase!
• Mire las pinturas, dibujos y esculturas hechas por una serie de niños.
• Observe a los niños, en un río en la costa —¡únase a ellos!

Piaget e Inhelder (1969, página 54), señalan que "los dibujos y el juego tienen un lugar especial en la vinculación de los dominios interno y externo". Como reflejo del mundo interior del niño, son invaluables los materiales como pintura, dibujo, trabajo con arcilla, arena y agua. No requieren de lenguaje hablado y dan lugar a los impulsos creativos internos del niño. Los materiales plásticos posibilitan una forma satisfactoria de expresión para los niños que se comunican con mayor facilidad a través de la forma y el color, que de manera verbal (Gardener, 1980; Gillespie, 1986, página 19) y también permiten que se ventile la confusión preverbal. Las creaciones del niño deben mantenerse a salvo y exponerse en cada sesión.

PINTURAS Y DIBUJOS

La terapia artística requiere de entrenamiento especial y es un método terapéutico con derechos propios (Dalley, 1984; Dalley y colaboradores 1987); el "arte" es una maravillosa y satisfactoria forma de autoexpresión (Gumaer, 1984, páginas 94 a 121; Naitove, 1982) y las pinturas y dibujos son muy útiles dentro del cuarto de juego (Gardener, 1980; Nader y Pynoos, 1991). Es suficiente que el terapeuta de juego acepte y reciba el trabajo artístico del niño, pero una apreciación más profunda de los esfuerzos creativos puede ayudarle a comprender el proceso terapéutico (Thomas y Silk, 1990). Es importante recordar que una pintura debe verse como una representación parcial del mundo del niño y necesita evaluarse en conjunto con lo que se conoce de él y otros aspectos del juego (Fordham, 1994, páginas 51 a 67; Furth, 1982; Kalff, 1980, páginas 74 a 75); se debe observar qué falta y lo que se infiere, lo mismo que lo que se representa; se debe estar preparado para encontrar lo inesperado y a veces lo no bienvenido (*Cardiff Social Work Resource Centre*, sin fecha, página 13). Observar una serie cronológica de pinturas y dibujos del niño por cierto tiempo, puede proporcionar útiles discernimientos; el significado de las imágenes a veces cambia (Allan, 1988b, páginas 99 a 103; Jung, 1959).

El terapeuta centrado en el niño no critica ni evalúa, no "enseña" a los niños a dibujar, sino que les ofrece libertad para expresar lo que necesita surgir, aceptando que cualquier cosa que el niño hace es valiosa. Un medio útil para algunos pequeños, si no se encuentran demasiado reprimidos para intentarlo, es la pintura con dedos. Aquí hay un contacto directo con una sustancia que ensucia y que el terapeuta de juego acepta (Arlow y Kadis, 1979). Los colores, por supuesto, son importantes y poseen un lenguaje simbólico propio. Si se encuentra disponible un gran número de colores, o si los niños pueden hacer mezclas de los suyos, es interesante ver cuáles escogen. Pintar y dibujar no son necesariamente una práctica normal en todas las culturas. Se debe tener en cuenta que los temas no siempre tienen la misma importancia y relevancia, y pueden retratarse de manera diferente. Esto es especialmente cierto en cuanto a que se trata de la figura humana (Cox, 1993, páginas 108 a 110).

ANDREW

Las pinturas que se producen durante la terapia de juego de un niño pueden ayudar a la evaluación y valoración. Una pintura inicial tal vez determine la escena. Por

Figura 8–1.   Figura 8–2.

ejemplo, la primera pintura de Andrew (figura 8–1) puede verse como una representación de un niño confundido, lo cual era en muchos sentidos (páginas 37 a 38). Su pintura final (figura 8–2) nos sugiere que había establecido firmemente su identidad, se encontraba en equilibrio, era versátil y tenía el control. La última pintura confirmó la opinión de la terapeuta, que se basaba en las sesiones de juego y en la realimentación por parte de la escuela, acerca de que la terapia estaba "teniendo éxito" y que se había hecho el progreso suficiente como para considerar la terminación.

POLLY

Polly (página 38) tuvo sus altas y bajas durante la terapia de juego, y en una fase hubo deterioro en sus mecanismos de manejo de situaciones y se encontraba bastante deprimida. La trabajadora social se preguntaba si era necesario referirla a un psiquiatra infantil, pero sus pinturas le sugirieron a la terapeuta de juego que Polly se abría paso entre sus dificultades, las cuales era posible que fueran de corta duración. Éste resultó ser el caso y no hubo necesidad de referirla (sin embargo, se les advierte a los terapeutas de juego sin entrenamiento no hacer este tipo de predicción).

Las figuras 8–3 a la 8–8 se encontraron entre aquéllas hechas rápidamente por Polly. La figura 8–3 se hizo al principio de la terapia de juego. "Es una cosa muy enojada", dijo cuando pintaba su inicial en negro. Después hizo una mancha azul a la izquierda: "allí tienes una pintura, enojada, enojada, enojada", a medida que añadía más cruces negras. "Pon una puertita por allí" —una forma verde. Polly sí que era una "cosa muy enojada", pero la pintura persuadió a la terapeuta de juego de que había esperanza, la puerta verde podría verse como una abertura y la pintura azul parecía bastante positiva y progresiva.

Una pintura posterior (figura 8–4) mostró dos soles. El amarillo del lado superior derecho, según dijo, era la terapeuta y el azul de la parte inferior izquierda, era ella. Polly explicó que la mezcolanza de colores en la esquina inferior derecha era un arco iris. En privado, la terapeuta de juego se preguntó si la mezcla de colores también representaba la confusión en la que Polly aún tenía que trabajar. Polly salpicó la

Figura 8-3.   Figura 8-4.

pintura con lluvia, un agente fertilizante y limpiador. Pintó dos arco iris en las siguientes sesiones.

Para Polly, las casas eran un tema constante. Perturbada acerca de las vacaciones inminentes y preguntándose si tendría alguna vez un hogar permanente al cual ir, pintó tres lados de una casa sin ventanas, puertas o cimientos, de modo que su "casa" era algo endeble (figura 8-5).

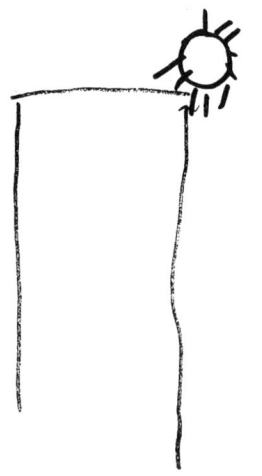

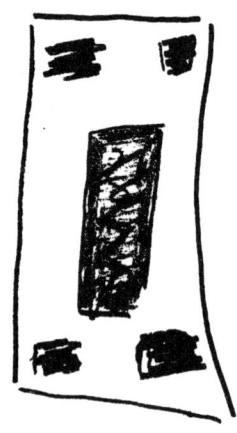

Figura 8-5.   Figura 8-6.

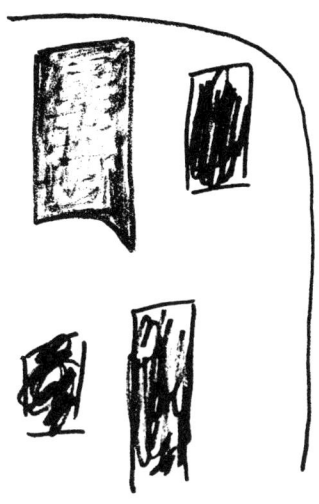

Figura 8–7.   Figura 8–8.

Un evento traumático en la vida de Polly fue cuando su madre se vio envuelta en una pelea en las escaleras, en la cual (la madre) resultó muy lastimada. La figura 8–6 quizá expresaba este incidente. Las cuatro pequeñas ventanas eran azules mientras que la forma oblonga en el centro (¿las escaleras?) eran de un rojo enérgico. En las figuras 8–7 y 8–8, hechas en diferentes ocasiones, la ventana superior a mano izquierda era roja. En la figura 8–7 las otras ventanas y puertas eran azules, mientras que en la figura 8–8 estaban delineadas en azul; la ventana superior izquierda estaba rellena de rojo, la inferior izquierda era negra y las dos del lado derecho tenían el centro amarillo, la superior con un borde café y la inferior con la orilla verde. La ventana de la recámara en la figura 8–7 era roja y de un tamaño desproporcionado.

Figura 8–9.   Figura 8–10.

¿Una representación evocadora de la casa de una prostituta? En la figura 8–8 la ventana roja es más pequeña y las otras ventanas se rellenaron, son más completas y la luz es central en dos aunque aún existe cierta penumbra en la planta baja, la cual aún hay que iluminar.

Hacia el final de su terapia, Polly pintó dos mandalas (figuras 8–9 y 8–10), símbolos de totalidad (página 231).

Peter, de seis años (página 38), pintaba en ocasiones. Su primera pintura fueron tres líneas que no se unían con firmeza pero que sugerían una caja (¿casa?) sin cimientos, lo que reforzaba el sentimiento de que el niño no poseía bases. Su segunda pintura fue la de una persona sin cabeza que llevaba de paseo la cabeza de un perro atada a una correa. Cuando estuvo más coordinado, Peter dibujó vehículos, regresando a unas cuantas líneas desoladas cuando la vida no era tan buena. Su pintura final (figura 8–11) fue un patrón rico, lleno y concéntrico; un mandala.

Gemma, de ocho años (página 37), primero pintó a una persona con manchas de negro y café adentro, lo que sugería un personaje limpio (apariencia exterior) pero con algunas cosas (sentimientos) fuera de lugar en el interior. Las siguientes pinturas fueron el producto de su sí mismo de bebé y de pequeña, e indicaban que éstas eran las áreas en las que se estaba trabajando dentro de terapia. La primera de estas pinturas tenía una G negra, su inicial, con garabatos encima y con manchones de otro color por debajo. Escribió "Para M u y". La siguiente fue una paleta, de nuevo con colores inesperados en el centro, y la tercera fue un dibujo de una niña pequeña. Después, Gemma se liberó y realizó pinturas salpicadas y chorreantes, y luego pintó a la "súper niña", sin poner peros a ensuciarse las manos con pintura, —muy lejos de la niña perfeccionista del inicio de la terapia de juego. Pinturas subsecuentes fueron más apropiadas para la edad y exploraban las relaciones y su ambiente.

Figura 8–11.

Figura 8–12.

Trabajo con las formas artísticas de los niños

- Observe el proceso creativo, advierta el estado de ánimo del niño al realizar la pintura u otra forma de arte.
- ¿Cómo se siente acerca de lo que el niño está haciendo?
- Algunos niños hacen algún comentario, por el que usted puede saber lo que está sucediendo.
- Para averiguar se pregunta:
  — "¿Puedes hablarme acerca de esto?"
  — "Me pregunto ¿cuál es la historia?"
  — "¿Qué pasaría si...?"
  — "Parece que te sientes contento o molesto o complacido...acerca de lo que has hecho".
- "Eso no parece un camello, los camellos no son verdes" ¡no es una observación terapéutica apropiada! No critique o enseñe.
- Escriba nombre, fecha y guarde las pinturas, dibujos y modelos, exhibiéndolos en la sesión del niño. No los deje a la vista de otros niños.
- Los cajones de arena pueden ser registrados mediante fotografías, esbozos, notas y vídeos. ¡El juego con agua es más fugaz!
- Si reflexiona sobre una secuencia de pinturas, modelos, cajones de arena, etcétera, tal vez note que emerge un "tema" o "historia" que puede ofrecer un *insight* dentro del mundo del niño.
- No haga interpretaciones prematuras, innecesarias o "ingeniosas".

INTERPRETACIÓN DE PINTURAS, DIBUJOS Y MODELOS

Con base en los principios de que el análisis y la interpretación conscientes no son necesarios y de que la interpretación "fácil" es irresponsable (Braithwaite, 1986, página 16), la mayoría de los terapeutas de juego centrados en el niño no deben ofrecer una interpretación abierta acerca de las pinturas. Los símbolos y colores poseen muchos significados, así que en cualquier caso las interpretaciones que el terapeuta hace para sí, deben ser tentativas. En ocasiones, quizá sea apropiado preguntarle a los niños qué es lo que sienten que ocurre en la pintura y por qué, o invitarlos a que cuenten un cuento acerca de la pintura, aunque no todos los niños pueden, o quieren, responder.

Un rasgo que debe buscarse es el fenómeno táctil, término que se utiliza para describir un objeto o parte de éste (u objetos), con frecuencia de un tamaño desproporcionado, que se vincula con las sensaciones corporales del niño o con experiencias subjetivas en las cuales el pequeño se siente emocionalmente involucrado (Lowenfeld y Brittain, 1964, página 258). Andrew estaba tan ansioso con respecto a su propia agresión, que a veces podía salirse un poco de control cuando daba golpes violentos a las personas, y con frecuencia su corpulento padrastro lo castigaba. El autorretrato de Andrew (figura 8–12) mostró brazos y manos demasiado grandes. ¿Pudo haber sentido que sus brazos eran demasiado "grandes" y haber retratado los brazos fuertes de su padrastro? ¿O pudieron haber sido sus brazos los que se sentían grandes y llenos de energía cuando quería golpear a alguien con ellos? ¿O ésos eran los brazos que deseaba tener? Como sea, los brazos en la pintura sin duda eran de un tamaño demasiado grande. Hay otro ejemplo (figura 8–7) donde la ventana de la planta alta está fuera de proporción. Objetos que están tan distorsionados en tamaño pueden indicar que son en particular significativos para el niño, aún a nivel inconsciente (Thomas y Silk, 1990, página 126). El terapeuta de juego puede comentar acerca de la cosa "grande" o "pequeña" y sacar a relucir el problema, o vigilar y esperar, observando si se integra el elemento problemático y cómo lo hace. Véase cómo las ventanas son más similares en tamaño en la figura 8–8.

ARCILLA Y MODELADO

Ejercicio

- Manipule arcilla, observe su textura y cómo se siente.
- ¿Cómo le hace sentir?
- Utilícela para modelar:
  — Su familia.
  — Personajes de televisión.
  — Animales.
  — Monstruos.
  — Sentimientos.
  — Un bebé.

La arcilla tiene una calidad básica, elemental y puede utilizarse tanto en el juego desordenado como en la expresión simbólica compleja. Permite el trabajo tridimensional que puede moldearse y alterarse, teniendo por ello más flexibilidad y a veces más realismo que la pintura y el dibujo. Los niños pueden cambiar de opinión a medida que avanzan, así que con frecuencia sus manos, más que su cabeza, guían el camino. Los "errores" se rectifican con facilidad o, en sí mismos, se convierten en el disparador de la expresión interna.

El padre de Brian se encontraba en prisión y éste, de nueve años, vivía con su madre; su hermano menor vivía en otra parte. Se refirió a Brian a terapia de juego debido a quejas acerca de que mentía, robaba y era desobediente. Existía la sospecha de abuso sexual, pero nada se probó.

La terapia de juego de Brian fue como un viaje de exploración y clasificación interna en el cual encontraba sus valores. La mayor parte del trabajo se logró de manera simbólica, parte con una connotación sexual y con un fuerte componente arquetípico. En las primeras fases los secretos eran importantes y los reemplazaron las figuras arquetípicas, en particular aquellas que se asociaban con la madre. A cierto nivel, sus modelos parecían al azar; pero a otro nivel revelaban una historia donde se descubría el posible lenguaje simbólico de los elementos.

En la primera sesión, Brian realizó mitades de una concha, después un monstruo prehistórico. Las conchas descubren y ocultan y eso compendiaba su terapia. Hacia el final de la sesión, vio hacia el rincón: "haré una base", la cual hizo creando una puerta secreta.

En la cuarta sesión, Brian hizo una casa en forma de tetera, explicando que sólo había una persona allí. La persona estaba muerta, dijo Brian y quería estar sola. Podía guardar secretos, veía televisión y tomaba té. Le hizo una ventana a la casa y dijo que el Señor Tetera vivía sólo y no tenía ningún amigo porque no compartía sus secretos. Brian hizo un coche y una cochera con una gran entrada que abría y cerraba su puerta. La terapeuta de juego dijo [vive en una casita de té y no comparte sus secretos. ¿Puede compartir un secretito?] "No, no merece amigos." [¿Me pregunto por qué no comparte secretos?] "A causa de sus planes para salir de la tetera. Se encerró allí. La única forma es destaparla." Brian le dijo a la terapeuta que el último plan del Señor Tetera era cómo salir de ésta. Modeló un jardín en la tetera pero ratas y ratones, símbolos de decadencia, turbulencia y oscuridad (Cooper, 1978, página 137), quizá de una naturaleza abrumadora a medida que su número incrementaba, entraron por la boca de la tetera y (presumiblemente) echaron a perder su crecimiento creativo. Pintó de negro el interior de la casa, el exterior de amarillo y verde con una puerta café.

Cuatro sesiones después, Brian modeló una mariposa, un poderoso símbolo de transformación que sugiere cambio y renacimiento (Cooper, 1978, páginas 27 a 28) ¡seguida de un bombardero! El potencial para el cambio se encontraba allí, pero podría ser peligroso o devastador.

Los animales se volvieron un tema muy importante. Había un elefante y un caracol, un animal lento que refleja los elementos básicos de la tierra, con una concha en espiral que sugiere cambio y movimiento (Cooper, 1978, página 154). Como era Pascua, hizo un conejo, un huevo de pascua y una caja; símbolos de renacimiento y resurrección.

Otra mariposa de arcilla anunció una renovación básica que condujo a las cuatro últimas sesiones en las que Brian modeló 17 artículos, comenzando con una casa que se convirtió en dado —como si su casa (que podría interpretarse como él mismo o su vida) fuera "azarosa". Después vinieron un pulpo, un cangrejo y una cobra; que algunas autoridades consideran como símbolos maternos negativos (Neumann, 1955, páginas 67, 153, 177).

En la decimoctava sesión, Brian creó una oruga sobre una rama con una col pero, al no poder formar la col a su satisfacción, la cambió a una manzana. La oruga tenía suficiente alimento como para transformarse en mariposa.

El modismo cambió a una nave espacial, algo que puede cruzar las alturas, y a una serpiente-dragón-monstruo marino. Dentro del simbolismo, la serpiente y el dragón se intercambian con frecuencia (Cooper, 1978, página 146), así que es interesante que Brian las haya mezclado físicamente. Jung (1956, página 259) escribe acerca del dragón como una imagen materna que expresa resistencia al incesto; el dragón-monstruo es también algo a lo cual dominar, debido a que sólo la persona que conquista al dragón puede convertirse en héroe o heroína y todos los niños en terapia profunda se encuentran, en un nivel arquetípico, en disposición de experimentar el viaje del héroe (heroína). Ya que el mar en ocasiones representa emociones que fluyen, y también es un símbolo de la madre, el monstruo marino sugirió que los problemas de Brian pudieran haberse vinculado con asuntos maternos y emocionales.

La siguiente semana, Brian hizo un monstruo-dragón menos parecido a una serpiente. La terapeuta de juego registró:

> El dragón-monstruo tiene una cuerda de salchichas que cuelgan de su boca dentada y se hace una fogata con todo y hojas secas. Brian me ofreció su última serpiente-

monstruo para que me la quedara y yo acepté. Me preguntó que si la llevaría a casa, le contesté que por el momento la mantendría en mi oficina y después la llevaría a casa.

Finalmente, Brian modeló un carro de policía (hacía un proyecto escolar acerca de la policía). Después llegó el "esclavo del diablo" con una flecha atravesada en su cabeza, que el diablo había disparado. Su secuencia final fue un caballo de mar, una barca (tenía un recipiente seguro que lo llevaría a través de las aguas de la vida) y una estrella de mar que podría considerarse como un mandala, un símbolo del "inextinguible poder del amor" (Cooper, 1978, página 159) y de luz que brilla en la oscuridad.

Los lectores encontrarán otras "historias" en los modelos de arcilla, lo que en cualquier caso justifica un análisis con más detalle de los que se ofrecieron aquí. Cualquiera que sea el material, los lectores tienen el reto de ver detrás del objeto para descubrir el lenguaje oculto de los símbolos.

En el caso de Brian, la terapeuta de juego no le ofreció interpretaciones sino que observó, tomó notas y fue una compañía receptiva a lo largo del camino. En realidad, fue difícil la evaluación de su terapia de juego ya que la trabajadora social antagonizó con la escuela y la madre, y después se retiró. La terapia de juego confirmó que había una gran posibilidad de que Brian hubiera sufrido abuso sexual, a pesar de que las investigaciones formales no habían llegado a conclusiones. El análisis del trabajo en el cuarto de juego y la realimentación por parte de la escuela sugirieron cierto cambio positivo en el niño pero, debido a que la familia se mudó, no hubo un seguimiento.

ARENA Y AGUA

Ejercicio

- Regálese un cajón de arena (una palangana o contenedor de basura).
- Experimente la textura y movimiento de la arena.
- ¿Cómo es cuando se le añade agua?
- Realice escenas en la arena con granitos y puños.
- Permita que los detalles del juego transmitan una historia para que la escena cambie.

JUEGO TEMPRANO

La arena y el agua son materiales básicos, de preferencia se colocan juntos en el cuarto de juego para que se mezclen a la consistencia elegida por el niño. Lo ideal es tener cajones de arena seca y mojada. La mayoría de los niños responden a la arena y agua, utilizándolas para juego adecuado a la edad o, con más probabilidad dentro de la terapia, para volver a trabajar en las necesidades anteriores de su desarrollo. Es digno de atención el que los niños que presentan problemas de enuresis y defecación, ensucian con arena lodosa y juegan mucho con agua, con frecuencia virtiéndola y después controlando el flujo. Después de varios intentos, muchos niños mayores gustan de hacer castillo de arena y grandes revoltijos pantanosos. Aun Gemma quien en un principio era limpia y cuidadosa, se quitó los zapatos y se revolcó en la arena mojada.

CAJONES DE ARENA

Toby se encontraba al borde de que se le admitiera bajo custodia debido a su conducta en casa y en la escuela (páginas 4 a 5). El trabajador social y la terapeuta de juego pensaron que su conducta en gran medida era reactiva a la inseguridad y al estilo paterno inconsistente y, en terapia de juego, Toby mostró que podía manejarse en un ambiente en el que pudiera confiar. Para comenzar, sus cajones de arena eran alarmantes. Había inundaciones devastadoras, derrumbes aterradores y los ejércitos peleaban en terreno hostil. Gradualmente, los elementos disminuyeron, los ejércitos pelearon con menos dureza y, aunque había arrebatos de peligro, las tramas se volvieron más pacíficas. Se podía ver que era poco lo que estaba mal en el niño, más bien había muchas cosas mal en casa.

Gemma (página 37) creaba paisajes que en su mayor parte tenían animales de granja, pero depredadores peligrosos se ocultaban y criaturas solitarias estaban en riesgo. A medida que pasó el tiempo, colocó a los animales en grupos familiares y podían deambular con seguridad. En el momento de la referencia, el emplazamiento sustituto de Gemma era precario y sin duda ella se sentía aislada, al borde de las cosas y "en riesgo". Sin embargo, a medida que sus relaciones mejoraron, se volvió parte de la familia y esto lo demostró con los animales. Después, Gemma hizo una representación de Hansel y Gretel en la arena, que parecía consistir en padres ineficientes y niños que tenían que encontrar su propio camino.

Martin, de 12 años, tenía antecedentes familiares deficientes y se encontraba en un hogar infantil después del fracaso en un segundo sustituto. Los problemas en el momento de la referencia consistían en que robaba dinero y comida, era manipulador y metía a otros niños en problemas; encontraba difícil relacionarse con las mujeres, era contenido en la escuela, no se comunicaba con facilidad y no podía estar bajo cuidado sustituto.

Su terapia de juego incluyó mucha regresión y pintura, y unos cuantos de cajones de arena. El primer cajón reveló una poderosa fortaleza-castillo que sugería una persona a la defensiva. Dentro se encontraban fuerzas opuestas dispares, pero agregó más figuras y la batalla se equilibró. Hacia el final puso un caballo blanco y un jinete (véanse comentarios acerca del quinto cajón de arena). Las paredes eran sólidas y la terapeuta de juego cometió el error de preguntar si era un castillo para salir o para entrar, lo que disparó que Martin creara una entrada. La terapeuta de juego no debió haberse inmiscuido. Si no hubiera intervenido, es probable que las paredes hubieran permanecido sólidas, como ocurrió en el segundo cajón de arena que contenía tres fortalezas más pequeñas dentro de la principal. Estas imágenes en la arena sugirieron que Martin se encontraba muy a la defensiva y enfatizaban que la terapia de juego sería lenta. Necesitaba un lugar fortificado en contra de intrusos, donde pudiera encontrarse a sí mismo (de hecho pasó bastante tiempo escondido en el rincón del cuarto de juego).

En el tercer cajón de arena, dos meses después, Martin hizo un camino y un oasis en el desierto (aunque desolado, un desierto es un lugar de contemplación y revelación) y un camino sugería que el niño hacía un pasadizo a través de su desierto. Se encontraba disponible el agua que proporciona vida. A medida que desarrolló su cajón de arena:

"Va a ser una granja. Y va a tener una alberca. Trae todos los caballos. Tiene un granjero que camina alrededor con un rifle. Unas cuantas ovejas repartidas alrededor. ¿Tú crees que estos patos floten? Pronto sabremos. El granjero está caminando con su rifle. Allí viene un león, un elefante lo sigue. Aquí sale del agua un dinosaurio. Después hay un panda que se sienta arriba de la casa." [Sí] Confirmó. "¿**Arriba** de la casa?" [Cualquier cosa puede pasar.] "Puede, pero no. Serpiente, Tabitha" y sisea sosteniendo a la serpiente.

Nótese la pequeña fortaleza-casa y el grupo familiar de animales domésticos. ¿El granjero y el rifle eran para mantener a raya a los animales más salvajes?

Un estrecho cuadrado de casas sobre una isla semicircular (cajón de arena No. 4) sugerían un mandala. En lugar de un fuerte había muchas viviendas, así que quizá otros aspectos de él se estaban volviendo disponibles. Dentro había una torre, tres personas y un animal. Afuera había árboles, fuertes símbolos del sí mismo. Era como si aún se defendiera a sí mismo pero a partir de una fuerza interior, más que por miedo (Fromm, 1946).

Hacia el final de la terapia de juego, el cajón de arena No. 5 comenzó con vaqueros e indios y cambió a un zoológico de animales salvajes. Contenía un castillo con una bandera, alrededor del cual se encontraban varios animales salvajes y el elemento final, un caballo blanco, se colocó de manera central junto al castillo. En la jerarquía de animales, el caballo está cercano a los humanos, el corcel blanco con frecuencia lleva a su jinete a aventuras de conquista. La terapeuta de juego especuló que el caballo simbolizaba a Martin y notó que entró en escena al final, como una idea tardía; que se encontraba cerca de un castillo deshabitado y que quizá los peligros rondaban pero los animales salvajes parecían pacíficos por el momento.

Martin se resistía a discutir las fotografías del cajón de arena, lo que podría verse como muestra de una historia sobre cómo las defensas disminuían poco a poco y su mundo aún era un lugar inseguro y peligroso en potencia. Sin embargo, el simbolismo del caballo blanco era tan positivo que aun si su vida no resultara muy bien en el futuro inmediato, existía la esperanza a largo plazo.

Cuando la terapia de juego terminó, el seguimiento mostró que Martin pasó por un tiempo difícil en su siguiente emplazamiento sustituto, pero que con el tiempo "resultó bien".

TÉCNICA DEL CAJÓN DE ARENA

En la terapia de juego centrada en el niño, los pequeños pueden hacer cajones de arena cuando lo deseen y se les alienta si los materiales se sitúan cercanos entre sí. La técnica del mundo de Lowenfeld (también conocida como "hacer un mundo") ofrece una forma no verbal de autoexpresión (Allan, 1988a, páginas 212 a 221; Bowyer, 1970; Lowenfeld 1935, 1979; Mitchell y Friedman, 1994; Newson y Newson, 1979, páginas 119 a 139; Reed, 1975; Ryce-Menuhin, 1988, páginas 234 a 251; 1992) y la mayoría de los niños acogen la técnica de manera espontánea. "(El juego con arena) nos provee con una herramienta que no sólo facilita la terapia sino que también nos da una forma de estudiar el proceso de crecimiento y curación" (Kalff, 1980, página 22). El juego con arena con frecuencia lleva a niveles inconscientes y es una manera única de ayudar al niño a que exprese temores y fantasías que de otro modo son huidizos y de difícil definición (Irwin, 1983, página 157). El niño utiliza ambas manos, por lo cual emplea ambos lóbulos cerebrales y no se requiere de habilidades especiales (Vinturella y James, 1987, página 230).

El papel del terapeuta de juego consiste en observar y dar apoyo, pero debe evitar interferir o hacer sugerencias. Como en otros aspectos de la terapia de juego, a veces el terapeuta puede hacer preguntas amplificadoras o invitar al niño a que cuente una historia acerca de la imagen en la arena. Es innecesaria la interpretación y se ofrecerá sólo en raras ocasiones. Debe permitirse a los niños dar rienda suelta a su imaginación y si los elementos se colocan en un uso desacostumbrado, ¡que así sea! Unos cuantos niños mayores pueden preocuparse acerca de la carencia de proporciones y escalas adecuadas, por ejemplo, un modelo de coche puede ser demasiado grande en comparación con una casa pequeña. Pueden aceptarse sus quejas y señalarles que así ocurre en los sueños o en algunas formas de arte. Las fotografías (preferiblemente instantáneas) son un registro útil, en especial si se hace más de un cajón de arena durante el curso de la terapia de juego, de modo que se ofrezca una comparación y discusión de cómo han cambiado, al paso del tiempo, las imágenes del cajón de arena (Oaklander, 1978, página 166). Allan (1988a, páginas 215 a 216) señala que las fases comunes en una serie de cajones de arena son: caos, lucha y resolución. El cajón de arena puede ser un medio de evaluación y terapia por derecho propio.

Ejercicio

¡Juegue con agua!
* Busque una bañera o tina, estanque, río o charco.
* Juegue con agua y dentro de ella.
* Vea cómo diferentes objetos flotan y se hunden.
* Observe cómo cambian los colores y texturas.
* Arrójela al aire.
* Patalee en los charcos.
* ¡Juegue con su patito en el baño!

RESUMEN

Con base en algunas pinturas de Andrew y Polly, este capítulo ha descrito algunas de las cosas que los niños expresan acerca de sí mismos al utilizar materiales creativos. Muchas pinturas y dibujos tienen un lenguaje simbólico, en tanto que la arena ofrece otra vía para la catarsis y la resolución. A la mayoría de los niños les resultan irresistibles el agua y la arena; por ello, el cajón de arena de Lowenfeld es una herramienta versátil en la que los niños crean escenarios multidimensionales que con frecuencia sirven como interpretación de la vida interna o externa del niño. Cualquier interpretación del trabajo del niño debería informarse y utilizarse de manera profesional, en un inicio, para las consideraciones personales del terapeuta acerca de lo que está sucediendo. Sólo en rara ocasión, y prudentemente, se ofrece una interpretación al niño.

Algunos niños se apegan, en la mayor parte de los casos, a roles y relaciones, algunos a las actividades que se basan en el juego y otros a las empresas basadas en el arte. Existen algunos que prefieren una variedad de aproximaciones, lo que se denomina juego híbrido. ■

Juego híbrido:
Terapia de juego de Tim

*A un cuando encontramos niños infelices o emocio-
nalmente perturbados, es bueno tener una actitud
general de espera y confianza. La psicoterapia no es,
después de todo, algo que se le hace a una persona.
Terapia es una palabra que señala servicio y asistencia.
Con frecuencia desacostumbrado a recibir el respeto
del adulto, el niño se beneficia, a veces de inmediato, de
su asociación con un adulto terapéutico.*

(Adams, 1982, página 14)

- Muchos niños se comunican a través de una
  serie de materiales de juego así como de roles
  y relaciones.

Tim tenía siete años. Su madre era una prostituta fanfarrona y su padre fue enviado a prisión por trata de blancas. Tim se quedaba afuera en las noches mientras su madre "trabajaba"; rompía botellas, robaba y era agresivo, lo que favorecía que su asistencia a la escuela fuera errática y tuviera normas morales inconsistentes. La violencia y los dramas hogareños eran lo común.

A Tim lo refirió un jardín de niños y se dijo que hacía ruidos extraños, adoptaba movimientos torpes y sin coordinación con sus miembros; trastornaba las clases y era agresivo en la escuela, en particular mordía a los maestros y no permitía el contacto físico. La terapeuta de juego hipotetizó que Tim había tenido una vida hogareña errática con poca estructura o educación preescolar y que era probable que estuviera atemorizado de su propia violencia. Sentía que quizá no había tenido suficiente "preocupación materna primaria" (uno de los conceptos de Winnicott, Davis y Wallbridge, 1983) y que, por tanto, podría haber tenido que "refrenarse" a sí mismo mediante la adopción de una actitud agresiva diseñada para obtener seguridad y esconder su temor interno (Willock, 1983, página 389).

El maestro actuó como intermediario y obtuvo la aprobación materna para la terapia de juego del niño, se asignó al caso a un trabajador social. La terapeuta de juego conoció a Tim en la escuela, en su propio territorio, dentro del salón de clase y rápidamente estuvo dispuesto a mostrarle a la terapeuta los alrededores, contándole acerca de sus actividades e invitándola a ver su caja de materiales en la que guardaba sus libros escolares. Tim se presentó como un niño imaginativo y vivaz con rasgos de independencia y capacidad para "lidiar con el mundo". La terapeuta le mostró fotografías del cuarto de juego y le confirmó que podría ir una vez por semana. Intentó ayudarlo a recordar cuándo sería la sesión por medio de vincularla con una actividad escolar regular, por ejemplo que él iría a sesión el día en que fuera a nadar.

En su primera sesión, Tim eligió de inmediato a *Skeletor*. Después incluyó a los hombres de Acción, tanques y motocicletas, y al *Incredible Hulk* (al que de manera encantadora llamaba *Hunk*). Inició vívidas actividades y hacia el final lanzó en repetidas ocasiones a *Hunk, Skeletor* y los hombres de Acción, desnudos al agua y les lavó sus ropas. La selección de *Skeletor* indicaba que el poder y la fuerza negativos podrían ser aspectos importantes, los hombres de Acción y *Hunk* serían otros aspectos de fuerza y poder. Tim necesitaba "llegar al fondo" de esto, la desnudez y la inmersión sugerían que existía posibilidad de regeneración.

El tema principal de la terapia de juego de Tim tenía que ver con la agresión, parte de la cual lo atemorizaba. Se identificó con *Hunk* (que se volvió su "hermano") y, a la mitad de la terapia de juego, construyó una madriguera para sí mismo y para *Hunk*. Este escondite se fue convirtiendo en una especie de nido en el que Tim renació y, por ello, se convirtió en un medio de transformar el poder que lo había gobernado. Tim adquirió más control sobre su agresión y estuvo menos a merced de sus sentimientos, lo que con el tiempo condujo a que se comportara de una manera más integrada.

El segundo tema de la terapia de juego de Tim tuvo que ver con el vestido, se ponía disfraces y ensayaba diferentes personalidades.

En las primeras sesiones hubo mucho juego violento: disparos, boxeo, malabarismos arriesgados, historias espeluznantes y ruido; la terapeuta de juego se preguntaba de manera desesperada si estaban avanzando y a veces se vio tentada a considerar la terminación del trabajo. Se vislumbró la posibilidad de progreso cuando Tim introdujo de manera breve, un faro y figuras arquetípicas positivas y negativas (páginas 227 a 231), de modo que la terapeuta de juego persistió en medio de lo que parecía caos, confusión y ataques constantes.

Aunque la terapeuta de juego no lo reconoció en el momento, la octava sesión fue de transición. Tim le ofreció dulces a ella y a *Hunk*, e hizo comentarios acerca de un helicóptero. ¡Él alimentaba a dos figuras poderosas y allí es donde residía la posibilidad de realizar un despegue! Prosiguió la actividad violenta:

> Tim empuja un cuchillo de juguete en mi estómago... y toma un tenedor y un cuchillo "para comerte"... Se acuchilla y después repta por el piso empujando una pila de cojines. "Apuesto que *Hunk* puede brincarlos. Sí, lo sé. Haré una casa con ellos (cojines) y brincaré sobre ellos. Ésta va a ser una buena casa."

A la siguiente semana, después de mucha actividad, Tim salió de manera forzada por la ventana del rincón hogareño de una manera que simbolizaba renacimiento y la terapeuta de juego tuvo que recibirlo cuidadosamente a medida que salía. Hizo esto varias veces y la terapeuta tenía la fuerte sensación de que actuaba el papel de partera en el nacimiento de este "nuevo" bebé. Después, Tim le puso una barricada a la puerta del cuarto de juego:

"Esto los mantendrá (otras personas) afuera... ¿Quién mató a mi viborita? Tú fuiste. Lo acabo de matar. Un gran elefante... Espera hasta que te enseñe estas dos criaturas bebés (monstruos prehistóricos). Imagínate que son dos criaturas grandes", y creó una batalla entre un elefante y un dinosaurio. "Auxilio, me mordió", dijo cuando los animales peleaban y lo actuó. "Mira nada más", cuando el dinosaurio atrapó al elefante en su boca. "Mi otro amigo (pterodáctilo)" —los ve que pelean. "Él quería detenerlos pero no pudo." Un elefante grande y uno pequeño luchan con dos monstruos. Tim se incluye en ello. "Vamos, tú y yo", y el brontosaurio ataca al elefante. "Es el ganador de la pelea, tres buenas mordidas a la pierna del elefante. Allí está de nuevo ese monstruo que estaba peleando con nosotros." El brontosaurio derrota al elefante, pero es vencido por el pterodáctilo.

La terapeuta de juego anotó:

Es significativo el juego con animales prehistóricos, primitivos y grandes. Tim luchaba para reconciliarse con sus considerables energías primitivas sin domar, puesto que careció de cuidado y entrenamiento adulto en el momento adecuado.

En la décima sesión, la terapeuta de juego respondió a lo que consideró que era una fase regresiva mediante proveer panecillos de modo ilimitado e implicando que los bebés necesitan alimentación cuando y cuanto requieran si han de satisfacerse sus necesidades instintivas. Tim instigó juegos de "escondidillas" con la terapeuta de juego. Siguió juego activo, pero no violento, durante el cual se utilizaron cojines.

Salta desde lo alto a una pila de cojines. "Ésta vez cuando caiga haré como si estuviera muerto ¿sí?" [Vas a hacer como si estuvieras muerto.] "Déjalos que se caigan todos sobre mí", dice mientras yace sobre los cojines y algunos le caen encima. "Éste es un nido, una casita. Está tibia. ¿Dónde está *Hunk*? Aquí está mi camita. Buenas noches. Nadie va a entrar en nuestra casita. Buenas noches. Eres tímido (sospecho que quiere decir solitario) —y ésta es nuestra casita. Empuja más cojines encima. Trata de abrir la puerta del cuarto de juego." El montón de cojines está casi contra ella y en varias ocasiones se me pide que trate de abrir la puerta y pretendo que puedo sólo abrir un poco. [Es muy difícil.] "Eso es porque nosotros estamos aquí ¿no es cierto, *Hunk*? No puedes encontrarnos (refiriéndose a la terapeuta). No sabes dónde estamos." [No sé donde está, desapareció.]
     Hay unos ruidos extraños, después ronquidos, debajo de los cojines. [¿Me pregunto qué hay allí?] "El *incredible Hunk* su madriguera." [No me atrevería a entrar.] Gemidos. "Lo estás buscando." Descubro a Tim y le hago cosquillas, se ríe. "No es la madriguera de *Hunk*, es la mía." [Entonces está bien.] Tim me ordena que lo vuelva a esconder. "Haz como que ves adentro y no estoy" y hacemos esto dos veces más. "*Hunk* está cansado. Si sigues abriendo le diré que te pegue. Dices 'voy a ver si Tim está allí'" y, cuando veo, el *Hunk* salta. "No me ves." [No lo puedo ver por ningún lado.] Respondo en un tono misterioso y Tim surge de pronto de entre los cojines.
     "Haz una madriguera diferente mientras estoy dormido. Yo y él queremos estar calientitos." [Sí, estoy segura de que así quieren estar.] "Ves si yo estaba aquí, pero no estaba." [No lo puedo ver —no está en casa. ¿Qué es ese ruido extraño?] "Estos cojines están ricos y calientitos. Ve debajo de los cojines." Descubro a Tim, [Oh, hola] Me dice, "di ¿Dónde está ese Tim? " Cubre las aberturas (en la madriguera de cojines) con el cojín. "Dices 'me pregunto si mi Tim está en casa'. Dices 'No puedo encontrarlo'.

Oh, estos cojines son bonitos y calientitos." Tim hace ruidos. "Búscame." [Tim ¿estás en casa?] "Busca debajo de ese cojín grande." Busco y digo: Sí, está en casa. Se ve rico y calientito. Tim me informa *"Hunk* se fue. Si no le doy algo de aire se morirá" [eso no debería suceder]. "No nos has visto a los dos por cien mil años." [No he visto a Tim y a *Hunk* por cien mil años. Oh, ¿ése es Tim? Hola ¿Tim?] Digo cuando una cara traviesa se asoma y después se esconde. [Allí también está *Hunk.* Los dos están calientitos juntos.] Tim me pide que cubra las aberturas en su nido. "No nos ves por dos años", lo cual tengo que repetir. "Cien mil millones dos años." Hay ruidos y gruñidos mientras los cojines se mueven y surge la cara de Tim. [Allí están.] "Voy a salir de mi casa. Ésa es una casa bonita."

"Haz otra casa" y acomodo de nuevo los cojines, sellándolo adentro cuando se me dice que cubra todas las aberturas. "Ahora dices ¿Dónde está ese Tim? No lo he visto por 3 500 000 años." Lo entiendo mal y digo 7 500 000 años y se me ordena, desde las amortiguadas profundidades, ¡que lo diga bien! Su mano sale, rascando el cojín. [¿Qué es eso? Es una mano.] Tim musita "Alguien...Busca bajo este cojín rojo". [Allí está Tim —no lo he visto por 3 500 000 años. Mejor le cierro de nuevo. No debo permitir que vea la luz demasiado rápido. ¿Quién es ése? Es el *Incredible Hunk*] y *Hunk* desaparece. *"Hunk* es mi hermano. Superman." [Ya veo, por supuesto.] Aparece toda la cara de Tim. "¿Harías otra madriguera? "

Otras cosas suceden, después él va al rincón hogareño. "Saldré de nuevo por la ventana. Dices ¿Qué va a hacer? " Tim se sube con un poco de miedo y me pide que lo reciba. Patea la cuna. Hace ruidos de enojo mientras que, de manera bastante controlada, vuelca unas cuantas cosas. Le quita el techo a la casa de muñecas y ruge. "Hacemos como que yo levantaba la casa y la lanzaba. Haz como que yo tenía una espada y te cortaba el dedo" y finge atacarme. [Sientes deseos de lastimarme ¿no?]

Le digo que quedan cerca de cinco minutos de la sesión. "No", afirma mientras que continúa cortándome los dedos. Se va al rincón hogareño musitando "Escóndeme. Ahora no voy a salir". [No, no durante los siguientes cuatro minutos.] "No voy a salir hasta que sea tiempo de casa cuando se acabe mi escuela." [Oh, ya veo.] "¿Me pasarías mi bebida? Aquí tienes", mientras regresa el vaso vacío. [Gracias.] Tim se esconde dentro de su madriguera. "Se cayó (un cojín se cae) ¿Podrías ponerlo encima? *Hunk* lo tiró." Tim declara que no se irá del cuarto del juego. [¿Hacemos una madriguera y dejamos seguro adentro a *Hunk*?] "Sí. La vas a tirar", con lo cual quiere decir que desmantelaré la madriguera. [Sí, pero dejamos a *Hunk* aquí hasta la siguiente semana.] "¿Después vas a estar aquí?" [No hoy.] "Haz una madriguera y cúbrelo para que esté rico y calientito. Va a estar feliz y calientito para la siguiente semana." Tim entierra a *Hunk* en una pila de cojines y amontona mantas para más seguridad.

Mientras hacía sus comentarios escritos acerca de la sesión, la terapeuta de juego notó que las "escondidillas" parecían referirse a formas de comunicación tempranas, verbal y no verbal, y esto se llevó a gran profundidad en la madriguera de cojines, que era más un nido o vientre. Tim insistió en que se rellenaran las grietas y a veces fue difícil escuchar su voz amortiguada. En dos ocasiones cuando ella lo destapó, se sintió como alguien que le sonreía y le hacía gestos a un bebé y se sentía obligada a hacerle cosquillas, pero a él no le gustaba mucho que lo hiciera. Había una calidad básica en este juego. Un poco después en la secuencia de la madriguera ella sintió que él:

surgía de ella como de una crisálida —un poder en surgimiento... Con bastante frecuencia durante la sesión él cantaba y tarareaba y se sentía que la comunicación fluía a varios niveles.

A la semana siguiente, la terapeuta de juego y Tim alimentaron a *Hunk* en la madriguera, y una quincena después Tim pidió: "Haz una casita para mí, estoy a salvo". Su juego se volvió menos violento.

Por ser un niño agresivo, la terapia de juego de Tim fue activa y, a veces, descorazonadora cuando su conducta violenta era en cierto modo agotadora y parecía trabajar y someter a prueba varios aspectos de "vinculación" (Willock, 1983, página 406). Sin embargo, el *Hunk* y la madriguera fueron símbolos transformadores y la nueva casa que él hizo pareció importante. Éstos fueron momentos de cambio y la terapeuta de juego fue más optimista a medida que Tim hizo progresos. Se informó de mejorías en la escuela y en casa y Tim tuvo menos mala fama en el vecindario.

Ejercicio

- Si usted fuera a ingresar a terapia de juego, ¿qué tipo de juego escogería?
  — ¿Como adulto?
  — ¿Como niño?

RESUMEN

Tim utilizaba tanto objetos como *Hunk*, como su relación con la terapeuta de juego para resolver aspectos que eran importantes para él. En la parte inicial de la terapia de juego de Tim, la terapeuta se sintió confundida, molesta y desorientada, no muy segura de lo que estaba sucediendo. Con el tiempo surgieron otros temas de juego y se desarrolló una relación más positiva entre la terapeuta y el niño. Aprender a leer los temas de juego a veces sólo es posible en retrospectiva, en particular durante las primeras etapas, pero esto fue una de las anclas que ayudaron a la terapeuta de juego en medio de la confusión.

Otra ancla fue la comprensión de las etapas terapéuticas por las que atraviesan los niños en terapia de juego, lo cual se analizará en el próximo capítulo. ■

Valoración y proceso terapéutico

La terapia no directiva ha sido reconocida como una aproximación importante para la comprensión de la conducta. No intenta controlar o cambiar los significados del cliente, más bien fija su atención en la creación de una situación terapéutica que brinde experiencias que posibiliten los cambios y dejen al individuo la libertad de decidir la naturaleza y dirección del cambio.

(Lebo, 1982, página 71)

- Se analizan las cuatro etapas terapéuticas por las que pasan los niños, en general, dentro de la terapia de juego.
- La valoración de la terapia de juego se beneficia al saber:
  —Si se han presentado cambios en los problemas que manifiesta el niño.
  —Dónde se encuentra el niño en relación con las etapas terapéuticas.

Ejercicio

- ¿Sólo "hacemos" terapia de juego y dejamos las cosas a la suerte?
- ¿Suspendemos el trabajo cuando "hemos" tenido suficiente?
- ¿En base a qué evaluaría el trabajo?
- Si usted fuera un niño, ¿cómo sabría cuando está listo para terminar?

Condiciones para el cambio:

* El niño necesita sentirse seguro y valorado, tanto dentro como fuera de las sesiones de terapia de juego.
* En proporción con sus niveles de desarrollo, el niño necesita entender lo que le ha sucedido.
* El pequeño necesita ser capaz de recapturar, expresar y explorar los incidentes perturbadores del pasado.
* El niño requiere haber sido aceptado por lo que es.
* La terapia de juego y el terapeuta de juego necesitan haber sido consistentes y confiables.
* El niño requiere haber tenido una oportunidad para la regresión, volver a crecer y reparar las deficiencias de su vida temprana.
* El pequeño necesita tener oportunidades acordes a su edad y que se le permita comportarse de manera proporcional a su edad emocional, hasta que ambas cosas encuentren el equilibrio.
* El niño necesita saber acerca del futuro, en especial si se espera que haya movimientos, cambios o contactos con adultos conocidos con anterioridad.

CUATRO ETAPAS TERAPÉUTICAS

Etapa 1	La conducta del niño es profusa, difusa, por arriba del límite, o inhibida, encauzada de manera apropiada e inapropiada. La tarea terapéutica consiste en formar la alianza terapéutica.
Etapa 2	Los sentimientos del niño llegan a enfocarse en determinadas personas y cosas fuera de él. Puede parecer que el comportamiento del niño empeora.
Etapa 3	Comienza a mostrar sentimientos positivos, pero existe mucha ambivalencia.
Etapa 4	Emergen sentimientos realistas con mayor firmeza. El niño se siente mejor interiormente y está más capacitado para enfrentar las vicisitudes de la vida. Desarrolla una relación más apropiada a su edad con el terapeuta de juego.

* Las etapas no siempre suceden en este orden.
* Pueden volver a repetirse las etapas, pero por lo regular de manera diferente al trabajar el niño aspectos adicionales.

(De Moustakas, 1964)

Los niños en terapia de juego atraviesan de manera característica cuatro etapas (Dockar-Drysdale, 1968, página 82 citado en Aldgate y Simmonds y colaboradores 1988, página 50; Finke, 1947 reportado en Guerney, 1983a, páginas 24 a 25; Guerney,

1983b, página 352; Moustakas, 1953, páginas 6 a 9; 1959, páginas 27 a 45; 1964, páginas 417 a 419). En ocasiones, varía el orden de las primeras tres etapas. Aunque éstas no siempre son estrictas en la práctica y a veces es difícil diferenciarlas a pesar de la conclusión satisfactoria de la terapia de juego; sin embargo, son lo suficientemente útiles para requerir atención cuidadosa. El proceso terapéutico no se desarrolla de manera automática y depende, en parte, de la relación de trabajo, que se conoce como alianza terapéutica, que se forja entre niño y trabajador. Es más probable que surja la alianza terapéutica cuando el terapeuta de juego responde de manera consistente y sensible a los sentimientos del niño, acepta la actitud de éste y transmite una creencia constante y sincera con respeto hacia el niño.

ETAPA 1

Ésta es una etapa de conducta profusa, difusa, dirigida de manera apropiada e inapropiada. En el momento de la referencia la conducta tal vez parezca extremosa. El niño quizá haya perdido el contacto con su propio yo real y la intranquilidad puede ser general, indiscriminada o estar desvinculada de la persona, o ambas situaciones provocaron los problemas. Cuando los niños presentan *acting out*, despliegan una hostilidad indiscriminada, inclusive hacia ellos mismos, lo que a veces expresan en el cuarto de juego por medio del ataque a los juguetes y al terapeuta de juego. Los niños ansiosos se encuentran atemorizados de manera difusa acerca de todo y con todos. Desean que se les deje en paz, cualquier cosa podría ser dañina.

ETAPA 2

Mientras mayor sea la confianza de los pequeños en el terapeuta de juego, y tengan mayor seguridad de que se les acepta y respeta en el cuarto de juego, serán más capaces de enfocar su enojo o temor en cosas o personas **definidas**, fuera de ellos mismos. Al principio quizá sea el terapeuta de juego quien reciba el impacto total, porque el niño confía lo suficiente como para someterlo a prueba de tal manera. Aunque esto en ocasiones es confuso e incómodo, el terapeuta de juego centrado en el niño lo acepta con calma y permite que se resuelva solo.

Los niños también pueden tener el valor de poner a prueba su enojo o temor en casa o en la escuela. En esta etapa, los temores se dirigen hacia los objetos que causaron el problema en lugar de hacia figuras o situaciones sustitutas. Los que están enojados cesan de golpear los juguetes y comienzan a externar su enojo sobre un hermano o hermana o uno de los padres. Éste acaso sea un tiempo crítico porque puede parecer que los niños empeoran desde el punto de vista del custodio o escuela y el terapeuta de juego explicará que ésta es una etapa necesaria pero de corta duración.

El surgimiento de temores y enojo puede ser intenso, pero a medida que los niños expresan y liberan sus sentimientos negativos en formas directas, y el terapeuta de juego acepta estas expresiones, ya no están a merced de sentimientos atemorizantes que entonces se vuelven menos insistentes. Mientras más expulse sus sentimientos de enojo, y más los acepte el terapeuta de juego, el niño estará más capacitado para sentirse bien internamente, como una persona valiosa.

ETAPA 3

En este momento llega la construcción de sentimientos positivos. A medida que los niños se convencen de que son valiosos, "buenos" internamente y que se les acepta, ya no son tan negativos todo el tiempo en la expresión de sus sentimientos. Ésta es una etapa de ambivalencia aguda. Los niños aman y odian al mismo objeto, lo cual quizá sea doloroso e incomprensible para el niño y el objeto, si éste es una persona. Los niños someterán tentativamente a prueba los sentimientos buenos de amor y confianza pidiéndoles cosas a las personas importantes en sus vidas. Como aún no confían en lo que sucederá si muestran sentimientos verdaderos, se dan cambios violentos. Los niños pueden preocuparse mucho por un muñeco bebé y acariciarlo con amor para luego golpearlo con ferocidad. Pueden, de manera alternativa, patear al terapeuta de juego y ser amables con él. Pueden pedir que se les dé algo y luego arrojarlo o decir que no lo quieren. Estos sentimientos ambivalentes en ocasiones son de intensidad grave al principio pero, cuando se expresan una y otra vez en la relación terapéutica, se calman.

Los niños pueden intentar incluir al terapeuta de juego de manera más activa o diferente. Aunque el niño utilice al terapeuta de juego de muchas maneras (es decir, como "madre", compañero de juego, esclavo, receptáculo de caos) y trabaje en aspectos que tienen que ver con confianza y desconfianza, dependencia e independencia; probablemente también se darán los comienzos, si bien espasmódicos, de una relación más adecuada a la edad y el niño comenzará a verbalizar y discutir en cierto grado sus preocupaciones.

ETAPA 4

Surgen sentimientos positivos y realistas de modo más fuerte. A través de las primeras tres etapas el terapeuta de juego aceptó de manera consistente y completa al niño, sin importar qué tan "atroz" sea. Así, para este momento el niño ya introyectó una buena imagen paterna de parte del terapeuta y siente una buena autoimagen interna. El niño es valioso y seguro, con una autoestima floreciente y ahora puede darse el lujo de amar a otros a partir de una especie de superávit. Como una vez lo dijo un niño de cinco años, "voy a hacer una gran fiesta y a invitar a todo el mundo, aun a mi hermano", ¡una enorme diferencia para aquel pequeño que odiaba todo y a todos y sólo deseaba que se le dejara en paz!

En esta etapa, el niño se adapta a la realidad y ve a las otras personas como son. "A mi mami le hubiera gustado cuidarme pero no pudo. Aún la quiero y me gustaría vivir con ella, pero sé que no puedo." Lo más importante es que los niños son más capaces de aceptar sus propias faltas y deficiencias sin una ansiedad indebida; después de todo, el terapeuta de juego los aceptó, por tanto son aceptables. Así que ésta es la etapa en la que puede lidiarse con problemas específicos en la terapia de juego sin dañar la autoconfianza del pequeño. Ésta, también es la etapa de destete de la situación de terapia de juego.

Los niños dejarán de asistir a la terapia cuando el terapeuta de juego cumpla con su función, llevándose con ellos la aceptación y respeto del terapeuta dentro de sí mismos en forma de autoaceptación y autorrespeto. Los niños normalmente tienen una mejor capacidad para tomar decisiones apropiadas, para aceptar alguna autorresponsabilidad, reconocer sus sentimientos y responder ante ellos.

VALORACIÓN ▬▬▬▬▬▬▬▬▬▬▬▬▬▬▬

Ejercicio ▬▬▬▬▬▬▬▬▬▬▬▬▬▬▬▬▬▬▬▬▬▬▬

- Piense en situaciones donde haya sido valorado o valorada, y cuando usted ha valorado a alguien o algo. ¿Cuáles fueron los aspectos importantes?
- ¿Cómo valoraría la terapia de juego?
  - ¿Por qué valorarla?
  - ¿Qué criterios utilizaría?
  - ¿Cuándo la valoraría?
  - ¿Quién sabría acerca de su valoración?

"¿La terapia de juego tiene alguna utilidad para el niño?, y ¿cómo sabemos cuándo terminarla?" Es importante que la terapia de juego no sólo deambule sino que se le evalúe y termine de manera apropiada (capítulo 11).

Existen cuatro pautas principales de evaluación:

1. La comprensión del terapeuta de juego acerca del progreso del niño a través de las etapas terapéuticas y la naturaleza de la relación del niño con el terapeuta.
2. El análisis del terapeuta de juego acerca del proceso y contenido de las sesiones de juego, en particular la resolución, o lo contrario, de los principales temas del juego.
3. La energía que pone el niño en las sesiones y, si es lo suficientemente grande, su evaluación acerca de cómo está progresando su vida.
4. Las percepciones del progreso del niño por parte de quien hizo la referencia y de personas como custodios y maestros.

Para ayudar a la valoración el terapeuta de juego encontrará útil al principio de la terapia realizar una lista de los supuestos problemas que precipitaron la referencia del niño, poniendo en incisos quién dijo qué. De manera periódica, el terapeuta de juego verificará las percepciones de todos acerca de qué sucede, anotando cualquier cambio.

TOBY

Los problemas que se identificaron relativos a Toby, de nueve años (página 4), pueden utilizarse como ilustración, aunque debe tenerse en mente que con frecuencia es la persona que hace la referencia quien transmite las percepciones de aquellos que cuidan del niño.

En el momento de la referencia

Toby decía que estaba infeliz y confundido en casa; le iba mal en la escuela; tenía problemas en su vida social; no podía complacer a su mamá.

Su madre se quejaba de que Toby la retaba, amenazaba, decía que la odiaba y le contaba mentiras; se asociaba con vagos y pendencieros; se comportaba de manera agresiva con los hombres; ella quería que se le admitiera bajo custodia.

En su escuela informaban que Toby se portaba mal y se le había suspendido, aunque era probable que se le volviera a admitir. Tenía bajo rendimiento escolar.

PRIMERA FASE DEL TRABAJO Y ETAPA TERAPÉUTICA 1

En las primeras sesiones, Toby "actuaba" lo que parecía que eran luchas internas de poder mediante el uso de los soldados del cuarto de juego, en particular *Darth Vader*, pero hacía poca referencia a la terapeuta de juego. Su incomodidad interna se derivaba simbólicamente a los juguetes.

De tiempo en tiempo es aconsejable que el terapeuta de juego verifique, con quien hizo la referencia (y con la escuela), acerca de lo que sucede con el niño en su ambiente. El terapeuta normalmente le dice al niño que planea platicar con el trabajador social (o con la persona apropiada) y destaca que no revelará el contenido de las sesiones de juego (si ése es el caso, a menos de que el niño dé su permiso), pero que el terapeuta de juego puede proporcionar información general acerca de cuántas sesiones ha tenido el niño, quizá con una descripción amplia acerca de la esencia del trabajo, y preguntará acerca de lo que sucede en la vida del pequeño. Si se visita la casa o la escuela, es importante que se advierta de antemano al niño, porque podría producirle sobresalto ver al terapeuta fuera de contexto y en su territorio.

Después de siete semanas de terapia de juego, el **trabajador social** informó que seguía habiendo altas y bajas en las relaciones familiares pero que, en términos generales, las cosas estaban un poco mejor. Los **maestros** tenían una actitud positiva hacia las mejorías en el niño y rogaban que no se terminara la terapia de juego en esa etapa (habían tenido dudas al principio acerca de ello) e informaban que Toby ya no causaba ninguna preocupación y que obtenía mejores calificaciones.

SEGUNDA FASE DEL TRABAJO Y ETAPAS TERAPÉUTICAS 2 Y 3

La terapeuta de juego notó que Toby poco a poco se comunicaba de manera más positiva con ella, al principio a través de pintar letreros y también mediante juegos de mesa. Toby había manejado muchas de sus angustias y brotes catárticos en sus batallas y trabajó en el cajón de arena sin referencia directa a la terapeuta, pero ahora ella y el niño comenzaban a relacionarse entre sí como personas. Se había dado comunicación específica cuando la terapeuta de juego había dicho cosas positivas acerca de él; había destacado, ante las preguntas sorprendidas del niño, que disfrutaba de su presencia y, quizá de manera significativa, le había dicho a éste que su segundo nombre, Nicholas, significaba "victoria del pueblo" y no "Viejo Nick" (el diablo) que era la connotación que él le daba. La terapeuta de juego reconoció que las "mejorías" en las conductas y actitudes de los niños en el cuarto de juego en general se extienden a su vida exterior (Kempe y Kempe, 1978, página 116), pero que en ocasiones hay una demora. Con otros niños puede ocurrir que otras personas informen acerca de "mejorías" antes de que el terapeuta las vea en las sesiones de juego. En el caso de Toby, las etapas 2 y 3 parecieron mezclarse y sus pinturas ofrecieron un indicador positivo de que había cambiado su desconfianza y hostilidad con respecto a la terapeuta de juego.

FASE FINAL Y ETAPA TERAPÉUTICA 4

A partir del juego fue evidente que Toby ya no llevaba consigo tantas angustias personales y sociales como en las primeras sesiones, las horas terapéuticas se volvieron más tranquilas y menos insistentes y él parecía, en general, más positivo y con mayor aceptación acerca de la vida. Como ayuda para tomar la decisión de terminar, la terapeuta de juego obtuvo el consentimiento de Toby para comunicarse de nuevo con su madre y con su escuela, ya que entre tanto el trabajador social se había retirado. Ésta fue la valoración:

Toby decía que era mucho más feliz en casa; se llevaba bien con su mamá; estaba sorprendido de que estuviera tan bien en la escuela; tenía una vida social agradable.

Su madre informaba una gran mejoría en Toby y en su relación con él. Se llevaba muy bien con su pareja masculina reciente.

En su escuela decían que sus calificaciones habían mejorado; había avanzado un grupo en matemáticas; se le consideraba un miembro útil y valioso de la comunidad escolar.

Como es obvio no todas las referencias son como ésta, aunque en la gran mayoría de los niños con frecuencia hay una mejoría significativa. Durante sesiones, el terapeuta notará cambios en la calidad y tipo de juego, y el surgimiento y progreso de los temas. La evolución de los símbolos y del juego simbólico puede dar indicadores útiles del progreso del niño. La comprensión del lenguaje del simbolismo y del juego requiere un poco de práctica, pero vale la pena el esfuerzo.

Se necesita examinar de tiempo en tiempo la lista de "problemas" y ver qué progreso se ha hecho, si es que lo hay. Si ha habido cierta mejoría y el niño elabora las etapas de manera razonablemente buena, podría considerarse la terminación. En un inicio, la mejoría completa es poco probable y puede ser irregular por un tiempo. A veces las mejorías aparecen en primer término en un área de la vida del niño (escuela, casa o terapia de juego). Se debe recordar que algunos niños elaboran en terapia de juego más rápido que otros (con frecuencia entre más pequeño sea el niño, más rápido será el resultado) y deben tomarse en cuenta factores como introversión o extraversión, qué tan perturbado estaba en un principio el niño y si necesita un largo tiempo, quizá de prueba, antes de depositar la confianza en un adulto.

Si no se da un cambio después de un periodo razonable de tiempo (digamos de 6 a 10 sesiones), el terapeuta de juego discutirá con su asesor y podría decidir el abandono de la terapia o buscar evaluación (psiquiátrica) adicional para verificar si vale la pena continuar con el trabajo de juego. Los resultados no siempre son fácilmente evidentes y las etapas terapéuticas no siempre se alcanzan en la práctica, pero nada se desperdicia en la relación terapéutica. Cualquier semilla que se siembre puede germinar más tarde y el "fracaso" aparente no necesariamente significa que no se ha hecho ningún bien.

- Muchas cosas nos ayudan en nuestra valoración de la efectividad (o no) de la terapia de juego.
  —¿Ha habido cambios en los problemas que presenta el niño?
  —¿El niño se está comportando de modo apropiado a su edad dentro de las sesiones de terapia de juego?
  —¿Más o menos se profundiza en los "temas de terapia"?
  —¿Se siente mejor el niño acerca de sí mismo?
  —Valorar el trabajo brinda información importante cuando se piensa en la terminación.

RESUMEN

Al inicio del proceso terapéutico, los niños se encuentran preocupados en principio, sin conocer la razón por la que se sienten así. Después, los sentimientos se dirigen hacia determinadas cosas o personas, aunque éstas no son por fuerza la verdadera causa de los problemas. La tercera etapa con frecuencia es ambivalente cuando surgen los sentimientos positivos, luchando con sentimientos como enojo y rechazo. En la etapa final, los sentimientos positivos se vuelven menos erráticos y presentan una base más firme, y los sentimientos negativos del niño se canalizan de manera más apropiada. En la práctica, el tránsito del niño a través de las etapas terapéuticas no siempre es tan preciso.

Las etapas terapéuticas, aunadas a la realimentación del niño y de personas como el custodio, escuela y quien hace la referencia, forman parte de las guías de valoración que ayudan en el proceso para tomar una decisión acerca de cuándo finalizar el trabajo con el niño.

LISTA DE VERIFICACIÓN DE LA VALORACIÓN

1. En el momento de la referencia, haga una lista de los problemas percibidos por quien hizo la referencia y otras personas importantes como el maestro del niño, trabajador principal y encargados de su cuidado y anote quién mencionó cuál dificultad.
2. Haga una lista de la descripción de los niños acerca de sus problemas (si son lo suficientemente grandes para formular sus propias ideas acerca de esto).
3. Durante la terapia de juego, verifique su comprensión acerca de en dónde se encuentra el niño con referencia a:
   a) La alianza terapéutica.
   b) Las etapas terapéuticas.
   c) El contenido del juego y si los temas están llegando a algún tipo de resolución.
4. De manera periódica, busque información con la persona que hizo la referencia y con otros adultos de importancia acerca de lo que sucede con la vida del niño y sus puntos de vista actuales sobre el "perfil de problemas" del niño.
5. ¿Qué le comunica el niño con respecto a su casa, escuela y otras áreas importantes?
6. ¿El trabajo está llegando a una conclusión y debe considerarse la terminación? ■

Terminación

CAPÍTULO

Con su propia capacidad disponible y su autoestima restaurada, se aventura a nuevas experiencias y obtiene nuevo significado y valor en relación con otros.

(Moustakas, 1959, página 45)

Este capítulo:

- Resume lo que debería tomarse en cuenta para decidir acerca de la terminación de la terapia de juego con un niño.
- Sostiene que los niños tienen diferentes necesidades e ideas acerca de la finalización.
- Sugiere cómo podrían manejarse las etapas finales de la terapia de juego.

Ejercicio

- Sienta en su interior y después compare:
  —Terminaciones que han sido importantes para usted.
  —Terminaciones por las que se ha sentido contento.
- ¿Qué sentimientos puede recordar en torno a terminaciones en su propia infancia?
- ¿Cuáles serán las cuestiones a tratar cuando finalice la terapia de juego?
  —Para el niño.
  —Para sus custodios.
  —Para el terapeuta de juego.
- ¿Cómo preparará al niño para la terminación?
- Suponga que usted tiene ocho años de edad y ha tenido 12 sesiones en el cuarto de juego. ¿Cómo se sentiría acerca de la finalización?

DECIDIR ACERCA DE LA TERMINACIÓN

Mucho se ha escrito acerca de la importancia de la alianza terapéutica y de la consideración que se requiere cuando se comienza a trabajar con un niño, un cuidado igual debe tenerse hacia la terminación. Una consideración técnica consiste en si la terminación se planeó (véase capítulo 10 sobre evaluación) o si es repentina cuando, por ejemplo, el niño se muda o alguien (en general quien cuida de él, en las raras ocasiones en que esto sucede) decide que el pequeño debe dejar de asistir a las sesiones de terapia de juego. Cuando la terminación ocurre de manera inesperada, el terapeuta de juego tiene que sacar el mejor partido de una situación mala y, si se da la oportunidad, señalará la ocasión de alguna manera. Si se planea la terminación, se determina una fecha y el terapeuta de juego y el niño trabajan juntos hasta que alcanzan el final.

En la mayor parte de los casos, se piensa en la terminación cuando el niño tiene más autoconfianza, exhibe una disminución en la conducta problemática, es más realista en cuanto a dónde residen las dificultades y muestra mejorías en las relaciones sociales y trabajo escolar. En las sesiones de terapia, el juego en general se ha vuelto más organizado, constructivo y apropiado a la edad, y existe un sentimiento de confianza mutua en la relación entre el terapeuta de juego y el niño (Reisman, 1973, páginas 185 a 186). Puede que aún existan 1 o 2 áreas problemáticas pero "el terapeuta negocia la terminación con el cliente cuando cree que las ventajas de terminar con los encuentros, superan lo que podría obtenerse por su continuación" (Reisman, 1973, páginas 67 a 68). Es poco realista esperar que un niño estará "curado" para siempre; en ocasiones las dificultades regresan en una fase posterior del desarrollo o si las circunstancias vitales del niño se deterioran pero, una vez liberado para desarrollarse en forma sana, el proceso de crecimiento se encuentra del lado del pequeño. Algunos niños "maduran" cuando se discute la terminación, otros son indiferentes (Reisman, 1973, páginas 197 a 201).

Al pensar en la terminación de la terapia de juego del niño:

- ¿Existe progreso en la mayoría de los problemas mostrados por el niño?
- ¿Se siente mejor el niño?
- ¿El niño está progresando de manera adecuada en casa y en la escuela?
- ¿El niño tiene una comprensión razonablemente realista de sus antecedentes familiares?
- ¿Se beneficiaría el niño de una referencia a otro lugar?
- ¿La terapia de juego está mostrando no ser provechosa para el niño, o éste, los custodios o ambos la rechazan?

Cuando se sigue el concepto de la terapia centrada en el niño, en general éste se encuentra involucrado en la decisión de terminar, aunque las presiones de una lista de espera y las necesidades de una administración práctica pueden determinar que el terapeuta de juego sea quien, en un inicio, comience a considerar la terminación. Para dar a los niños cierta autonomía parcial en el proceso de terminación, es útil preguntarles cuántas sesiones más piensan que necesitan (Reisman, 1973, páginas 73 a 74).

Una fecha de terminación precisa ayuda al niño y al terapeuta a emplear de la mejor manera el tiempo restante (Gillmore, 1991, página 339).

Si se ha resuelto el efecto de pérdidas previas en la vida del niño y su progreso en la terapia de juego se juzga de manera certera, la terminación no debería ser demasiado traumática (Jewett, 1984, página 139) y ser un proceso normal. Sin embargo, si los niños ocultan su angustia o rechazan la terapia de juego, al terapeuta, o a ambos en un intento por evitar sentimientos de ser rechazados ellos mismos, el terapeuta de juego debe sacar a relucir estos asuntos con el niño.

Es importante prepararse para la terminación y ésta debe discutirse, cuando más tarde, a partir de la mitad del periodo de terapia (ciertamente no menos de cuatro sesiones) antes del cierre anticipado. La mayoría de los niños en un principio experimentarán el intento de terminación como un rechazo. Aprecian saber que de cierta manera son únicos para el terapeuta de juego y valoran que se les asegure en forma explícita que tanto ellos como las sesiones han sido importantes para el terapeuta. El niño y el terapeuta quizá necesiten pensar en "cuántas veces más" estarán en el cuarto de juego. A menos de que un niño, como Andrew, muestre la necesidad de que las sesiones permanezcan igual, puede ser útil espaciarlas y moderar la relación entre niño y terapeuta de juego; por ejemplo, con Toby y Polly, la terapeuta de juego permitió que se le viera en diferentes formas y que las sesiones se mezclaran con el mundo exterior del niño.

Anna Freud (Sandler, Kennedy y Tyson, 1980, páginas 243, 264) afirma:

> Ya que la relación se basa en la transferencia, ésta debe terminar; pero en tanto es una relación real, se permitirá que el niño salga de ella en forma gradual... Nunca me pareció muy lógico que terminar el análisis de un niño implicara la completa separación del analista, como en general ocurre para los pacientes adultos. Con los niños existe la pérdida de un objeto real como la pérdida del objeto transferencial y ello complica el asunto. Hacer un rompimiento absoluto a partir de una fecha determinada en adelante, simplemente estructura otra separación, por cierto innecesaria. Si se logra un progreso normal de todos modos el niño se desvinculará con el curso del tiempo, igual que los niños dejan en ciertas etapas a sus maestros de jardín de niños, a sus maestros de escuela y a sus amigos. Por tanto, se puede visitar y recordar al analista en ciertas ocasiones y éste debe estar disponible para ese tipo de contacto.

Al preparar al niño para el fin de la terapia de juego:

- Involucre al pequeño en la decisión de terminar:
  — Fije una fecha.
  — Asegúrese de que los custodios, escuela y demás personas están enterados de lo que está haciendo.
  — Decida cómo llevar a cabo la "cuenta regresiva" con el niño para prepararlo para la realidad de la terminación.
  — Recuerde que los niños son individuos que tienen sus propias ideas acerca de los mejores medios para finalizar.

El cuarto de juego había sido importante para Brian, de nueve años de edad (véase página 102). Al discutir las vacaciones inminentes, Brian dijo que quería ir al cuarto de juego "hasta que se caiga". A la siguiente sesión, su decimoquinta, justo antes de Pascuas, señaló que quería acudir "para siempre". La terapeuta de juego le recordó que se verían en 15 días, después de las fiestas, y en semanas alternadas durante el siguiente periodo, así que habría cinco sesiones más antes de que terminaran. Parecía importante el manejo de la terminación de manera sensible en vista de los anteriores comentarios de Brian. Un poco después, cuando se hablaba acerca de finalizar, la terapeuta describió la terminación como crecer, diciendo que el cuarto de juego no es el tipo de lugar al que los niños van por siempre y Brian pareció aceptar este razonamiento. En una sesión posterior, hubo un cambio sutil en la relación y la terapeuta de juego sintió que él la desafiaba de una manera positiva. Se estaba volviendo una persona verdadera para él, más que sólo una figura terapéutica.

Las terminaciones no deberán dañar al niño:

- Debe brindarse un cuidado especial a niños que han tenido malas experiencias de pérdidas y terminaciones previas.
- Los terapeutas de juego algunas veces se preocupan de que un niño que ha tenido apego con su terapeuta pueda sufrir algún daño cuando finalice la terapia de juego. El apego es bueno y, siempre que la terminación de la terapia de juego se maneje con sensibilidad y un cuidadoso reconocimiento de los sentimientos y fantasías del niño, la habilidad de apego del niño es transferible.
- Los terapeutas de juego necesitan asegurarse de no llegar a involucrarse en demasía y que el niño dependa de ellos.

CUENTA REGRESIVA

La mayoría de los niños conocen los periodos y vacaciones escolares, y éste quizá es un marco de referencia cuando se decide acerca de la terminación, una vez que se acuerda como una estrategia correcta.

Cuando se discute la terminación, el terapeuta de juego puede preguntarle al niño qué es lo que siente y sugerirle que va bien (si éste es el caso), que está creciendo, que los niños no van por siempre al cuarto de juego y que los problemas (éstos pueden identificarse) que precipitaron la referencia, parecen haber disminuido (si eso es cierto). Las vacaciones o receso escolar intermedios, brindan una interrupción útil al flujo normal de las sesiones, después de lo cual puede ofrecerse un número de sesiones con base en un acuerdo semanal o quincenal, quizá hasta las siguientes vacaciones escolares cuando se dará fin a la terapia y si es apropiado, con la oferta de una sesión de seguimiento algunos meses después (verifique que el niño comprende lo que se quiere decir con "quincenalmente". Éste resultó un concepto difícil para Pam, de 10 años, quien finalmente entendió con un jubiloso "¡ya caigo!"). Resulta útil decirles a los niños (o elaborar juntos) cuántas sesiones han tenido, cuántas más faltan y cuántas más serán en total. ¡Con frecuencia quedan impresionados! Los niños pequeños pueden darle la bienvenida a alguna forma tangible de cuenta regresiva y en general el terapeuta de juego puede encontrar un lenguaje que se adapte a un niño en particular. Algunas ideas incluyen el dibujar un tren con un número de vagones que equivalen al número de sesiones restantes. En las sesiones siguientes el niño pinta algo en cada vagón de modo que el tren quede completo el último día y pueda llevarse la pintura. Existen muchas variaciones, por ejemplo un niño que sostiene globos que pueden tener rostros dibujados en ellos y que se van coloreando, caballos que saltan sobre vallas y que con el tiempo llegan a la meta, fotografías de diferentes partes del cuarto de juego. ¡Debe permitirse que los terapeutas de juego y los niños den rienda suelta a su imaginación!

SESIONES INTERRUMPIDAS

Ocasionalmente, los niños dejan de venir a las sesiones de manera abrupta cuando se menciona la terminación. El niño puede estar molesto de que la terapia de juego finalizará y se siente más seguro al tomar el control y decir que él o ella no asistirán más. O tal vez un aspecto importante, como el maltrato, no ha emergido lo suficiente como para enfrentarlo y en algún nivel el niño se da cuenta de que necesita atención pero es demasiado intimidante, así que, de un modo un tanto contradictorio, elige no continuar con las sesiones finales de la terapia. Si el niño ha presentado dificultad para hacer frente a pérdidas previas de adultos significativos y separarse de ellos, y es inseguro en su vida exterior, el pequeño puede tomar la decisión de terminar de manera inmediata. La interrupción de sesiones rara vez se presenta si la terminación se aborda de manera sensible y en el momento oportuno. Desde luego, el niño puede interrumpir las sesiones en cualquier momento al rehusarse a asistir, o los custodios, maestros o alguien importante para el niño puede hacerlo al impedir su asistencia. Esto requiere manejarse de manera diferente.

FASE DE PUENTEO

- Haga más explícito el proceso terapéutico. El terapeuta intenta ayudar al niño a ser más consciente acerca de algunos de los aspectos y procesos en la terapia de juego.
- A determinados niños les gusta acumular recuerdos concretos de sus sesiones, como fotos, dibujos, un cuento de su tiempo en el cuarto de juego.
- Otros niños quieren salir del cuarto de juego, por ejemplo ir a un parque, café o lugar de interés.
- Pocos niños utilizan la última o las dos últimas sesiones para revivir las etapas principales o iniciales de su trabajo en el cuarto de juego.
- Algunos niños no desean hacer algún cambio en sus sesiones.

La fase de puenteo, hacia el final de la terapia de juego, es cuando el terapeuta puede convertirse en una persona "real" para el niño, que media entre el mundo interior del niño y las actividades del cuarto de juego, y las expectativas del mundo exterior.

Durante este tiempo, en especial con niños mayores, el terapeuta de juego tal vez quiera hacerle más explícito parte del proceso terapéutico al niño. La manera en que se intenta la fase de puenteo varía de acuerdo con la naturaleza única de cada niño y de cada relación niño-terapeuta (Smalley, 1971, página 102).

HACER EL PROCESO TERAPÉUTICO MÁS EXPLÍCITO

Los terapeutas de juego pueden considerar apropiado compartir con el niño algunos de los aspectos en los que han estado trabajando. El análisis conjunto de pinturas, cajones de arena o modelos de arcilla permite explorar el asunto que pudo haberse representado y cómo han cambiado las cosas. A determinados niños les gusta recordar lo que han hecho con materiales de juego específicos. A otros les interesa recordarse a sí mismos: "Cuando llegué por primera vez aquí hice. . ., sentí. . ., pensé. . .". "¿Recuerdas cuando. . .?" Otros pueden basarse en sus problemas: "Esto era así antes de que yo viniera aquí: Tenía problemas en la escuela, mi mamá me odiaba, cortaba las cosas, peleaba con mis hermanos... Ahora me encuentro bien en casa y estoy excelente en la escuela. Sí, jugamos tanto a que yo me enojaba con mi mamá y a que ella me rechazaba". Hay algunos niños que, por más formas que intente el terapeuta de juego, no desean reflexionar sobre su tiempo en el cuarto de juego.

RECORDATORIOS TANGIBLES

Algunos terapeutas de juego rechazan la idea de darles regalos a los niños, pero otros consideran que los regalos razonables son positivos y terapéuticos (Adcock y colaboradores, 1988, página 132; Jewett, 1984, página 141). Las tarjetas de cumpleaños y Navidad, junto con pequeños regalos (no del tipo comestible ya que la idea es darle al niño algo tangible que le sirva como recordatorio del terapeuta y de las sesiones de juego), pueden ser recuerdos que el niño aprecia y colecciona. Otro auxiliar útil consiste en tomar fotografías del cuarto de juego para que ambos puedan tener una copia "con la cuál recordarte". La fotografía, que se toma con frecuencia durante la sesión final, y un pequeño "regalo de cuarto de juego" elegido para complementar los temas de la terapia del niño, con frecuencia se llevan a casa con placer.

Ann, de ocho años de edad, se encontraba en la décima de 14 sesiones:

"¿Me pregunto qué regalo me darás cuando me vaya?" [Tendremos que pensar en ello.] Ann: "Mami y papi vinieron, ¿no? ¿Vinieron al cuarto de juego?" Dije que no los había visto, pero que no creía que vinieran al cuarto de juego y que éste era el cuarto de Ann. Suspiro de satisfacción. Se había perdido una sesión debido a una obra de teatro en la escuela, de modo que en la que se planeó como nuestra sesión final, Ann quería confirmar que ésta sería la última vez. "¿Tienes mi regalo? Traje uno para ti." Ann desenvolvió su regalo (una muñeca) y estaba feliz, diciendo que yo había elegido justo lo correcto. Por primera vez se sentó en mi rodilla y la meció. Hablamos acerca de la tristeza de terminar, de cómo los finales pueden ser comienzos, acerca de lo que habíamos hecho juntas y las razones por las que había venido al cuarto de juego. Estaba extremadamente triste acerca de terminar y le dije que yo también estaba triste. Al final de la sesión, Ann empacó las cosas de la nueva muñeca en la caja y, cogiendo una manta, se cubrió, se sentó sobre mis rodillas y se meció. Le ofrecí verla una vez en el siguiente periodo con el propósito de que me dijera cómo estaba. Destaqué que éste sería un evento de una sola vez y pareció como si hubiera hecho "justo lo correcto" para ella.

Los comentarios de la terapeuta de juego acerca de la sesión anterior fueron:

La sesión obviamente significó mucho más para ella de lo que me había dado cuenta y me sorprendió la intensidad del sentimiento tanto verbal como corporal. Fue desafortunado que no pudiera realizar la cuenta regresiva habitual, debido a que la escuela se interponía con las citas, lo que me hizo sentir que no habíamos podido prepararnos de manera adecuada.

La sesión de seguimiento fue exitosa.

CAMBIO AMBIENTAL

Para algunos niños es adecuada la introducción de un cambio en el ambiente durante la fase de puenteo. Hacia el final de su trabajo, Toby (páginas 4 a 5) había logrado mucho, en particular en la conquista de fuerzas poderosas y amenazantes, interiores y exteriores. En la escuela se encontraban sorprendidos de su mejoría en desempeño y conducta, y se informó de progreso en casa. En esta etapa, Toby comenzó a utilizar las sesiones de manera diferente, elegía juegos que él y la terapeuta pudieran jugar juntos. En lugar de ser una observadora, se introdujo a la terapeuta en el juego. Ella sintió que la "prueba de fortaleza" que impuso el niño se encontraba en un nivel diferente y que se le involucraba en una forma de la vida real.

Por Navidad hubo una brecha natural en las sesiones semanales, y Toby y su terapeuta de juego llegaron al acuerdo de reunirse quincenalmente hasta las Pascuas, cuando era probable que terminaran. En la penúltima sesión, la terapeuta de juego le recordó que en una quincena sería su última reunión periódica, pero que habría un par de ocasiones de seguimiento después de eso. Toby dijo que estaría triste de terminar, la terapeuta afirmó que ella también lo estaría.

Las notas de la terapeuta de juego acerca de la última sesión:

Pintó una figura humana bien definida que decía: 'Soy Toby y pronto me iré'. Hablamos de nuevo acerca de partir y terminar y cómo no podían quitarle las experiencias que había tenido conmigo. Le ofrecí hacer una pintura que dijera: 'Estoy triste de que Toby se vaya pronto', pero no le interesó. Le pregunté ¿qué había sido lo importante de venir? "No lo sé. Sólo sé que ha sido bueno." ¡Me ganó en damas! En la mesa dejé sus fotografías y dos paquetes, un regalo para él y otro para su familia. Le dije que él era la única persona a la que le había dado dos regalos.

En su primera sesión de seguimiento, Toby y su terapeuta de juego fueron de paseo a un tren de vapor y cuando la terapeuta lo recogió para su segundo paseo a un parque de diversiones, él le dio un regalo (¡envuelto en papel de boda!) que contenía una figura de un hombre joven y elegante. La etiqueta decía 'Para una amiga muy **especial**'. La terapeuta le dijo que lo atesoraría profundamente. Ella lo entendió como un regalo de "él mismo", un símbolo del hombre joven en el que ahora podía convertirse.

Polly, de seis años (página 38), fue un ejemplo de cómo se incorporó un cambio ambiental a sus sesiones. Polly, una niña cuya terapia fue vívida, emocionante, difícil y patética, tenía empuje y vigor y después de nueve meses de sesiones semanales aprendía en la escuela y se le había encontrado una familia adoptiva potencial. Sin embargo, hubo una demora de muchos meses antes de que lo último se confirmara y el papel de la terapeuta de juego consistió en ayudar a Polly a que atravesara por su depresión y ansiedad y a prepararla, junto con la madre sustituta y la trabajadora social, para la transferencia a su hogar permanente.

Después de unas cuantas interrupciones en sus sesiones semanales, en la sesión 55 la terapeuta discutió con Polly que se vieran quincenalmente. "Oh no, no me dejes", respondió en tono desesperado con una mirada de consternación. La terapeuta le explicó que no la dejaría en tanto ella no lo quisiera. Después, Polly estuvo de acuerdo en las sesiones quincenales y la terapeuta de juego ofreció enviarle una postal en las semanas en que ella no viniera a la terapia de juego y esto la complació.

Para la sesión 60, el emplazamiento adoptivo potencial tenía un aspecto positivo y Polly atravesaba por agonías acerca de si sería lo suficientemente "buena" para ellos como para que quisieran quedársela. Hacia el final de la sesión, Polly se escondió y las notas de la terapeuta decían:

> Durante un tiempo me había embaucado al esconderse en una gaveta. Protesta acerca de salir y me empiezo a poner firme. Digo "¿Quieres quedarte en el cuarto de juego?", Polly asiente con la cabeza. Continúo, "bueno, tienes el cuarto de juego dentro de ti; tienes los panecillos, me tienes a mí, a tus recuerdos de lo que hemos hecho". De manera gradual cede y se pone su abrigo. Quiere que la levante y se aprieta contra mí.

Poco antes de la sesión 63, Polly obtiene la confirmación de que el Sr. y la Sra. Taylor serán sus nuevos padres, aunque pasará algún tiempo antes de que pueda vivir con ellos de manera permanente. Al principio de esa sesión, Polly pidió que, si terminaban temprano, ella y la terapeuta visitaran las casas en las que había vivido antes de que se le admitiera bajo custodia. De manera cauta la terapeuta le dijo que tendría que preguntarle a la trabajadora social. Gran parte de esa sesión se refirió a visitas:

> Polly: "vendré a tomar té a tu casa. Traeré la cena. ¿Qué te gustaría?" y decidimos el menú. "Si quieres verme, toca. Haz como si fueras un visitante y te invito al té. Haz como si el té estuviera casi listo. Trae el té." Pongo unos cuantos pedazos del Lego (pasteles) sobre dos platos. "¡Ese té no! Me refería a la arena, idiota. Tú dices 'No soy una idiota'." Traigo la arena. "Este lado", dice con exasperación cuando me siento en el lado "incorrecto" de la mesa.

Winnicott (1977, página 195) enfatiza qué tan importante son las "visitas" durante la fase de puenteo.

La terapeuta de juego discutió el asunto con la madre sustituta y la trabajadora social y llegaron a un acuerdo de que ya que Polly lo solicitaba, se aventurarían en una historia personal activa (Ryan y Walker, 1993). Se decidió quién haría qué y la tarea de la terapeuta de juego sería acompañar a Polly a sus casas, escuelas y guarderías previas. Las fotografías, recuerdos y anécdotas se recolectarían y se colocarían en un libro que Polly podría recopilar. Todo esto se haría con un enfoque centrado en la niña y en su propio paso.

Existía el delicado asunto de la confidencialidad. La terapeuta de juego le recordó a Polly que, como ella sabía, lo que sucedía en el cuarto de juego era privado, a menos de que Polly quisiera decírselo a la gente, pero que la terapeuta de juego le informaría a la trabajadora social y a su madre sustituta sobre las visitas que podrían hacer. Polly lo aceptó. Después de conversaciones posteriores, ella pidió que si podría recibir su regalo del siguiente cumpleaños (a ocho meses de distancia) "porque no estaré viniendo a verte entonces. En lugar de ello tendrás a Tracey (otra niña en el hogar) o alguien así". Parecía que Polly comenzaba a aceptar la realidad de la terminación de la terapia de juego.

La sesión 64 se ocupó en gran medida en visitar su casa anterior, una tienda importante y su jardín de niños, y después se regresó al cuarto de juego para tomar un refrigerio. En la sesión 66 Polly pidió que fueran al parque "o algo así". La terapeuta de juego sometió a discusión una expedición al pueblo para la compra de cosas para el libro que Polly haría y la niña se puso feliz ante ello, entusiasmada con regresar al cuarto de juego por los refrigerios habituales. En estas sesiones hubo un equilibrio entre el cuarto de juego y el mundo exterior, entre salir como compañeras y los elementos regresivos que aún mostraba en ocasiones cuando quería que la cargaran y que le dieran de beber en biberones.

La siguiente sesión (y última importante) fue tres días antes de que se mudara y la terapeuta de juego registró:

> Polly me habló acerca de irse con los señores Taylor el viernes. Reflejé que estaba entusiasmada, ¿pero quizá un poco triste también? Ella negó la tristeza. "Ann todavía será mi trabajadora social y tú aún serás mi trabajadora de juego." Le recordé que la tendría de regreso de nuevo en el cuarto de juego hasta las vacaciones, y que entonces sólo sería dos veces; pero que le daría una tarjeta con mi dirección de la casa y del trabajo y los números telefónicos para que me pudiera contactar. Miró la tarjeta de "bienvenida a tu nueva casa" y las seis fotografías que tomamos para señalar eventos como cumpleaños. Pidió que juntas hiciéramos el libro de su historia personal, así que perforamos el papel y lo colocamos en la carpeta. "Es como una oficina", exclamó.
>
> Hicimos un día de campo afuera y regresamos al cuarto de juego: "Ésta es tu casa y ésta es la mía". Después de otras actividades, barrió el rincón hogareño para que "esté limpio para la siguiente vez que venga". Cuando Polly se preparaba para irse exclamó, "Soy una nueva señora". Le pregunté si quería llevarse la tarjeta, las fotografías y el libro de su historia personal pero ella los apiló y me indicó que deberían quedarse. Sin embargo, reclamó con júbilo una manta que muchos meses antes le había dicho que podría llevarse cuando se mudara con una nueva familia. Éste había sido un intento de darle algo personal a ella como un reconocimiento, a un nivel más profundo, del simbolismo del trabajo regresivo que realizó junto conmigo, haciéndose crecer desde la etapa de bebé a la más o menos adaptada niña de hoy.
>
> La terapeuta de juego le envió otra tarjeta que llevó a su nueva casa en la primera mañana. A las 9:10 a.m. de ese día, sábado, el teléfono de la terapeuta sonó y de nuevo al día siguiente: "¡Me dijiste que llamara!"

INDIVIDUALIDAD

La manera en que se maneja la terminación es única para cada relación niño-terapeuta de juego y no siempre es necesario hacer algo diferente en las sesiones finales. En vista de la mejoría que Andrew, de siete años de edad, había tenido en la escuela, la terapeuta de juego le dijo que terminaría de verlo con regularidad en el cuarto de juego al final del periodo de verano pero que, con la cooperación de la escuela, tenía la esperanza de verlo dos veces en el siguiente periodo. Aunque la terapeuta sintió que ella y el cuarto de juego eran importantes para Andrew, éste no parecía perturbado ante la llegada de la sesión final. Utilizó las últimas dos sesiones para resumir mucho del trabajo que había realizado y la terapeuta de juego experimentaba una versión condensada de las sesiones previas. Estuvo complacido con su regalo que consistía en algunos coches de juguete (gran parte de su juego se centró en vehículos —páginas 89 a 90).

El final del trabajo de juego con Abigail, de seis años de edad, se discutió por algún tiempo y las notas de la estudiante acerca de la penúltima, sesión, decían lo siguiente:

> Abigail quiere sentarse junto al fuego para comer y beber. Le recuerdo que la siguiente semana será nuestra última vez y le digo que la extrañaré. Se sienta cerca de mí mientras comemos. Le sugiero que podríamos hacer una fiesta la siguiente semana, si lo desea. Abigail respondió, "Podríamos hacer un cuento". [¿Qué cuento es ése?] "El que estás escribiendo acerca de que yo venga aquí, acerca de todas las cosas que he hecho mientras estoy aquí." La estudiante dijo que pensaba que era una buena idea. Abigail continuó: "Entonces podríamos acomodar todas estas cosas y limpiar en todos lados". La estudiante respondió: [Si quieres no me preocupo en sacar los juguetes, sólo haremos el cuento]. (Nótese cómo la estudiante no comprendió el verdadero sentido, pero Abigail sabía lo que quería.) "No, sácalos y después los podemos guardar juntas."

En la sesión final de Abigail los juguetes se encontraban en los sitios habituales. Junto con comida y bebida, había un libro de regalo y se tomaron fotografías instantáneas de Abigail y la estudiante. La estudiante registró que la niña estaba feliz y charló acerca de las fotografías. La estudiante mencionó de nuevo que la extrañaría y Abigail respondió: "Nunca te volveré a ver, ¿o sí?" (La estudiante se iba del área y con anterioridad esto se había elaborado en gran medida.) [No, te extrañaré pero tienes un regalo del cuarto de juego para llevarte a casa contigo y ambas tenemos una fotografía para ayudarnos a recordar.]

En sus reflexiones acerca de la sesión, la estudiante comentó:

> Abigail parecía psicológicamente preparada para la terminación de las sesiones. Sugiero que las fotografías y regalos fueron útiles para proveerle algo material qué llevarse y con lo cual recordar las sesiones.

Muchos niños gustan de hacer algo diferente para su última sesión, la mayoría prefiere una fiesta en el cuarto de juego, pero unos cuantos optan por una salida (si se ofrece una salida, el terapeuta de juego necesita verificar con los adultos apropiados si tal cosa será adecuada).

David, de seis años de edad, vivía en un hogar infantil; su madre lo había tratado de manera deficiente y subsecuentemente lo había abandonado. Había tenido 23 sesiones de terapia durante siete meses, y su terapeuta de juego (estudiante) era muy importante para él, como David lo era para ella. Manejaron la cuenta regresiva tomando fotografías en cada una de las últimas cuatro sesiones, las montaron en un cartón especialmente preparado y David sabía que en la última sesión se las podría llevar con él. Junto con el regalo del cuarto de juego, la estudiante había preparado una mesa de fiesta, repleta de comida sabrosa. David podía comer cuanto quisiera, en cualquier orden y ¡lo disfrutó en grande! Hablaron juntos de la tristeza acerca de finalizar y su terapeuta de juego le ofreció dos reuniones de seguimiento: para llevarlo al cine e ir a su fiesta de cumpleaños.

Jean, de 11 años (páginas 74 a 75), organizó con gran emoción su fiesta de despedida. Contribuyó con la comida, trajo una cinta de música, invitó a las secretarias (¡le dio refrigerios a la jefe de equipo que actuó como recepcionista!) e hizo participar a todos en juegos de fiesta.

RECAPITULACIÓN

Para algunos niños, antes de unas vacaciones o en la terminación, el final se marca por una recapitulación bastante condensada acerca de las sesiones de terapia de juego y el terapeuta tal vez experimente un sentimiento de "hemos estado aquí antes". Sin embargo, en este momento es diferente, porque la terapia de juego recorrió su curso y el niño sólo vuelve a jugar, aunque de manera inconsciente, algunos de los elementos clave del trabajo.

Al escribir la penúltima sesión con Jean, la terapeuta de juego anotó:

> Había un aire reminiscente de las primeras sesiones cuando ella no sabía bien qué hacer y un aire de recapitulación y, a cierto nivel, de tristeza. Las "escondidillas" y hacer tarjetas de felicitación constituían un *déjà-vu* que se remontaba a sesiones anteriores. En apoyo a esto hizo referencia a otro niño que ella conocía, quien había asistido a terapia de juego y se había mudado con éxito a un hogar sustituto. ¿Sería igual para ella? Jean me había atrapado con la barredora y sentí que ésta era su forma de controlar el final. Me podía barrer; entonces no la tendría que echar. A primera vista ella acepta bien la terminación, pero debo darle lugar a la expresión de la tristeza suya y mía.

SESIÓN FINAL

Ejercicio

- ¿Qué recuerdos tiene acerca de la última sesión de algo especial que usted haya hecho?
- ¿Puede recordar o imaginar lo que habría sentido respecto a "la última vez" cuando era un niño?
- ¿Cómo parecen ser los sentimientos del terapeuta de juego?
- ¿De qué manera le gustaría decirle "Adiós" al niño?
- Suponga que usted es un niño. ¿Qué sentimientos tendría en la última sesión de terapia de juego?

Si el niño no saca a relucir específicamente el hecho de que ésta es la sesión final, algunos terapeutas de juego toman la iniciativa (Reisman, 1973, página 197) y preguntan: "¿Qué quieres dejar aquí? ¿Qué querrías llevarte contigo?". El terapeuta de juego expresa sus sentimientos contradictorios acerca de la terminación: placer ante el progreso del niño, pero tristeza por perderlo (si tal es el caso). "He aprendido mucho de ti. Cuídate." (Jewett, 1984, páginas 140 a 141.) Algunas veces la sesión final, si tiene lugar en el cuarto de juego, puede ser una fiesta, o al menos significativamente diferente de las sesiones iniciales. Sin embargo, Haworth (1990, página 24) advierte:

> La sesión final con frecuencia recapitula los problemas manifestados, donde el niño utiliza los juguetes que usó con mayor frecuencia en el pasado y de igual manera presenta algún indicador de que ha progresado. Por lo regular la sesión final puede ser por completo desmotivante para el terapeuta, en el sentido de que el niño puede aparentar sufrir una regresión, en especial si la sesión final refleja, de manera estrecha, a la sesión inicial en tono y contenido... Puede requerir fortaleza por parte del terapeuta el resistir el impulso de retractarse y decidir reanudar las sesiones, en parte porque el terapeuta también puede estar renuente a terminar la relación.

Si se ha ofrecido, se hacen los arreglos para las sesiones de seguimiento y se le informa al niño acerca de cómo puede contactar al terapeuta de juego. Algunos niños desean llevarse a su casa las cosas que han hecho en el cuarto de juego, como pinturas o modelos de arcilla. Una niña había escrito y dibujado su propio libro de eventos claves para llevárselo con ella.

¿Es importante que se observe de manera sensible lo que la terminación significa para el terapeuta de juego y el niño, y dar lugar a la tristeza, enojo, pérdida o quizá alivio?

- Reconozca que ésta es la última sesión y comparta los sentimientos, tal vez repasando lo que ha sucedido en las sesiones de terapia de juego.
- Asegúrese de que el niño comprende lo referente a cualquier contacto futuro con el terapeuta de juego.
- Si se refiere al niño a cualquier otro lugar, celebre lo que se ha logrado en la terapia de juego.
- Hágale saber al niño que de alguna manera él ha sido especial e importante para usted.

RESUMEN

En general, la evaluación del trabajo es un precursor de la terminación. Deben tomarse decisiones acerca de la mejor manera de finalizar el trabajo. Durante la fase de puenteo, el terapeuta de juego se convierte en una persona de "la vida real" más que la figura terapéutica que todo lo acepta (¡bueno, casi todo!). Para algunos niños las sesiones continúan de manera usual en las etapas finales. Para otros, algo del trabajo puede situarse fuera del cuarto de juego. Los niños aprecian algunos recuerdos tangibles del tiempo que pasaron en el cuarto de juego. En la última sesión o las últimas dos, algunos jóvenes presentan un resumen del trabajo como un todo, o en recuerdos caleidoscópicos y puede presentarse una sensación de retroceder hacia el comienzo. La mayoría de los niños piden una fiesta en esta última sesión. Está permitido darles tarjetas de despedida y obsequios. Puede ofrecérsele a algunos niños tener sesiones de seguimiento.

Hasta aquí, en esta sección se han revisado varias etapas del proceso terapéutico y se ha vislumbrado cómo efectuar el trabajo. El siguiente capítulo realza algunos aspectos contingentes de incidentes que surgen en un momento u otro dentro del cuarto de juego y que tienen una relevancia directa en el trabajo.

LISTA DE VERIFICACIÓN DE LA TERMINACIÓN

1. ¿El niño, la familia o alguien más precipitó la terminación? ¿Cómo debería responder usted?
2. Normalmente, la terminación debería planificarse.
   a) ¿El juego y progreso del niño en la sesión sugieren que el trabajo está llegando a una conclusión normal?
   b) ¿La realimentación por parte de quien hizo la referencia (escuela, familia) indica que el niño se encuentra menos perturbado o atormentado?
   c) ¿Piensa usted que, aunque no se logró la perfección, el niño progresó tanto como podría esperarse de manera razonable en esta etapa?
   d) Si los niños no presentan algún progreso, o si están empeorando, ¿necesitan que los refieran con alguien más? Si éste es el caso, ¿cómo se manejará la terminación de la terapia de juego?
3. ¿Cómo propone usted involucrar al niño en la decisión y proceso de la terminación?
4. ¿A quién debería usted informarle acerca de la terminación?
5. ¿Es útil cualquier forma de cuenta regresiva tangible y, de ser así, qué forma tendría ésta?
6. ¿Sería útil realizar algunas de las sesiones finales fuera del cuarto de juego?
7. ¿Son apropiados los regalos, fotografías y tarjetas?
8. Durante la fase final ¿necesita usted modificar su relación con el niño?
9. ¿Quién necesita informes del trabajo?
10. ¿Es necesario algún seguimiento?
11. ¿Cómo se siente **usted** acerca de la terminación propuesta? ∎

Aspectos específicos

Un requisito crucial es la capacidad para entrar en una relación significativa con un niño y traer a las reuniones de terapia una mezcla de talentos y habilidades personales y profesionales, una integración natural de conocimiento, comprensión y experiencia.

(Moustakas, 1959, páginas 360)

Este capítulo identifica algunos de los aspectos que surgen en la terapia de juego y sugiere maneras de responder a ellos:

- Lenguaje y preguntas
- Regalos
- El cuarto de juego y otros niños
- Reafirmación acerca del propósito de las sesiones
- Material repetido y juego "estancado"
- Vacaciones
- Sesiones perdidas
- Juego agresivo, violencia y juguetes "malos"
- Juguetes rotos y robados
- Qué hacer si los niños comienzan a presentar *acting out* sexual
- Qué sucede si los niños revelan maltrato

Ejercicio

- "¿Me pregunto si... alguna vez sucede?" ¿En cuántas eventualidades puede usted pensar?
- ¿Cómo respondería yo si esto... sucediera?
- ¿Cuál es su peor argumento?
- ¿En qué etapa, y de quién, buscaría ayuda?

LENGUAJE Y PREGUNTAS

Ejercicio

- ¿Qué sabe usted acerca del desarrollo del lenguaje y de los procesos de pensamiento y memoria en los niños?
- ¿Está enterado de que algunos niños perturbados padecen problemas de lenguaje?
- ¿De qué manera se comunica para que los niños lo entiendan?
- ¿Puede comunicarse de manera eficaz con los niños para quienes el español no es su lengua materna?
- ¿Cómo adaptaría sus habilidades de comunicación cuando trabaja con niños que presentan problemas auditivos o de vista?
- ¿Le permitiría al niño decir groserías, o utilizar lenguaje ofensivo en las sesiones?
- Observe cómo los niños de diferentes edades, razas y capacidades se comunican con:

    —Su grupo de compañeros.
    —Niños más grandes o más pequeños.
    —Figuras de autoridad.
    —Animales.
    —Personas que no les caen bien.

En la terapia de juego existen tres niveles de comunicación verbal. Está la fase regresiva de bebé con un lenguaje de signos, balbuceo y habla infantil, donde la comunicación con frecuencia es oculta. Después está el nivel de fantasía, el mensaje del niño puede transmitirse a través de modismos y símbolos. El terapeuta de juego necesita apoyar al niño alentando la comunicación en el lenguaje de la fantasía, arte e imaginación (Gondor, 1964, página 376). En tercer lugar está la comunicación directa, lógica y apropiada a la edad. Hacia el final de la terapia, los niños mayores deberán ser capaces de hablar de sus dificultades de manera racional y consciente, y traerlas a la conciencia verbal.

Cuando se habla con los niños, los terapeutas de juego por lo regular intentarán utilizar el vocabulario y expresiones de éstos (Klein, 1955, página 233). Muchos niños referidos a terapia de juego tienen una deficiencia del lenguaje, quizá con una capacidad conceptual restringida (Berry, 1972, página 16; Rich, 1968, página 41), y el terapeuta de juego tal vez tenga que responder a la edad emocional, y no cronológica, del pequeño. Algunos niños hablan con relativa facilidad acerca de los hechos pero les resulta difícil, quizá imposible, compartir sus sentimientos, mientras que otros se encuentran perdidos en su mundo interior y difícilmente los hechos constituyen algo en lo que valga la pena ocuparse. En la psicoterapia con adultos las preguntas tienden a desviarse de regreso al cliente, pero si los niños hacen preguntas objetivas, existen argumentos a favor de proporcionarles respuestas realistas, aunque no necesariamente detalladas, porque la conciencia cognoscitiva del niño se encuentra menos desarrollada de manera adecuada que en el adulto. Sin embargo, antes de ofrecer respuestas, puede ser útil intentar producir la propia respuesta del niño:

Niño: "¿Para qué es eso?"
Terapeuta: "Te preguntas para qué es eso. ¿Qué te gustaría que hiciera?"

Pero en realidad el niño tal vez quiera saber para qué es "eso" y una respuesta sencilla resulta adecuada. Los terapeutas de juego necesitan poder manejar las siguientes respuestas, ¡y peores!; Peter:

Dos viejitas se sentaron en el pasto (te reirás de esto). Una le metió el dedo a la otra en la nalga. La vieja madre Riley se emborrachó, se cayó en el fuego y el coño se le quemó. Mi tía me aprendió todos estos chistes.
El pequeño y mal oliente Stuart (de seis años de edad) utilizaba un lenguaje "oloroso":
"Escuché hablar a mi corazón. Dice 'no escuches a tu mente'." La terapeuta le preguntó ¿por qué no? "Porque empiezas a pelear... Maldita pintura cochina. ¿Podemos decir malas palabras aquí?" [Sí, puedes decir lo que quieras dentro de este cuarto.] "No nos atreveríamos a decir groserías como esas a nuestros maestros. . . Si nos peleamos volteamos el mundo al revés. . . Me casaré contigo. ¿Quieres estar casada? Eso quiere decir besar. Tengo que vivir contigo." Le da un gran beso a la terapeuta de juego. "Estoy casado contigo y te besé."

Decir groserías y utilizar lenguaje ofensivo racial y sexual es aceptable en la terapia de juego centrada en el niño, con la salvedad de que se diga al niño que mientras es correcto decir esas cosas en el cuarto de juego, no debe hacerse en ningún otro sitio y explicarle lo ofensivo de ciertas palabras.

De manera interesante y quizá como desafío a las normas de desarrollo, a medida que crecen y se hacen más defensivos y hábiles en el aspecto verbal, algunos niños se vuelven menos expresivos verbalmente en el ambiente de la terapia de juego (Lebo y Lebo, 1957, página 753).

REGALOS

Ejercicio

- ¿Permitiría que el niño le dé un regalo? Si es así, ¿en qué circunstancias?
- ¿Le daría usted un regalo al niño? Si es así, ¿cuándo?
- ¿Qué puede significar un regalo?

Los regalos pueden ser aceptables en ocasiones especiales, siempre y cuando no sean excesivos (Adams, 1982, página 115), y puede ser una señal importante de respeto hacia el niño el proporcionar algún signo tangible de la relación (France, 1988, páginas 134 a 136). Es menos frecuente que los terapeutas de juego reciban regalos. Si se le ofrece un regalo, el terapeuta podría reflejar los sentimientos del niño acerca de dar un obsequio, encontrar el por qué de éste y decidir si lo acepta o rechaza. Si los terapeutas de juego armonizan con el niño y con el trabajo que hacen, podrán juzgar cómo manejar el dar y recibir regalos.

CUARTO DE JUEGO Y OTROS NIÑOS ▬▬▬▬▬

- "¿Soy el único niño (espero que yo sea el único niño) que utiliza el cuarto de juego?"
- ¿Ves a otros niños? Si es así, ¿quiénes son? ¿Por qué? ¿Qué hacen otros niños?
- Qué sabe acerca de:
  —Rivalidad fraterna.
  —Celos.
  —Niños necesitados que sienten que no reciben atención y cuidados suficientes.

En cierta etapa de la terapia de juego la mayoría de los niños preguntan si otros niños utilizan el cuarto de juego. Algunos tienen curiosidad, otros celos, y el terapeuta de juego necesita ser sensible a las preguntas del niño, las cuales tal vez sean un reflejo de la rivalidad fraterna.

Wendy preguntó acerca de los otros niños que vienen aquí. "¿Cuándo vienen? ¿En diferentes días como yo?" Respondí que los niños vienen aquí en diferentes días y a diversas horas, que van a escuelas diferentes y que ella viene los miércoles (cada miércoles excepto en vacaciones) durante una hora. "Sí" y sonrió felizmente. Hizo un castillo de arena pero lo destruyó porque el siguiente niño lo podría derribar. "¿Guardas mis pinturas cuando vienen los otros niños?" Dije que sí. "Eso es justo, ¿no? Pintaré una casa como antes. Mis pinturas son mejores que las de los otros niños, ¿no es cierto?" [¿Me estás diciendo que tus pinturas son mejores que las de los otros niños?], le reflejé.

Gemma:

"¿También vienen otras personas aquí?" [¿Te preguntas si otros niños vienen también aquí?] "Sí, quisiera saber si otros niños vienen." [Algunos otros vienen aquí, pero éste es tu tiempo.] Señala unos garabatos en la pared y le digo que alguien más lo ha hecho, pero que el viernes en la tarde es para ella. "¿Vienen otros niños hoy en la tarde?" [No, nadie más viene esta tarde. ¿Te importa compartir? A veces es bonito tener cosas para nosotros solos.] "Mm."

Ejercicio ▬▬▬▬▬▬▬▬▬▬▬▬▬▬▬▬▬▬▬▬▬▬▬▬

- ¿Cómo se ha sentido cuando ha tenido que compartir a alguien de gran valor para usted?
- ¿Puede recordar a alguien que fue importante para usted cuando era pequeño?
- ¿Qué sintió acerca de él o ella, en particular con referencia a otros niños?

REAFIRMACIÓN ACERCA DEL PROPÓSITO DE LAS SESIONES

- El terapeuta de juego y el niño en ocasiones pueden quedar demasiado prendados del proceso terapéutico. Tal vez:
  — Disfrutan estar juntos y "olvidan" los problemas afuera.
  — Encuentran las sesiones de terapia difíciles o aburridas.
  — Han perdido su objetivo y no están seguros de por qué están ahí.
- Es de gran ayuda que el terapeuta y el niño ocasionalmente platiquen acerca de por qué el niño está viniendo a terapia.

De vez en cuando es útil recapitular para qué son las sesiones. Los terapeutas de juego pueden provocar que los niños expresen sus propios puntos de vista, que ofrezcan su propia versión, o ambas cosas. Los niños pueden estar absortos e involucrados en el trabajo, o no estar completamente comprometidos, el niño quizá no entienda en realidad de qué tratan las sesiones, y es útil darle una oportunidad para señalar esto. A medida que avanza la terapia de juego pueden alterarse las percepciones de los niños acerca del proceso terapéutico.

El hogar infantil había cancelado la sesión previa de Martin porque éste se había fugado y cuando llegó a la siguiente semana, la terapeuta de juego anotó:

> Llegó al cuarto observándose feliz y sereno. Yo dije que me daba gusto verlo, y es obvio que sabía que algo debió haber sucedido la semana anterior. Dijo que había tenido un problema: la gente lo regañaba a él y a otro amigo. No sabía por qué había escapado ni qué era lo que le molestaba, excepto que lo regañaran. Le recordé que la sesión de juego es un lugar al cual puede traer sus molestias, enojos, malestares; que quizá podría expresar en esta sesión lo que le perturba, o utilizarme para hablar o trabajar con lo que le molesta si así lo desea. Le dije que yo no estaba ahí para reprenderlo por lo que había pasado, pero que tal vez él podría evitar esos incidentes si pudiera expresar lo que le molestaba. El cuarto de juego es un lugar donde puede traer y dejar sus problemas.

Como niño mayor, este enfoque terapéutico se dirigía a su conocimiento consciente, pero también sugería de manera implícita que si aún no sabía de manera evidente cuál era el problema, existía la posibilidad de que pudiera resolverse en el escenario de juego.

MATERIAL REPETIDO Y JUEGO "ESTANCADO"

- El niño está practicando algo.
- Necesita mantenerse repasando un evento traumático.
- Regresa a una situación pasada, pero de manera diferente.
- Repite algo que el terapeuta ha pasado por alto.

Existen cuatro tipos de repetición.

1. Con base en el principio de dominio, cierto tipo de juego o afecto se repetirá hasta que el niño lo haya experimentado o integrado por completo; por otro lado, puede descartarlo como en el caso de un abrigo viejo y usado que le queda chico.
2. Niños a los que se maltrató en exceso y que están afectados por un trastorno de estrés postraumático, quizá vuelvan a jugar muchas veces los acontecimientos que los impactaron tanto.
3. La terapia de juego puede ser como una espiral: el niño experimenta algo, después se repite el mismo incidente pero de modo diferente, y esto sucede una y otra vez a medida que se asimilan varias dimensiones en el repertorio del niño. Cuando esto sucede, el terapeuta de juego reconoce y acepta la casi repetición, alienta el resurgimiento del material y de las dimensiones adicionales a medida que se busca la integración.
4. No importa qué tanta experiencia tengan los terapeutas de juego, "pasarán por alto" material importante que el niño presenta. Los niños pueden ser complacientes y por lo general volverán a presentar el material, aunque de manera inconsciente, hasta que el torpe terapeuta lo reconozca de manera adecuada. Algunas veces una pieza particular de juego tal vez parezca trivial, pero si se repite muchas veces, se recomienda al terapeuta que lo examine con cuidado para ver lo que quiere decir (Berry, 1971, página 326).

A pesar de lo anterior, el juego en ocasiones se "estanca" y el niño parece bloquearse y estar imposibilitado para continuar o modificar el juego. El terapeuta tiene que decidir entre esperar y observar lo que prosigue, o intentar facilitar al niño (cf. Gil, 1991, páginas 73 a 75). En la mayoría de las circunstancias "esperaríamos y observaríamos", pero en otras es conveniente facilitar.

— Podemos intentar ayudar al niño de manera verbal al preguntarle acerca de lo que ha sucedido y cuáles son sus sentimientos. A veces un comentario verbal desorganiza el juego del niño lo suficiente como para permitir que ocurra un cambio.
— Podríamos sugerir algún juego dirigido, por ejemplo en torno a un aspecto particular.
— Si un episodio de juego se repite pero al final se "estanca", el terapeuta puede sugerir varios finales e invitar al niño a que elija.
— Transferir el episodio de juego a otros medios, por ejemplo títeres, narración de cuentos, *role play* dramático, en algunas ocasiones permite al juego salir del estancamiento.
— Invitar al niño a adoptar el papel de alguien o algo puede desplazar el bloqueo.
— El terapeuta podría mover físicamente algunos materiales de juego, o adjudicar a alguien o algo un papel diferente. "¿Qué sucedería si...?"
— Grabe el juego en vídeo, después obsérvelo con el niño, comenten los sentimientos, percepciones e intenciones.
— Pregunte "Si tú pudieras hacer lo que quisieras para cambiar las cosas, ¿qué harías?"
— El terapeuta podría contar un cuento en el que los personajes tienen problemas similares a los del niño.
— Ofrecer materiales relacionados con los cinco sentidos puede, en ocasiones, dar una perspectiva diferente.

VACACIONES

Ejercicio

- Está haciendo algo que en realidad es muy importante para usted, y la persona con la que está haciendo esto le dice que se irá de vacaciones con su familia, así que no podrá verla por algunas semanas.
  —Como adulto ¿cómo se sentiría usted?
  —Imagine cómo se sentiría un niño. Es posible que él piense "Es mi culpa. No soy bueno, a ella (o él) no le importa. Si hubiera hecho. . . esto no habría pasado" ¿Qué más?
- Como terapeuta de juego, ¿cómo se sentiría si el niño le dice que no puede venir durante algunas sesiones?
- ¿Sabe usted lo que es para un adulto que está en terapia cuando el terapeuta se toma un descanso?

Para algunos niños, las vacaciones necesitan tanta preparación sensible como la terminación (capítulo 11), en especial si las vacaciones del **terapeuta de juego** son las que rompen la continuidad. No siempre es tan doloroso si las vacaciones del niño son las que ocasionan la ruptura, ya que con frecuencia existe la emoción de ir a ver el mar, o a los abuelos o lo que sea. Sin embargo, los terapeutas de juego también necesitan vacaciones, las cuales deben planearse para causarle al niño el menor daño posible. Es una buena práctica advertirle de antemano que no habrá sesiones en tantas semanas, pero que éstas **continuarán** después de la interrupción. Es útil cierto tipo de cuenta regresiva, de modo que los niños sepan que pueden venir al cuarto de juego, digamos, tres veces más; después el terapeuta se irá por dos semanas y entonces regresarán a la situación habitual. Los terapeutas pueden ofrecer enviar una postal durante las semanas en que no verán al niño (France, 1988, páginas 133 a 134).

Existen ocasiones, en particular si el niño se encuentra en una regresión profunda, en las que el terapeuta de juego intentará evitar que se rompa la continuidad y, a menos de que se encuentre fuera del área durante las vacaciones, elegirá mantener el curso normal de las sesiones del niño. De manera similar, los terapeutas de juego deben evitar alejarse en las primeras semanas de sesiones de un niño.

Cuando se enfrentan a la "pérdida" de su tiempo de terapia, algunos niños reaccionan con una necesidad de tomar el control y eligen, por ejemplo, no asistir a la última sesión antes de una interrupción (cf. Horne, 1989). A otros no parece importarles la interrupción y continúan de manera normal. Más aún, otros presentan una sinopsis caleidoscópica del trabajo que han realizado en el cuarto de juego. En todos los casos, no es poco común que aparezca un deterioro aparente en la primera sesión de terapia de juego después de la interrupción de vacaciones, pero por lo regular se presenta una recuperación satisfactoria después de ello. Si no es así, es probable que estos niños trabajen con asuntos de pérdida y separación que son parte del proceso terapéutico.

- Es importante para el niño y el terapeuta que en la terapia de juego a largo plazo se den algunas interrupciones para vacacionar, y que éstas se preparen e introduzcan al niño con sensibilidad.
- El terapeuta de juego intentará tomar vacaciones de manera que ocasione el menor trastorno posible al niño y evitando una larga ausencia si éste está pasando por una regresión.
- El terapeuta puede enviar una postal al niño durante las vacaciones como una manera de mantener un enlace.
- En la primera o primeras dos sesiones, después de la interrupción por vacaciones, permita que el niño exprese y actúe sus sentimientos acerca de la interrupción. El niño puede retroceder a un comportamiento previo en el cuarto de juego.
- Los terapeutas de juego no deben, por lo regular, iniciar con un niño nuevo poco tiempo antes de un periodo vacacional.

SESIONES PERDIDAS

Ejercicio

- Usted, terapeuta de juego, se enferma de repente:
  — ¿Qué haría respecto a las sesiones de terapia de juego del día siguiente?
  — ¿Esperaría algunas repercusiones la próxima vez que vea al niño?
- Usted tiene que internarse en un hospital la próxima semana. ¿Cómo prepararía al niño?
- Usted tiene siete años de edad y le dicen que no podrá ir mañana a la feria que tanto ha esperado, porque la persona que lo llevaría tiene algo más que hacer. ¿Cómo se sentiría?

Las sesiones pueden perderse por múltiples razones. En general, las vacaciones y las citas que en ocasiones se traslapan con la terapia se conocen de antemano, de modo que el niño y el terapeuta de juego se encuentran preparados y están conscientes de cuándo será la siguiente sesión. Afecta más si las sesiones perdidas ocurren de manera inesperada. El terapeuta de juego que de pronto se enferma informará a las personas implicadas con la sesión del niño y puede enviar una tarjeta o nota con una explicación para el pequeño. En ocasiones, si el niño pierde una sesión de manera repentina y en momentos claves de la terapia podría trastornar el trabajo terapéutico. Tal vez ayude una tarjeta del terapeuta de juego que diga que se espera al niño la siguiente semana.

> Después de una sesión a la que Wendy no llegó, la terapeuta de juego dijo [¡Hola, Wendy!, te extrañé la semana pasada. ¿Estabas enferma?] "Sí. ¿Vino alguien más?" [No, porque ese tiempo era para ti y para mí.]

El terapeuta de juego deberá discutir con la persona responsable de que se haya evitado u "olvidado" una sesión.

A veces el niño decide no ir al cuarto de juego. Ésta podría ser una muestra de independencia o una atracción contraria, en cualquier caso el rechazo, por lo general, es pasajero. Sin embargo, cuando la negativa del niño es más firme, algunos terapeutas de juego pueden considerar que el niño tiene derecho a decidir, y acepten la decisión por su valor aparente. O se le puede pedir a la persona que hizo la referencia que vea al niño y evalúe lo que está pasando. De manera adicional, el terapeuta de juego puede escribirle al niño y decirle que las sesiones continúan abiertas y que se espera que asista por lo menos una vez más. Algunos niños pueden tratar de someter a prueba la preocupación e interés del terapeuta de juego, así que no siempre debe aceptarse la retirada sólo por su valor aparente.

- La cancelación de las sesiones terapéuticas sólo debe decidirse como último recurso.
- En situaciones críticas, permita al niño saber por qué se canceló la sesión y cuándo será la próxima.
- Si es necesario, acompañe esto con una carta o tarjeta que mencione tanto sentimientos como hechos.
- Permita al niño expresar enojo y sentir que usted lo abandonó.

JUEGO AGRESIVO, VIOLENCIA Y JUGUETES "MALOS"

Ejercicio

- ¿Qué hace usted cuando está enojado?
- ¿Qué hacen los niños cuando están enojados?
- Cómo se sentiría si, en una sesión de juego, un niño estuviera molesto con:
  —Su familia
  —La escuela
  —Usted
- Cómo abordaría:
  —Sentimientos y pensamientos violentos hacia usted durante una sesión de juego
  —El comportamiento violento del niño
- ¿Qué maneras existen para ayudar al niño a identificar y expresar enojo?

Existe una diferencia entre el juego simbólico peligroso o violento, cuando las cosas se actúan y todos los involucrados saben que en realidad no se causa daño, y el juego ocasional potencialmente dañino en el que un niño enojado o perturbado entra "en serio". No beneficia a nadie que los niños se dañen a sí mismos, al terapeuta o al cuarto de juego y debe prevenirse la situación antes de que se salga de control. La mayoría de los niños responden ante una advertencia verbal tranquila en la que se les dan razones del peligro potencial y, por ejemplo, puede desviarse al juego si el niño golpea a la muñeca en lugar de al terapeuta. En raras ocasiones, se puede sacar de los límites una pieza del equipo que se utilizó de manera peligrosa (por ejemplo una espada), y aún más, puede ser necesario refrenar o transferir al niño.

Al inicio de su terapia, Polly se encontraba molesta y el "osito malo" parecía el blanco apropiado para parte de su enojo.

Se me pide que sea un fantasma y ella dice que es una "niña mala". Me dice que sea un fantasma malo y ella será mí fantasma malo bebé. Polly se sienta en mis rodillas e insiste en que nos cubramos con cobijas. Sugiere que hagamos una cosa detrás de la cortina, de modo que cerramos la cortina enfrente de nosotros, nos cubrimos con cobijas y hacemos ruidos de "fantasmas malos". También tenemos que hacer caras feas. Buscamos bebés malos (muñecas) y Polly aprieta dos de ellas además de una bola de estambre. El osito se vuelve la cosa **realmente** mala y trata de robarse a los bebés buenos (en los que ahora se han convertido las muñecas). Hace ruidos amenazantes. Finalmente acuchilla al osito malo... Después tenemos que buscar al fantasma malo bebé. Nos sentamos en el sol y Polly le rompe el cuello al bebé. Se da más juego violento y, hacia el final de la sesión cuando ella va al baño, le sugiero que antes de que se vaya regresemos al cuarto de juego y compongamos todo con magia. Levantamos la muñeca sin cabeza y el osito, los componemos y después lanzamos un conjuro feliz sobre todo el cuarto.

Pueden existir momentos de violencia o sadismo en el juego de algunos niños y los terapeutas podrían dudar acerca de la prudencia de permitirlo. Sin embargo, siempre y cuando se mantenga dentro de límites, si el niño necesita representarla a través del juego, entonces es importante, y puede evitar que se presenten impulsos violentos a través del *acting out* en otras áreas de la vida del niño. Cuando se aceptan, por lo general, los temas violentos disminuyen. La violencia con frecuencia resulta de una conducta aprendida o del estrés intolerable y la comunicación fallida. Los terapeutas de juego deben estar conscientes de sus propios sentimientos violentos para que los niños no necesiten actuarlos en nombre del terapeuta (Dockar-Drysdale, 1990, páginas 126, 129, 133; 1993, páginas 123 a 136).

- La agresión es una parte normal del comportamiento humano.
- La violencia física contra la gente no está permitida dentro del cuarto de juego, pero debe alentarse al niño a identificar y expresar sus propios sentimientos de enojo.
- Tal vez usted tenga que presentar alternativas para la violencia física.

JUGUETES ROTOS Y ROBADOS

Ejercicio

- Como un niño, usted de manera desesperada quiere tomar un pequeño juguete del cuarto de juego.
  — ¿Cuáles serían sus sentimientos acerca de esto?
  — ¿Por qué querría tener algo?
  — ¿Dónde lo escondería?
- Si, como un niño, usted rompió un juguete en el cuarto de juego.
  — ¿Cómo se sentiría?
  — ¿Qué esperaría que sucediera?
- Como un terapeuta de juego, ¿qué haría si un niño roba algo del cuarto de juego?
- ¿Qué haría si un niño trae un juguete robado al cuarto de juego?
- Reemplaza usted los juguetes rotos o robados?

Los juguetes que se consideran peligrosos deben retirarse o reemplazarse, pero los puntos de vista varían en cuanto a los juguetes rotos. A veces un objeto no debe tirarse si el niño lo rompe, ya que podría entenderse que el terapeuta dice, de manera simbólica, que el cuarto de juego no es un lugar para cosas rotas o "malas". Por tanto, los niños podrían sentir, a cierto nivel, que no pueden traer los aspectos "malos" o rotos de sí mismos dentro de este lugar. También quizá sea importante para algunos niños, que se encuentren formas de jugar, y en cierto sentido restaurar, el juguete roto. Tal vez es más fácil aceptar esta filosofía si los niños tienen sus propias cajas de juguetes, pero esto es más problemático cuando otros niños los usan. En términos prácticos, puede asumirse un compromiso a través de realizar decisiones cuidadosas. Algunos juguetes rotos se retiran o reemplazan; otros se ponen a disposición del niño que los rompió pero se busca un reemplazo para otros niños; o, en casos más raros, el juguete roto puede quedarse por el momento para todos los niños.

Con frecuencia es difícil saber cómo manejar el asunto de los juguetes robados. Si el terapeuta de juego está seguro de que cierto niño robó algo, se establece contacto con el niño o con quien se encarga de él y se recobra el artículo.

Polly (página 38) se había estado disfrazando y le gustaba usar una pulsera. Al final de la sesión noté que aún la usaba y, después de que se lo comenté, dijo "¡Oh!, la pulsera, así que te acordaste". Estuve con ella todo el tiempo pero en cierto momento volteó hacia la cortina, así que estaba parcialmente oculta. Cuando arreglaba las cosas no pude encontrar la pulsera y le hablé por teléfono a la madre sustituta quien dijo que Polly la tenía, así que acordamos que se la quitaría y me la regresaría.

A veces sólo hay una molesta sospecha de que algo pudo haber sido, o está siendo, robado. El terapeuta de juego puede decir: "¿Me pregunto dónde está tal o cuál cosa? ¿Me pregunto si se metió en tu bolsa?"

Unas cuantas sesiones antes:

Polly había envuelto un poco de plastilina en un paquete. Hacia el final de la sesión mis oídos me dicen que está poniendo el paquete dentro de la bolsa de su abrigo. "Quédate ahí. Será mejor que estés dormida cuando yo regrese", comentó. Después de ir al baño, es hora de irse y coge su abrigo. Sé que ha puesto el paquete de plastilina en su bolsa y quiero darle la oportunidad de que salga de la situación de manera honrosa. Realizamos una búsqueda de la plastilina. "No sé donde está", dice. Buscamos en la arena, en la casa de muñecas, en la cuna. Sugiero [Quizá Polly sabe, ¿podrá encontrarla?] "Quédese allí señora" y escucho unos crujidos. Mis oídos me dicen que ha quitado la mitad de la plastilina y ello se hace evidente cuando me la da. Ya he sugerido que ella desea llevarse algo del cuarto de juego pero que eso no está permitido y le recuerdo que puede llevarse dentro de sí sus recuerdos y lo que ha comido, y que ya tiene algunos regalos del cuarto de juego. Le pido que me devuelva la otra mitad de la plastilina, pero se rehusa a regresarla. Le digo que no nos iremos del cuarto de juego hasta que me la dé y que si se pierde tiempo, éste se reducirá de su siguiente sesión. Entonces me enojo cuando ella se pone más difícil y le digo que no me gusta que se roben las cosas y que quiero que me la regrese. Con cara de vergüenza me la devuelve, obviamente al verse sacudida por mi enojo. Sé, por experiencias previas, que mientras algunos niños pueden intimidarse, Polly respondía, con frecuencia a la larga ante el enojo verdadero.

Martin, de 12 años de edad (página 105), había jugado en la arena con el *Incredible Hulk, Darth Vader* y una pequeña figura negra. Cuando regresé a poner en orden las cosas, no encontré al hombrecito negro de juguete y sospeché que Martin podría habérselo llevado. Me pregunté qué hacer, en particular porque esto había sucedido antes de unas vacaciones. Con el tiempo decidí que necesitaba saber qué **pudo** haber sucedido, de modo que le escribí. Martin estaba un poco avergonzado al inicio de la siguiente sesión y me agradeció por su tarjeta y regalo de cumpleaños. A la mitad de la sesión me di cuenta de que yo no había mencionado la carta acerca del hombre negro que se había perdido y no estaba segura si había sido apropiado no haberlo sacado a relucir. Decidí dejarlo pasar y mi asesor me comentó que debe haberlo sorprendido el hecho de que nada haya pasado, si se tienen en mente las pesquisas por las que había atravesado en otros ambientes.

Algunos niños son en extremo adeptos a esconderse juguetes entre las ropas. Ciertos niños que han sufrido privaciones necesitan con desesperación algo tangible que llevarse a casa. Después de una evaluación cuidadosa, el terapeuta de juego puede dar un pequeño artículo específico para que el niño lo lleve a casa (Swanson, 1970, página 74).

- Algunas veces los niños roban el equipo del cuarto de juego. El terapeuta de juego abordará al niño, concentrándose en los sentimientos de éste acerca de la apropiación de cosas ajenas y de ser descubierto.
- A pesar de la regla de no dañar personas o cosas en el cuarto de juego, los juguetes pueden romperse por accidente o a propósito. Ayude al niño a calmarse analizando las circunstancias en torno al evento y recordándole las reglas del cuarto de juego.
- Cuando se fomenta la expresión de enojo, algunas veces es apropiado seleccionar cierto juguete que el niño puede hacer pedacitos, romperlo, pegarle sin piedad, etcétera.

¿QUÉ HACEMOS SI LOS NIÑOS COMIENZAN A PRESENTAR *ACTING OUT* SEXUAL?

Ejercicio

- ¿Qué sabe acerca de la sexualidad infantil?
- Cómo se sentiría y qué haría si un niño:
  — Tocara sus genitales o sus senos.
  — Se desnudara y lo invitara a ver o acariciarle sus genitales.
  — Quisiera "amarlo", tener intimidad física o tener relaciones sexuales.
- ¿Qué le intriga acerca de la sexualidad infantil?

En cierta fase de su terapia algunos niños intentarán, de manera directa, tocar sexualmente al terapeuta o realizar conducta sexual explícita con éste, a veces se quitarán la ropa y tratarán de quitarle la suya al terapeuta. Existe una fina línea divisoria entre permitir que el niño exprese lo que necesita expresar, pero con seguridad y propiedad. **Está prohibido el involucramiento sexual con el terapeuta de juego**, pero de tal manera que al niño no se le haga sentir avergonzado, malo o confundido; después de todo, ésta quizá sea la manera en la que se le pudo haber acostumbrado a complacer a los adultos. El terapeuta de juego dirá algo como: "Puedo ver qué quieres... pero no puedo permitirte... porque...". El terapeuta puede sugerir: "Necesitamos aprender a mantener a salvo nuestros cuerpos", "en el cuarto de juego no nos tocamos nuestras partes privadas" (o cualquier término que utilice el niño); "nuestro cuerpo es nuestro y está bien decir que no" (Bannister, 1989, página 81); "Puedes decirme o mostrarme con las muñecas, o bien hacerme un dibujo".

Algo importante es que los terapeutas de juego necesitan estar a salvo de acusaciones de los niños y deben informar a su asesor y supervisor directo si el niño intenta entrar en juego explícito, cuerpo a cuerpo. El uso de vídeo o grabaciones de audio, con el registro claro de la fecha y los tiempos de inicio y fin de las sesiones, o un observador, puede ser apropiado. **Si un terapeuta de juego siente que está respondiendo a las demandas físicas o sexuales del niño, es imperativo que esto se discuta de manera urgente con el asesor y el orientador del terapeuta.**

Existen algunos niños abusados sexualmente que están erotizados y seducen a los adultos tratando de entrar en relaciones sexuales con ellos. Si se les impide, dichos niños pueden frustrarse, molestarse y confundirse cuando se rechaza su conducta, que fue aprendida como una forma de complacer a los adultos.

Los niños erotizados llegan a estimularse cuando establecen relaciones cercanas. Para que la terapia sea eficaz, el terapeuta debe fomentar una relación cercana con los niños. Los niños erotizados reaccionan a la terapia como si su terapeuta estuviera solicitando sus favores sexuales... también están probando para ver si el terapeuta actuará de igual manera que el último compañero incestuoso. Cuando el terapeuta es consistente, amable y firme, los niños desisten de manera gradual, pero no hasta que todas las estrategias han fracasado. Si el terapeuta es del sexo opuesto al del compañero vejador original, los niños muestran menos manifestaciones sexuales y más de tipo agresivo al inicio de la terapia. Con el tiempo la relación se profundiza. Los temas sexuales surgen prescindiendo de la complementariedad de género entre cliente y terapeuta (Yates, 1990, páginas 327, 328, 331).

Con frecuencia, los niños erotizados anuncian sus proposiciones sexuales al jugar escondidillas, al cubrir al terapeuta de juego con cojines, al convertirlo en un caballo y montar en él, o al apresurar al terapeuta a "irse a dormir". Cuando los niños están absortos en dichos "juegos", no parecen darse cuenta de que los terapeutas "dormidos" o "ciegos" ¡aun pueden sentir y escuchar!

Los niños que han tenido abuso sexual en su infancia pueden actuar sexualmente sin verbalizar cuando sean mayores (Donovan y McIntyre, 1990, página 69). Esto puede ser frustrante cuando el terapeuta de juego se da cuenta de que algo desagradable ha ocurrido, pero la clarificación no está próxima, ya que el terapeuta no puede permitir el juego cuerpo a cuerpo que probablemente permitiría al niño contar la historia.

- Se debe tener cierta comprensión del desarrollo normal de la sexualidad infantil, y de los efectos y manifestaciones del abuso sexual.
- Debería tenerse también algún conocimiento acerca de los niños que abusan sexualmente.
- Desde la información de referencia, se debe ser consciente de cualquier conocimiento de abuso sexual.
- Se deben aclarar las estrategias para el manejo de niños que se acercan sexualmente.
- Si se descubre a sí mismo sintiendo placer o deseando involucrarse sexualmente con el niño, debe analizar esto de manera urgente con su asesor, supervisor o terapeuta personal.

¿QUÉ SUCEDE SI LOS NIÑOS REVELAN MALTRATO?

En ocasiones, el juego de los niños indica que sufrieron maltrato. En el caso de un niño que se sabe lo experimentó, los adultos tienen que determinar si está representando, por medio del juego, eventos previos que las autoridades ya conocen, o si es material "nuevo". Se plantea un problema diferente si niños de los que no se sabe que hayan sufrido maltrato realizan juego que da lugar a la sospecha de que esto ha ocurrido (Haugaard y Reppucci, 1988, páginas 133 a 147). En cualquier caso, los terapeutas de juego tienen que sopesar sus deberes y obligaciones hacia el niño en cuanto a su responsabilidad profesional y decirle que éste es un asunto que se informará (se espera que el terapeuta de juego le haya advertido al niño, al principio del trabajo que quizá haya algo que necesite contar a otro adulto). En ocasiones poco comunes, tal vez sea apropiado que el terapeuta de juego le informe al trabajador social acerca de sus dudas, pero no al niño, con la esperanza de que este último brinde de manera espontánea, más información en el momento adecuado.

Si el niño no tiene un trabajador social, las preocupaciones del terapeuta de juego deben turnarse al profesional involucrado con la familia o a la oficina del departamento de servicio social de la zona donde resida el niño, a la Procuraduría para la defensa del menor, a la policía, o a la persona adecuada en el lugar de trabajo del terapeuta de juego. Si éste descubre una herida física sospechosa, debe avisar de inmediato al trabajador social (o trabajador encargado o a la escuela), asegurándose de que se investigue a la brevedad la posibilidad de maltrato y que el niño reciba la intervención médica adecuada.

Ejercicio

- ¿Cómo sabe si un niño está revelando nueva información, o si está presentando *acting out* de "viejas" revelaciones?
- ¿Cuáles son los procedimientos para informar sospechas de maltrato?
- ¿Qué debería decir al niño si sospecha de maltrato?
- ¿Se requiere acción urgente?

RESUMEN

Este capítulo ha observado diversos aspectos que surgen en el transcurso de la terapia de juego, algunos más que otros. El uso del lenguaje (véase también el capítulo 15) es crucial, en tanto que es uno de los medios de comunicación, y es importante que podamos relacionarnos con los niños de todos los niveles de desarrollo. El dar y recibir regalos requiere de una reflexión cuidadosa; lo que es correcto para un niño puede no serlo para otro. Muchos niños tienen curiosidad o están interesados en saber si otros niños utilizan el cuarto de juego; esto puede ser en parte curiosidad, pero también puede expresar rivalidad fraterna. Es importante para el terapeuta y el niño tener en mente las razones que trajeron al pequeño a terapia de juego; algunas veces los niños no siempre tiene esto tan claro como pensamos, y ello nos conduce a verificar esto de vez en cuando. Algunos terapeutas de juego se preocupan si el niño repite el juego, y hemos reflexionado acerca del por qué puede suceder esto. Prepararse para las vacaciones y manejar las sesiones perdidas planeadas y no planeadas, también son elementos importantes del proceso terapéutico. El juego violento y agresivo necesita manejarse teniendo en mente los límites del cuarto de juego (páginas 197 a 200), y consideramos el enojo del niño con mayor detalle. En algún momento la mayoría de los terapeutas de juego tiene que decidir qué hacer con los juguetes que se rompen o roban del cuarto de juego, esto varía de niño en niño. Se aconseja a los terapeutas de juego tener una estrategia para trabajar con niños que presentan *acting out* sexual, y saber cuáles son los procedimientos a seguir si un niño revela maltrato.

La terapia de juego puede aplicarse a pequeños grupos, este aspecto de intervención terapéutica se discute en el siguiente capítulo. ∎

Grupos de terapia de juego centrada en el niño

Los niños son nuestros primeros maestros. Ya **saben** cómo crecer, cómo desarrollarse... Todo lo que necesitan es el espacio para hacerlo.

(Oaklander, 1978, página 324)

En este capítulo se reflexiona acerca de:

* Una introducción a los grupos de terapia de juego.
* Decidir si un niño debe asistir a terapia de juego individual o grupal.
* La composición de un grupo de terapia de juego.
* Un formato para estudiar el proceso grupal.
* Aspectos a considerar cuando se inicia un grupo.

Ejercicio

* ¿Qué es un grupo de terapia de juego?
* ¿Qué sabe usted acerca de la teoría de trabajo grupal?
* ¿Lo que usted sabe ayuda u obstaculiza al grupo de terapia de juego?
* ¿Por qué querría usted manejar un grupo de terapia de juego?
* Haga una lista de las cosas que necesita hacer:
  —Antes de iniciar el grupo.
  —Durante el grupo.
  —Después del grupo.
* Si usted tuviera ocho años de edad, ¿qué esperaría que sucediera si le dijeran que posiblemente asistirá a un grupo de terapia de juego?
  —¿Cuáles serían sus peores temores?
  —¿Qué sería lo bueno de esto?

Aunque no hay mucho escrito en la literatura, la terapia de juego puede emprenderse en grupos pequeños (Gazda, 1978; Ginott, 1968, O'Connor, 1991, páginas 323 a 345). Se aplican los mismos principios teóricos básicos que en el trabajo de uno a uno, pero es evidente que el nivel del juego en grupos pequeños es más interactivo que en la terapia individual. En lugar de que se dirija la atención sólo a un niño, los líderes del grupo tendrán que estar conscientes, y trabajar, con la dinámica de todo un grupo y de los subgrupos (quizá muchos al mismo tiempo) y con el "espacio" entre los niños así como con el niño individual. Los líderes del grupo necesitan estar alertas del hecho de que existe un mayor potencial para que la conducta se les salga de las manos, porque los controles habituales del niño quizá sean arrastrados por la ola de la actividad conjunta y con ello se crea un mayor campo de acción para la hiperactividad y destructividad (Slavson, 1979, página 242).

Este capítulo debe considerarse como una introducción a los grupos terapéuticos y se exhorta a los terapeutas interesados a que busquen mayor información en la literatura sobre trabajo grupal (por ejemplo, Benson, 1987; Doyle, 1990, páginas 66 a 79; Dwivedi, 1993a; Glassman y Kates, 1990; Haugaard y Reppucci, 1988, páginas 261 a 292; Houston, 1984; Lennox, 1982) y otras fuentes profesionales. En la terapia de juego grupal, los niños se encuentran dentro del cuarto de juego con material suficiente para expresarse. Los líderes del grupo (se recomiendan dos) son figuras paternas "buenas", que escuchan y ayudan si los niños lo desean, o interpretan si es necesario (pero eso es poco común). Con frecuencia los niños se interpretan entre sí. Un terapeuta de grupo que está inseguro acerca de lo que sucede, en general puede verificar preguntándole a otro niño. En un grupo se trabajan muchos problemas entre los niños, pero ellos derivan un sentido de seguridad y libertad si juegan de manera libre en presencia de adultos comprensivos. Curiosamente, con frecuencia el centro de atención de la terapia de juego grupal permanece en el niño individual (Slavson, 1979, página 245). Es probable que las metas y la cohesión del grupo tengan una importancia secundaria, a diferencia del trabajo grupal con adolescentes y adultos. Algunos niños al principio no jugarán con los otros sino que se sentarán en silencio en un rincón. En el grupo de terapia centrada en el niño se les da la libertad de hacer lo que les plazca y después de un rato se integran.

EJEMPLO

Dos líderes grupales trabajan durante 10 sesiones con cuatro niños de seis y siete años que tenían problemas sociales y educativos. ¡Los niños formaron un grupo diverso! Stuart olía mal, tenía una apariencia un poco singular y era un tanto retraído. Había sido un bebé golpeado y se sorprendía de modo conmovedor cuando sucedía cualquier cosa buena. John era un niño extravertido, ruidoso y agresivo que tomaba al mundo por los cuernos. Narinda era una niña callada pero sociable, y Amarjit era obsesiva con respecto a la limpieza y al orden, constantemente se lavaba las manos y arreglaba las cosas.

Las sesiones fueron plenas y, en cuanto a los terapeutas del grupo, también demandantes. Cada niño expresa sus necesidades, fortalezas y debilidades individuales. Las niñas silenciosas se volvieron más expresivas y confiadas, y hubo ocasiones en que el enojado John era suave y gentil. Hacia el final, Amarjit se deleitó en jugar con una mezcolanza de arena y agua. Las personas que hicieron las referencias realizaron comentarios positivos acerca de los cambios que percibían en los niños y el grupo parecía haber constituido una experiencia que había valido la pena.

Las líderes del grupo sintieron que Stuart necesitaba continuar con la terapia y, después de que el grupo se terminó, estaba rebosante de alegría al descubrir que se reuniría con una de las terapeutas del grupo para trabajo individual (no se le había dicho esto **antes** de que finalizara el grupo porque se sintió que ello podría destruir la dinámica del proceso de terminación).

En la primera de sus sesiones individuales:

"Pobre Tabitha" (una de las terapeutas del grupo). [¿Por qué?] "Porque sólo hay una persona." A la siguiente semana se encontró inesperadamente con Pauline, la anterior coterapeuta del grupo, y negó haberla visto, pero a la siguiente semana dijo con añoranza "Pauline, estoy terriblemente triste". [¿Desearías hablarme de ello?]

¿TERAPIA DE JUEGO INDIVIDUAL O GRUPAL?

Niños que en principio pueden beneficiarse de la terapia de juego individual:

- Niños muy caóticos, que presentan *acting out*.
- Niños con muchos problemas emocionales.
- Niños con privación paterna o materna temprana, que no pueden compartir.
- Niños severamente maltratados.
- Niños que maltratan.
- Niños con un problema aislado.

En general, los niños más trastornados, aquéllos con problemas emocionales profundamente asentados y quienes han tenido una experiencia temprana insatisfactoria con sus padres, se atienden de manera individual, al menos al inicio, ya que quizá sean demasiado perturbadores o estén en exceso perturbados, dentro del contexto del grupo y de todas maneras tal vez necesiten trabajar primero una relación paterno-filial con el terapeuta de juego, después de lo cual pueden transferirse a un grupo. Con frecuencia, los niños menos problemáticos y aquéllos con problemas conductuales y sociales funcionan bien dentro de un grupo desde el principio. Si el grupo se equilibra y se elige con cuidado, los niños aprenden unos de otros y se adaptan a sus "hermanos" tanto como a las figuras paternas. Los miembros del grupo reciben realimentación de sus contemporáneos a la vez que la proporcionan a éstos, y se alentará a cada niño a adaptarse a las normas grupales, no importa qué tan "permisiva" sea la atmósfera. Los niños aprenderán nuevas conductas, responderán ante ellas y las someterán a prueba con sus "hermanos" mediante asignar roles para sí mismos y para otros niños con los que, de manera sorprendente, reflejan los problemas de cada uno de ellos.

COMPOSICIÓN DEL GRUPO

Ejercicio

- ¿Cuántos adultos y niños debe haber en un grupo de terapia de juego?
- ¿Importa cuáles son las edades de los niños?
- ¿Buscaría niños que tienen problemas similares?
- ¿Qué reglas establecería en las sesiones del grupo?
- Como un niño de siete años, por favor determine:
  — ¿Qué reglas tendría en sus sesiones de grupo?
  — Lo que piensa que sucedería en las sesiones.

En el rango de menor edad, donde los niños son más dependientes de los adultos y confían menos en sus compañeros, normalmente los grupos reúnen de 4 a 7 niños y dos terapeutas. Las actitudes varían en cuanto al rango de edad que un grupo en particular debería abarcar, pero existe evidencia que sugiere que, debido a la necesidad y a la etapa de desarrollo, no existirá un margen mucho mayor de dos años entre los miembros mayores y menores del grupo. Es importante que los niños estén, en términos generales, en el mismo nivel de desarrollo, aunque en grupos de "hermanos" puede haber un lapso mayor de edad.

Aunque tal vez existen niños que son incompatibles, por lo regular los grupos incluyen niños con una variedad de problemas ya que esto contribuye a que éstos se expongan a una diversidad de conductas. Los grupos en que todos los niños son retraídos o hiperactivos tendrán su propio ímpetu, pero es más probable que se alcance un mejor equilibrio terapéutico si hay una mezcla, incluyendo uno o dos niños razonablemente estables quienes con frecuencia son una influencia útil y, en general, permanecen "sin contaminación" por parte de niños con problemas más obvios. Se evitará la inclusión de un "tercero en discordia" (como sólo un varón o niño o niña de un grupo racial o escuela en particular). Algunos terapeutas recomiendan grupos mixtos para niños preescolares y grupos del mismo sexo para escolares, aunque las opiniones varían.

Existe una diferencia entre grupos abiertos progresivos, con niños que asisten durante un periodo y al cual se unen nuevos asistentes, y los grupos cerrados durante un número fijo de sesiones donde la membresía permanece constante. También existen diferencias técnicas entre grupos de desconocidos (niños que sólo se conocen entre sí dentro del grupo) y grupos intactos (donde los niños tienen contacto entre sí fuera del grupo). Las implicaciones de estas posibilidades tienen que elaborarse de antemano. Dwivedi y colaboradores (1993) tienen un capítulo que es de utilidad en cuanto a los aspectos estructurales y de organización del trabajo de grupo.

Sugerencias sobre la composición del grupo:

- Dos adultos colíderes.
- De 4 a 7 niños, por lo regular dentro de un rango de dos años de diferencia entre ellos.
- Cada niño debe tener algo en común al menos con uno de los otros pequeños.
- Es de utilidad que exista una diversidad de conductas problemáticas; cuídese de tomar a un niño con una dificultad.
- ¿Es un grupo abierto o cerrado?
- ¿Los niños se conocen entre ellos fuera del grupo?

LÍDERES DEL GRUPO

Ejercicio

- ¿Qué cualidades buscaría en un coterapeuta?
- Elabore un plan acerca de lo que los terapeutas de grupo necesitan hacer:
  —Antes de iniciar el trabajo con el grupo.
  —Durante el trabajo de grupo.
  —Después del trabajo de grupo.

La conducción de un grupo es diferente del trabajo individual y requiere de habilidades adicionales (Reid, 1988). Se recomienda que cuando se trabaje con un grupo de niños pequeños haya dos líderes de grupo, de preferencia varón y mujer, que se conozcan entre sí, compartan las mismas perspectivas teóricas y puedan trabajar de manera armoniosa. Al discutir grupos adultos, Smith (1980) señala la importancia de que los líderes del grupo ofrezcan una mezcla de confrontación (dejando que los miembros del grupo experimenten el impacto de su propia conducta) y proporcionen apoyo al permitir que los miembros del grupo lleven al máximo la oportunidad grupal. Dos terapeutas dan una mayor posibilidad de que sean capaces de brindar atención adecuada a las preocupaciones del grupo completo, de los subgrupos y los individuos, pero sólo se proporciona un beneficio si los dos terapeutas están de acuerdo entre sí. Si uno de ellos, o ambos, tienen una agenda oculta e intentan desenmascarar al otro o acumular puntos, o tienen una perspectiva diferente del propósito del grupo y de cómo conducirlo, entonces el desastre es inminente (Brown, 1979, páginas 52 a 55; Heap, 1985, páginas 166 a 171; Whitaker, 1985, páginas 11 a 12, 93 a 96). "La preocupación inconsciente de los terapeutas del grupo se convierte en la preocupación consciente del grupo", es un adagio que resume las debilidades de las parejas inadecuadas de líderes. Si el grupo se desorganiza, ¡los líderes deberán examinarse a sí mismos y no simplemente culpar de ello a los niños!

El trabajo con grupos requiere tiempo, no es una forma rápida de lidiar con una cierta cantidad de niños. Los terapeutas del grupo deben reunirse antes de cada sesión y compartir sus inquietudes y preocupaciones actuales, de modo que éstas se mantengan fuera del cuarto de terapia grupal. También se les aconseja que pasen un tiempo juntos después de la sesión, no sólo examinando el desastre consecuente y preguntándose cómo hacer para ponerlo en orden, sino realizando un intercambio de cómo se sienten y cuáles son sus puntos de vista de la sesión.

Tiene que existir un acuerdo de cómo registrar la sesión (páginas 204, 242 a 244) y las asesorías, a las que los coterapeutas asistan juntos, deben efectuarse semanalmente al inicio. Todo esto implica un compromiso sustancial de tiempo.

Es útil que antes de iniciar el trabajo con el grupo, cada terapeuta reconozca sus puntos débiles de modo que el otro sepa cuándo es adecuado ofrecer ayuda. Por ejemplo, en una pareja de coterapeutas, una de ellas admitió que era nerviosa y encontraba difícil tolerar a los niños que transgredían de manera deliberada los límites geográficos y salían corriendo del cuarto de juego. Éste no era problema para su coterapeuta. Sin embargo, su compañero se incomodaba cuando los niños se subían a los muebles y, por decirlo de alguna manera, se colgaban del techo, pero su coterapeuta sí podía batallar con ello. De manera inevitable, los niños percibieron y sometieron a prueba las respectivas debilidades de los terapeutas pero, debido a que éstos conocían las limitaciones de cada uno, fueron capaces de ayudarse entre sí. Es posible que se contrarreste y prevenga la explotación por parte de los niños y quizá el fuerte interés en separar a los coterapeutas (muchos niños provienen de hogares en donde la manipulación de la figura paterna está a la orden del día), siempre y cuando los líderes del grupo trabajen de manera cercana uno con otro. Es vital la discusión franca acerca de lo que sucede en el grupo, de cómo cada terapeuta percibe el desempeño del otro y la relación mutua de trabajo y cuál es el plan que tienen para sesiones futuras.

- Dos terapeutas de grupo compatibles son más o menos esenciales en un grupo de terapia de juego.
- Es importante que los coterapeutas tengan objetivos mutuos y compartan las mismas bases teóricas.
- Los coterapeutas deben respetarse, ser capaces de compartir sus propios sentimientos y hablar acerca de cómo se perciben entre ellos.
- Los coterapeutas deben tener asesoría o supervisión como pareja de trabajo.

PLANIFICACIÓN DE UN GRUPO

El éxito del grupo depende de la preparación y habilidad de los líderes del grupo para organizar y planificar de manera eficaz (Gumaer, 1984, página 219), de su capacidad para brindar apoyo al grupo de niños, del mutuo respeto que tengan entre sí y del acuerdo en las metas conjuntas.

a) Debe haber un consenso acerca del propósito y orientación teórica del grupo, y cada niño tendrá sus "metas de cambio."

b) En el trabajo grupal con límite de tiempo se establece de antemano el número de sesiones, de modo que los niños y otras personas (como los padres y la escuela) sepan cuál será el compromiso. Si no se llega a un acuerdo de antemano en el número de sesiones, los individuos podrían, con justificación, tener ideas diferentes de cuánto tiempo quieren que continúen las reuniones. En un grupo abierto se requiere sensibilidad acerca del mejor momento para introducir a nuevos niños.

c) El grupo debe organizarse en el mismo horario y día, o días, de cada semana. En general, una hora es el tiempo mínimo y algunos líderes grupales encuentran preferible las sesiones de 90 minutos.

d) Los terapeutas de grupo necesitan asegurarse de que tienen premisas adecuadas y equipo conveniente. Es ideal un cuarto a prueba de ruido, no demasiado apiñado para hacer más fácil poner en orden las cosas. Los baños deben estar cercanos y, si es necesario, debe haber salas de espera adecuadas para quienes escoltan o cuidan de los niños.

e) Una prioridad urgente es la asesoría antes de la existencia del grupo y durante el mismo.

f) Una parte integral del proceso de planificación es el acuerdo de cómo valorar al grupo, ya que esto influirá en la recolección y registro de datos (Preston-Shoot, 1988).

g) Los coterapeutas necesitan determinar cómo planear el registro de las sesiones de grupo (páginas 204, 242 a 244).

h) Decidir cómo reclutar a los niños y obtener la aprobación de los padres (Manor, 1988). La mayoría de los líderes grupales desean entrevistar a los candidatos antes de la formación del grupo, y establecer contacto con quienes hacen la referencia y con los padres. Por tanto, necesitan resolver quién conducirá las entrevistas pregrupo (¿serán uno o ambos terapeutas de juego?) y qué información debe transmitirse, o buscarse (véase el capítulo 4 acerca del proceso de referencia).

i) Es aconsejable que se piense acerca de los límites y fronteras (capítulo 16).

j) ¿Es apropiado que alguna vez se retire a uno de los miembros del grupo? ¿Qué efecto tendrá esta acción sobre el grupo?

k) Dentro del marco teórico general ¿es necesario que se tengan metas para cada sesión?

l) ¿Los niños en el grupo deberán estar, o podrán estar, en terapia individual de juego? ¿Se tienen las mismas expectativas acerca de todos los niños?

m) ¿Cuáles son las reglas de confidencialidad y cómo se les explicarán éstas a los niños, personas que hacen la referencia y custodios?

n) Una vez que comienza el grupo ¿es correcto que el niño no participe o se vaya? ¿Cómo se manejaría esta eventualidad?

o) ¿Qué hará con la información que obtiene de los niños durante la existencia del grupo y qué pasará con aquéllos que parecen necesitar que se continúe la ayuda?

p) ¿Se espera que los custodios también reciban algún tipo de intervención, por ejemplo, de parte de un trabajador social?

q) ¿Habrá alguna oportunidad de que los custodios, quienes hacen la referencia o ambos, se reúnan en un grupo con los líderes grupales? ¿O con alguien más? Y de ser así, ¿cuándo y por qué?

Planeación del grupo. Cuestiones a trabajar por adelantado:

- ¿Quién dirigirá al grupo?
- Reclutamiento de niños, aunado a los arreglos para incorporarlos al grupo.
- ¿Será un grupo abierto o cerrado?
- ¿Cuál será la base teórica del grupo?
- ¿Cuántas sesiones habrá?
- Horarios, fechas y lugar de las sesiones.
- Planeación del formato de las sesiones.
- Materiales de juego que se requieren.
- Refrigerios.
- Reglas del grupo.
- Confidencialidad.
- Medidas de seguimiento.
- Registro del grupo.
- Evaluación del grupo.
- Realimentación acerca de cada niño con las personas que hicieron la referencia, a los custodios y a la escuela.
- ¿Los niños del grupo pueden tener terapia individual también?
- Disposiciones de contingencia para los niños que todavía necesitan ayuda cuando el grupo ha terminado, o para los niños que deben ser referidos durante el transcurso del grupo.
- La propia asesoría o supervisión de los terapeutas de grupo.

PROCESO GRUPAL ▬▬▬▬▬▬▬▬▬▬▬▬▬▬▬▬▬

Ejercicio

* ¿Puede usted solo "hacer" terapia de juego?
* ¿El sentido común es suficiente?
* ¿Qué teorías de proceso grupal le proporcionarían una base para comprender lo que está sucediendo en la vida del grupo?

Los terapeutas que previamente se han involucrado en trabajo grupal tendrán su propio marco teórico para el estudio del proceso del grupo. Se aconseja a los terapeutas de juego, que se encuentran inseguros acerca del trabajo con grupos, que consulten algunos de los textos existentes, encuentren un asesor y busquen entrenamiento profesional. Al encontrar algunas similitudes con las etapas en la terapia individual de juego (páginas 116 a 118), Gumaer (1984, páginas 221 a 236) conduce al lector a través del grupo con límite de tiempo centrado en el niño, y sugiere cuatro fases:

a) **Establecimiento** es la fase preliminar durante la cual los niños se familiarizan entre sí y con el ambiente, y deciden si la experiencia grupal es para ellos.

b) **Exploración.** Después de que progresan más allá del miedo y emoción iniciales, los miembros del grupo comienzan a examinar de manera más seria de qué trata el grupo y qué tanto de sí mismos pueden depositar en las sesiones, así que éste a veces parece ser un periodo turbulento.

c) **Trabajo** es la fase principal donde los niños llevan al grupo los diversos asuntos que, consciente o inconscientemente, necesitan trabajarse.

d) **Terminación.** En esta fase, los niños integraron algo de la exploración y prueba que se presentó en las etapas previas, y se lleva al grupo a un final que se planificó. Uno o dos de los pequeños tal vez arrojen nuevos problemas en un intento por prolongar la vida del grupo y los coterapeutas necesitan considerar si estas dificultades deben reconocerse y no tomar acción alguna o si debe ofrecerse alguna medida alternativa, como terapia individual o transferencia a otro grupo. Otros niños en ocasiones se alejan de manera prematura, ya sea porque no regresan o no participan, en particular si han tenido finales previos dolorosos en sus vidas. Se le debe dar total reconocimiento al proceso de "duelo".

Sin embargo, los grupos no sólo tienen una vida lineal y las fases pueden repetirse, pero de modo diferente, a lo largo del ciclo vital del grupo.

---

* Fases de un grupo de terapia de juego (Gumaer, 1984, páginas 221 a 236):
  — Establecimiento.
  — Exploración.
  — Trabajo.
  — Terminación.
* Pueden existir metas individuales en vez de grupales.
* ¡Observe que la conducta no se manifiesta inmediatamente!

OTRO EJEMPLO

Se remitió a Patricia, de seis años, por violencia contra su hermano pequeño. Era una "niña detestable y malvada" y su madre favorecía abiertamente al niño, lo abrazaba de manera amorosa y pasaba todo su tiempo con él. Como se encontraba cansada después de un día de trabajo, no tenía ni el tiempo ni la energía para abrazar a la niña o para acostarla. De modo que Patricia, que ardía de furia, se desquitaba a tal grado con su hermano pequeño que no era seguro dejarla sola con él. Patricia recibió terapia de juego individual durante muchas semanas en las cuales, al tener la atención completa de la terapeuta de juego, se deshizo de la peor parte de su ira, mediante pisotear y hacer pedazos a un osito de peluche. Existían dudas de si sería disléxica, ya que escribía al revés algunas letras. Durante la última parte de la terapia, sin embargo, admitió de manera libre que sabía cómo escribirlas. "Pero las hago al revés para molestar a Mami". Fue hasta después de que se estableció cierto grado de amor, confianza y seguridad que se consideró permitirle que se uniera a un grupo de terapia de juego. Primero se le colocó en un grupo chico en el cual era la más pequeña. Sólo después de un tiempo en este grupo, donde gradualmente se socializó, se intentó que se uniera a un grupo donde estuvieran niños más pequeños que ella. El grupo logró los resultados que se deseaban. Patricia era "segura" con los niños más pequeños y no hubo más problemas en casa.

RESUMEN

Este capítulo destaca algunas de las diferencias entre la terapia de juego centrada en el niño ya sea individual o de grupos. Se establecen los criterios sobre el tipo de niño que no es apropiado para un grupo de manera inicial, y se considera recomendable que el grupo se conforme de dos coterapeutas y de cuatro a siete niños, dentro de un rango de desarrollo de dos años de edad. Se analiza la relación profesional entre los coterapeutas y se induce al lector hacia la planeación inicial del grupo. Se resume el modelo de proceso grupal de Gumaer: establecimiento, exploración, trabajo y terminación (1984, páginas 221 a 236). Por último, se presenta una lista de verificación del trabajo con grupos.

En la parte tres se analiza el papel terapéutico.

LISTA DE VERIFICACIÓN DEL TRABAJO CON GRUPOS

1. ¿Los niños necesitan terapia individual o hay algunos que podrían beneficiarse del trabajo en grupo?
2. ¿Quién sería su coterapeuta?
3. ¿Tiene usted tiempo para la preparación y asesoría necesaria, así como para sesiones grupales periódicas?

4. ¿Existe algún asesor adecuado?
5. ¿Cuáles son los marcos teóricos para el grupo?
   a) ¿Cuáles son las aspiraciones y objetivos del grupo?
   b) ¿Qué tipo de liderazgo contempla usted?
   c) ¿Qué tipo de involucramiento espera de parte de los niños?
   d) ¿Qué teoría utilizará para ayudarse a comprender los procesos grupales?
6. ¿Cómo evaluará al grupo?
7. ¿Qué formato de registro utilizará?
8. ¿Qué tan grande será el grupo?
9. ¿Quién estará dentro del grupo? ¿Los niños tienen problemas variados?
10. ¿Cuál es el rango de edades?
11. ¿Dónde se reunirá el grupo? ¿Tiene usted el equipo adecuado?
12. ¿Proporcionará refrigerios?
13. ¿Cuándo reunirá al grupo (día y hora), durante cuánto tiempo y por cuántas sesiones? ¿Qué sucederá durante vacaciones?
14. ¿Cuáles son las reglas de confidencialidad?
15. ¿Quién se espera que acompañe a los niños?
16. ¿Qué preparativos necesita hacer usted?
17. ¿Qué límites impondrá?
18. ¿Qué pasará con los miembros del grupo que parezcan inadecuados?
19. ¿Será recomendable que algunos de los niños reciban terapia individual?
20. ¿Qué medida, si la hay, tomará usted para los niños que parezca que aún necesitan ayuda después de que termina el grupo?
21. ¿Qué contacto tendrá usted con la persona que remitió al niño y con los padres?
22. ¿Qué realimentación proporcionará usted a la persona que hizo la remisión, a los padres, o la escuela? ■

Tercera parte
Papel
terapéutico

El aspirante a terapeuta de juego

D ebemos llevarnos con nosotros dos cosas si hemos de entrar al mundo de la infancia: amor y una comprensión que incluya tanto percepción intuitiva como conocimiento técnico profundo de aquellas fuerzas que gobiernan nuestro consciente y nuestra vida inconsciente.

(Wickes, 1977, página viii)

En este capítulo central, se consideran:

- Las cualidades personales del terapeuta de juego "ideal".
- La importancia de la terapia o asesoría personal del terapeuta de juego.
- El entrenamiento y la preparación para llegar a ser un terapeuta de juego.
- Maneras en que los niños pueden "poner a prueba" al terapeuta de juego.
- Lo que sucede si el niño ignora al terapeuta de juego.
- Cambio de terapeuta de juego.

Ejercicio

¡Así que usted desea llegar a ser terapeuta de juego!

- Describa al terapeuta de juego ideal —cualidades, educación, antecedentes familiares, experiencia de vida.
- ¿Qué tipo de entrenamiento y preparación se requiere?
- Resuma los retos y dificultades que podrían ofrecer los niños con los que trabaja el terapeuta de juego.
- ¿Qué piensa y siente acerca de los niños? ¿Acerca de los niños perturbados?
- En terapia de juego, los niños necesitan...

"Eres horrible. Te odio y me quiero ir a casa" chilló Peter, mientras arrojaba cosas y trataba de patear y morder entre gritos a la terapeuta de juego. Gemma en cierto modo regañó altaneramente a la terapeuta por tener desordenado el cuarto de juego. Polly le informó a la terapeuta de juego que era una bruja. A veces, Andrew parecía ignorarla, jugando de manera silenciosa y en apariencia autorrestringido.

Parece que existen cuatro tipos de adultos: aquéllos que piensan que trabajar con niños es fácil y "todo mundo puede hacerlo"; los que descubren que los niños son criaturas atemorizantes que deben evitarse a toda costa; aquéllos que "saben" que los niños necesitan control y corrección; y los que se relacionan de manera natural y disfrutan estar con los niños. Algunos adultos pasan fácilmente al rol de terapeuta de juego; otros, quizá más acostumbrados a socializar, disciplinar y enseñar a los niños, encuentran más difícil esta transición; otros experimentan la aproximación como incompatible. A veces es difícil para el terapeuta de juego que tiene hijos propios, ya que aprende una manera diferente de interactuar con niños, de valorarlos y validarlos dentro de la terapia de juego.

La terapia de juego nunca debe tomarse a la ligera y son vitales el entrenamiento y supervisión suficientes además de las cualidades personales innatas adecuadas que posibilitan al futuro terapeuta de juego brindar apoyo y recibir la aceptación de niños con problemas. La realidad externa es importante, pero es la respuesta interna del niño a esa realidad, o hacia lo que el niño percibe o ha percibido como realidad, lo que constituye el área de trabajo.

Habilidades del terapeuta de juego:

- Capacidad para relacionarse y comunicarse con los niños.
- Autenticidad, congruencia.
- Aprecio positivo, calidez no posesiva.
- Empatía precisa.
- Confiabilidad.
- Respeto por, y no explotación de, los niños.
- Consciencia de, y capacidad para responder a, el propio niño interior.

Conocimiento que se requiere por parte de los terapeutas de juego:

- Edades y etapas de desarrollo de los niños.
- Efectos de una paternidad temprana defectuosa, problemas de apego, traumas, pérdida, maltrato, múltiples lugares de residencia.
- Teoría y práctica de la terapia de juego centrada en el niño.
- Conocimientos afines, por ejemplo teoría de sistemas, terapia familiar, terapia cognoscitiva y conductual, terapias de arte expresivo, psicología infantil.
- Consciencia de los aspectos que tienen que ver con raza, género, discapacidad y poder.
- Aspectos éticos y legales.

En la terapia de juego centrada en el niño, el terapeuta tiene un interés genuino, preocupación y respeto por el niño completo, pero normalmente sólo trabajará con él dentro del contexto de la terapia de juego (Goldstein y colaboradores, 1986, páginas 81 a 83). "No siempre es fácil ver cómo ofrecerle a un niño... una relación donde puedan considerarse y comprenderse sus necesidades emocionales en casos donde el papel del terapeuta incluye una urgente toma de decisiones en su beneficio" (Copley y Forryan, 1987, página 4). El apuntalamiento de la terapia de juego lo constituyen la fe, la aceptación y el respeto que Moustakas resaltó (1953, páginas 1 a 5). Fe en que los niños tienen la capacidad de creer y convertirse por completo en ellos mismos; aceptación de los niños tal como son, sin crítica o desaprobación, y respeto por los derechos de los niños como individuos.

> • Fe, aceptación y respeto (Moustakas, 1953, páginas 1 a 5), con conocimiento técnico adecuado, apoyan la aproximación del terapeuta hacia la terapia de juego y hacia el proceso terapéutico.
> • Alguien más, además del terapeuta de juego, debe tomar la responsabilidad del trabajo clave y manejo con el niño.

CUALIDADES PERSONALES

Ejercicio

• Enliste las cualidades personales que:
—Deberían ser útiles para el terapeuta de juego.
—Pueden obstaculizar al terapeuta de juego.
• Si usted fuera un niño perturbado, de seis años de edad, ¿cómo sería su mejor terapeuta de juego?
• ¡Trace a su terapeuta de juego ideal!

Desde el principio, es importante tanto lo que el terapeuta de juego dice y hace, así como los sentimientos detrás de las afirmaciones y acciones del terapeuta, y el puente que se forma entre dos personas y que se encuentra intrínsecamente ligado con el proceso terapéutico. Al trabajar dentro de un sistema centrado en el niño, los aspirantes a terapeutas de juego se relacionan a través de sentimientos y aceptan el *acting out* y las emociones fuertes del niño, sin ejercer represalias. Astor (1991, página 415) apunta a la importancia de la intuición, "la matriz fuera de la cual pensamiento y sentimiento se desarrollan como funciones racionales" (Jung, 1921), como una parte central del repertorio del terapeuta. Se requiere poner a prueba las intuiciones y corazonadas, contra lo que el niño presenta en el juego, cajón de arena, trabajo artístico y sueños. El terapeuta de juego respeta el ritmo del niño, sin presionar para obtener una "cura" rápida, teniendo confianza de que la psique del niño sabrá cuándo es el momento adecuado para algún tipo de resolución a los conflictos (Winnicott, 1971b, página 2). Uno de los retos personales para los aspirantes a terapeutas de juego consiste en recapturar el mundo de "mentirillas" en el que vivieron cuando niños (Fraiberg, 1968) y vincular una comprensión intuitiva del mundo interior del niño con un deseo de aprender el método de comunicación del joven.

Se requiere que los terapeutas de juego trabajen en sus experiencias y sentimientos respecto a su vida adulta y temprana de modo que, con suficiente madurez y autoconocimiento personal, puedan empezar a reconciliarse con su propia infancia y familia, con sus propios sí mismos infantiles y con sus circunstancias vitales (Lewis, 1985, página 179). No resulta fácil conseguir estabilidad personal para trabajar al lado de niños perturbados, infelices y que sufren; ni el reconocimiento de que a veces el terapeuta se sentirá confuso, disminuido, enojado e ineficiente (Bandler, 1987, página 81), al reflejar las experiencias del niño. Es en particular doloroso y delicado cuando, a través de su trabajo, el terapeuta de juego llega a darse cuenta de que él mismo ha sufrido abuso (sexual). Es vital la asistencia de un asesor o psicoterapeuta calificado que ayude al terapeuta a explorar y reconciliarse con lo que le pasó y el aspirante seriamente deseará considerar si, en ese momento, la terapia de juego con un niño que ha sufrido de este tipo de maltrato es una ocupación adecuada para él.

Las tan citadas cualidades de autenticidad, aceptación y estima hacia el niño, de calidez no posesiva, de empatía (Katz, 1963), de una actitud acrítica y una creencia en el proceso, son elementos esenciales en la relación terapéutica (Rogers, 1957; Truax y Carkhuff, 1967, página 25). A éstas pueden añadirse características como sensibilidad, responsabilidad, flexibilidad, paciencia, sentido del humor, confianza, inteligencia, confiabilidad, integridad, tesón para guardar secretos; junto con aceptación relajada de uno mismo y del niño.

Los terapeutas de juego deben cuidarse de compadecer o identificarse en demasía con el niño, y de utilizar la terapia de juego para la satisfacción de sus necesidades conscientes o inconscientes (como satisfacción vicaria o compensatoria, prestigio, ser deseado) en lugar de las necesidades del niño (Ginott, 1961, página 129 a 134). El trabajo es demandante porque el terapeuta de juego responde al dolor, enojo y privación del niño (Hoxter, 1983) y a veces experimenta fuertes sentimientos de repulsión, placer, disgusto, enojo, temor, compasión y preocupación (Simmonds, 1988, página 16) cuando los niños evocan sentimientos y representan, por medio del juego, algunos de los traumas que experimentaron (Lanyado, 1989, página 97). De acuerdo con Copley y Forryan (1987, página 32), es importante la aceptación de los niños en todos sus estados de ánimo y no coludirse con ellos para enmascarar sus sentimientos (dolorosos). Por ejemplo, Peter a veces le gritaba, insultaba, anulaba, golpeaba y, en general, disminuía a su terapeuta de juego y ésta sentía que tal vez estuviera experimentando en cierto grado lo que el niño había pasado con su madre.

Las personas que emprenden la terapia de juego requieren de objetividad cuidadosa y de la capacidad de estar tanto en el interior como a un lado del proceso entre terapeuta y niño, de modo que formulen y verifiquen las hipótesis y adapten las respuestas de acuerdo con esto.

Al ofrecer un código de ética, Reisman (1973, página 91) sugiere que el terapeuta de juego debe:

- Ser modesto y digno sin garantizar resultados.
- Respetar los principios de la confidencialidad.
- No explotar a los niños.
- Buscar consentimiento adecuado para ver clientes infantiles.
- Estar consciente de sus propias limitaciones, esforzarse en incrementar su conocimiento y habilidades.
- Comportarse dentro de la ley.

Las cualidades personales del terapeuta de juego incluyen la capacidad para:

- Relacionarse con y a través de los sentimientos.
- Comprender y reconciliarse con lo que le ha sucedido en su propia niñez, adolescencia y adultez, incluyendo los aspectos de crianza y paternidad (o maternidad).
- Trabajar dentro de un marco centrado en el niño.
- Comunicarse con los niños.
- Jugar.
- Trabajar al lado de niños perturbados sin ser dañado por el dolor del niño.
- Actuar como un intermediario para los niños en terapia de juego.

Quizá no es necesario decir que los terapeutas entusiastas y comprometidos tienen una mayor tasa de éxito que aquéllos que son aburridos y pesimistas (Rutter, 1975, página 305) y algunos estudios afirman que es el terapeuta quien tiene el mayor efecto, más que la técnica o persuasión teórica (Smail, 1978). Los niños son perceptivos y con frecuencia ven a través de la esencia de los adultos, y quizá los terapeutas mismos son la mejor herramienta que se sostiene sobre un conocimiento teórico sensible.

De la descripción anterior podría suponerse que ¡sólo las personas modelo son aceptables para la terapia de juego! Es un trabajo serio e importante que requiere de preparación seria e importante y los adultos entrenados, que en forma madura han llegado a reconciliarse con las vicisitudes de sus vidas, tienen mucho que ofrecer.

PSICOTERAPIA O ASESORÍA PERSONAL

La psicoterapia o asesoría personal es un requisito para la mayoría de los profesionales que hacen trabajo psicoterapéutico con niños. Jennings insta "si escogemos trabajar con niños dañados, entonces debemos estar preparados para reconocer nuestro propio niño interior dañado y buscar terapia personal para nosotros mismos. Si evadimos esto, entonces estamos en peligro de explotar al niño, de buscar nuestras propias resoluciones a través de nuestro trabajo con los niños" (1993, página 147). Todos tienen vestigios de su propia infancia y vida familiar que, si no se alivian, resuelven o reconstruyen, pueden deteriorar la capacidad del aspirante para centrarse en el niño. La terapia personal brinda la oportunidad de sobrellevar una regresión terapéutica y volver a experimentar la etapa de bebé y niñez para que, en lugar de leer acerca del mundo interior del niño (por ejemplo Fraiberg, 1968), el terapeuta de juego pueda tener conocimiento de primera mano acerca de los procesos en el trabajo con el niño. La eficacia terapéutica es con frecuencia proporcional a la "simultaneidad" personal del terapeuta, y al éxito con el que las partes rechazadas o descartadas de su ser son bienvenidas de nuevo dentro de la personalidad adulta con amor, tolerancia y entendimiento.

La terapia personal también proporciona una oportunidad de trabajar aspectos y experiencias de vida actuales, las cuales deben ayudar a los terapeutas de juego evitar utilizar a los niños y las sesiones de juego para satisfacer sus propias necesidades. La terapia brinda a los adultos ocupados y atormentados el lujo y la oportunidad de prestar atención a sí mismos; después de todo, la mayor parte de su vida profesional se le brindan a otros, así que ¿por qué no debería el terapeuta de juego recibir algo personal?

- Los terapeutas y aspirantes a terapeutas de juego deben asistir a psicoterapia o asesoría personal.
- Deben entrar en contacto directo con su propia infancia.
- Deben reconciliarse con lo que la vida les ha dado, en particular experiencias de maltrato, pérdida o ambas.
- La psicoterapia o asesoría ayuda a mantener el equilibrio si el terapeuta de juego ve ahora las cosas de manera diferente respecto a la crianza del niño y se preocupa por lo que él o ella pudieron haber hecho en el pasado por sus propios niños.
- Puede ayudar con los sentimientos y transferencias que emergen en las sesiones de terapia de juego.

ENTRENAMIENTO Y PREPARACIÓN

Ejercicio

- ¿Debe un terapeuta de juego tener requisitos? Si es así, ¿cuáles?
- Qué esperaría que un terapeuta de juego supiera si usted fuera:
  —El papá o mamá del niño.
  —Un profesional que refirió al niño.
  —El niño.

Al momento de escribir esto, el entrenamiento en terapia de juego se vuelve, de manera lenta, accesible en el Reino Unido. Es vital que los aspirantes a terapeutas de juego se preparen tan ampliamente como sea posible porque los niños, de modo sorprendente y acertado, descubrirán y explotarán sus puntos débiles. Cuando se trabaja con adultos, los profesionales quizá son capaces de ponerse una fachada razonable, pero los niños ven con rapidez a través de este maquillaje y después lo explotan y destruyen. Los terapeutas de juego requieren de un conocimiento informado y necesitan aceptarse y trabajar consigo mismos, si van a aceptar de lleno a los niños.

Por tradición, los trabajadores sociales han estado involucrados con clientes dentro de su ambiente social y los psicoterapeutas con los conflictos intrapsíquicos y los mundos internos de sus clientes (Konopka, 1986; Simmonds, 1988, página 16), lo que señala los límites borrosos y la confusión resultante que existe cuando los profesionales invaden los campos de otros. En cualquier esfera la efectividad terapéutica puede ponerse en riesgo a causa de conocimientos deficientes y habilidades escasas (Reisman, 1973, página 90).

El entrenamiento y la preparación entran en tres áreas principales (Ross, 1991, página 619):

- Lo que uno "es" cualidades personales, en especial aprecio incondicional, calidez e integridad así como la capacidad para centrarse en el niño.
- Las guías y explicaciones de conocimientos teóricos muestran el camino y apoyan la evaluación.
- Conocimientos técnicos: por ejemplo tipos de trabajo de juego, principios de la terapia de juego centrada en el niño, lo que uno hace.

El siguiente es un formato de entrenamiento que se recomienda para los profesionales que desean emprender la terapia de juego:

1. **Su propia capacidad profesional.**
2. **Entrenamiento en asesoría centrada en la persona.**
3. **Asesoría psicológica personal, psicoterapia o psicoanálisis,** del tipo que incluya una oportunidad de trabajar con aspectos que rodean la infancia del terapeuta.
4. **Un curso completo y una comprensión acerca del desarrollo normal y anormal del niño,** incluyendo observaciones e involucramiento con niños de todas las edades (sin olvidar aquéllos con problemas de aprendizaje, discapacidades físicas y trastornos psiquiátricos) en una variedad de ambientes. Esto proporcionaría normas para diferentes etapas del desarrollo, para los diferentes medios donde viven los niños, y para las variaciones en la conducta de los niños perturbados con respecto a los "normales" (Rich, 1968, páginas 110 a 114).
5. **Conocimiento acerca de:**
   a) Diferentes tipos de estructura familiar.
   b) Familias desintegradas y maltratadoras.
   c) Adultos perpetradores masculinos y femeninos.
   d) Niños que maltratan a otros niños y animales.
6. **Conocimiento acerca de los principios y la práctica de la comunicación con niños.**
7. **Comprensión acerca de las cualidades personales y actitudes necesarias en la terapia de juego y posesión de las mismas.**
8. **Una visión histórica general de la terapia de juego y una conciencia de la terapia de juego dentro del contexto de otras medidas para los niños.**
9. **Principios de la terapia de juego centrada en el niño; los tipos de niños que son adecuados y cómo obtener referencias: el proceso terapéutico, evaluación, terminación.**
10. **Diferentes lenguajes en terapia de juego** (como son: trabajo artístico, cajón de arena, regresión terapéutica, danza, música, drama, juego, narración de cuentos, títeres).
11. **Implicaciones institucionales:**
    a) Personal.
    b) Instalaciones (es decir: cuarto adecuado, equipo).
    c) Vinculación con las personas que hacen las referencias, otros profesionales, familias.

d) Registros.
e) Asesoría.
f) Responsabilidad.
g) Supervisión y entrenamiento.
12. Seminarios de supervisión de caso.
13. Tareas por escrito.
14. Lecturas relevantes, deben estudiarse textos sobre terapia de juego y desarrollo infantil; la lista de lecturas podría incluir libros para niños e historietas.
15. Servicios de un asesor adecuado.
16. Oportunidades para el juego personal y para explorar diferentes materiales de juego. Ser un cliente de terapia de juego es un apoyo importante para el entrenamiento.
17. Comprender el marco legal.

Guerney (1983a, páginas 27 a 28) señala el valor de:

— La apertura del terapeuta ante el enfoque; la calidad del entrenamiento y supervisión.
— Las cualidades personales del terapeuta, inclusive la aceptación de un enfoque no autoritario con respecto al niño.
— La autoexploración y autoconciencia del terapeuta.

En última instancia, el mejor instrumento de un terapeuta es su sí mismo entrenado y respondiente (Lewis, 1985, página 179).

El entrenamiento debe incluir:

• Valores y ética.
• Un conocimiento completo del desarrollo normal y anormal del niño.
• Traumas infantiles (por ejemplo maltrato, pérdida, discapacidad, enfermedad, abandono, pobreza, impotencia, incertidumbre).
• Estudios de observación a niños.
• Niños y sistema legal.
• Niños en sociedad y dentro de la comunidad multirracial.
• Niños y vida familiar.
• Niños que viven con otras personas.
• Teoría de la terapia de juego centrada en el niño.
• Aspectos prácticos de la terapia de juego centrada en el niño.
• Trabajo práctico supervisado.
• Experiencia personal de juego, arte, drama, música, cajón de arena, etcétera.
• Psicoterapia o asesoría personal.

TRABAJO DEL TERAPEUTA DE JUEGO

¡De modo que éste es el modelo de virtud! El terapeuta de juego centrado en el niño es un adulto aceptante, comprensivo, cálido, útil, que se preocupa por los niños y que llegó a reconciliarse con su propio sí mismo infantil; es razonable, no punitivo, consistente y le da libertad al niño, pero le pone límites si es necesario. El terapeuta de juego debe permanecer como una figura neutral (no neutralizado y sin expresión, es importante para la personalidad), como un telón de fondo contra el cual el niño puede proyectar imágenes, temores y fantasías, y debe evitar dar información personal innecesaria. Se completaron los preparativos y el terapeuta se encuentra en el cuarto de juego. ¿Qué sucede?

El terapeuta de juego intenta brindar una relación cálida y comprensiva (Dorfman, 1951, página 241), que se basa sobre los ocho principios básicos de Axline que son los fundamentos teóricos más importantes para los terapeutas de juego centrados en el niño (Axline, 1969, páginas 73 a 74):

1. El terapeuta debe desarrollar una relación cálida y amistosa con el niño, en la cual se establecerá un buen *rapport* tan pronto como sea posible.

2. El terapeuta acepta a los niños tal como son.

3. El terapeuta establece un sentimiento de permisividad en la relación, de modo que los niños se sientan completamente libres de expresar sus sentimientos.

4. El terapeuta está alerta para reconocer los sentimientos que los niños expresan y se los vuelve a reflejar de manera que obtengan un *insight* acerca de su conducta.

5. El terapeuta mantiene un profundo respeto por las capacidades de los niños para la resolución de sus propios problemas, si se les da la oportunidad de hacerlo. La responsabilidad de tomar decisiones e instituir un cambio es del niño.

6. El terapeuta no intenta de ninguna manera dirigir las acciones o conversaciones del niño. Éste determina el camino, el terapeuta lo sigue.

7. El terapeuta no intenta apresurar la terapia. Es un proceso gradual y lo reconoce como tal.

8. El terapeuta establece sólo aquellos límites que son necesarios para anclar la terapia al mundo de la realidad y para hacer conscientes a los niños acerca de sus responsabilidades en la relación.

Estos asuntos resumen de manera nítida las principales doctrinas de la terapia de juego centrada en el niño. El terapeuta de juego trata de "sentir el interior" del niño, mediante la aceptación del juego y reflejar algo acerca de los actos y sentimientos de éste, en un intento por ponerse a tono con él y trabajar con señales tanto verbales como no verbales. Sin embargo, el terapeuta de juego no es sólo un trozo de papel secante que absorbe de manera pasiva lo que el niño ofrece, ni tampoco es simplemente quien determina la escena; ya que cualquier cosa que el terapeuta hace (o no hace) es una respuesta de algún tipo. La relación en la terapia de juego (alianza terapéutica) es un tipo de dueto, o danza, entre dos participantes que se entrelazan (con frecuencia de manera hábil).

En la terapia centrada en el niño, el terapeuta trabaja con lo que el niño presenta en el aquí y ahora, y está consciente de que el presente se configura por las experiencias pasadas. La presencia del terapeuta de juego brinda un apoyo, y el respeto por el niño y por el proceso terapéutico implica que el terapeuta no se entrometa. Existe un equilibrio delicado entre la actividad del terapeuta de juego, que podría verse como dominante, y su pasividad, que podría interpretarse como desinterés. Polly y Peter interactuaron con su terapeuta de juego desde el principio. Si el niño lo involucra, tenga cuidado de que es el niño quien hace sugerencias y da instrucciones. Al inicio Gemma y Andrew se relacionaron más con los juguetes. Cualquiera que sea el estilo de la sesión, el terapeuta de juego no obstruye, a menos que sea en interés de la seguridad. Como muestran algunos de los ejemplos de caso, el papel del terapeuta de juego cambia para ajustarse a las necesidades del niño. Es la relación continua, firme y confiable la que es tan importante como la verdadera naturaleza del juego. Después de las primeras sesiones, que principalmente constituyen la fase de aceptación y evaluación, existirán ocasiones en las que el terapeuta desee ofrecer respuestas y conductas alternativas y puede elegir la introducción de algún juego específico (Schaefer, 1985, páginas 98 a 102, 105).

A veces es sólo en retrospectiva que el terapeuta de juego reconoce que se cometió un error. En la sesión previa, Polly había pedido que la terapeuta de juego fuera un fantasma y ésta se había negado torpemente, ya que había sentido que si Polly quería un fantasma, ella (Polly) debería asumir el rol. En la siguiente sesión, la niña sacó a relucir de nuevo el fantasma y, después de haberse dado cuenta de que Polly, en esta fase necesitaba representar por medio del juego el tema del fantasma, pero era probable que estuviera demasiado asustada como para hacerlo de manera directa, la terapeuta de juego dijo: "He estado pensando en los fantasmas. La vez pasada dije que tú tenías que ser el fantasma. Bien, yo seré el fantasma si lo deseas y cuando quieras puedes participar". Efectivamente, al poco tiempo Polly pudo convertirse en el terrible fantasma.

Antes de que se dé comienzo a la sesión se obtendrán ganancias si el terapeuta de juego pasa un tiempo preparándose para ese niño en particular en ese momento específico, mediante la lectura de notas de la sesión previa y a través de recapitular los puntos que surgieron en la asesoría. Algunos niños continúan su juego de la sesión previa (así que al terapeuta de juego le compete recordar qué es lo que sucedió), pero para otros cada sesión es una nueva experiencia y el terapeuta debe estar abierto a lo que el niño trae (Dorfman, 1951, página 241). De modo similar, será útil si se tienen unos cuantos minutos en silencio después de la sesión, para concentrarse en los sentimientos y pensamientos acerca de lo que sucedió. Durante la sesión, la concentración del terapeuta de juego se centra en el niño y el cuarto, y deben alejarse las distracciones del exterior, como pensar acerca de la siguiente cita o las compras que tienen que realizarse de regreso a casa.

Margaret Lowenfeld (1935, página 44) resume aspectos importantes del papel del terapeuta de juego:

a) Físicamente el adulto debe estar al nivel del niño o más abajo. Es una mala costumbre que el terapeuta de juego le hable con superioridad al niño, ya sea de manera metafórica o literal.

b) En el cuarto de juego el adulto hace lo que el niño pide, a menos que sea peligroso o antiético.

c) Los estándares de conducta en el cuarto de juego son los del niño, no los del terapeuta de juego (pero recuérdense los límites, capítulo 16).

d) El terapeuta de juego permite que el equipo se utilice de manera no convencional, a menos que exista la probabilidad de peligro o daño.

e) Evite culpar o reprobar a los niños; las situaciones difíciles deben eludirse en lugar de oponerse a ellas de manera directa.

Madge Bray (1991, páginas 10 a 19) brinda una narración vivida de los cambios y adaptaciones que los adultos emprenden, por lo común, cuando adoptan un enfoque centrado en el niño. En las sesiones, no es inusual para el terapeuta de juego sentirse aturdido, desorientado, molesto e indefenso y puede tener fantasías acerca de querer rescatar a algunos niños de sus situaciones (Chethik, 1989, páginas 23 a 25).

En el trabajo, el terapeuta de juego ha considerado:

- La relevancia de los ocho principios de Axline.
- Errores que cometen a veces los terapeutas de juego.
- La preparación para las sesiones de juego.
- La "adecuación de papeles" de los adultos en la terapia de juego.

PONER A PRUEBA AL TERAPEUTA DE JUEGO

Ejercicio

- ¡Juegue con usted mismo! Suponga que es un niño de siete años de edad. ¿Cuántas maneras puede encontrar para burlar y ser más listo que los adultos?
- ¿Cómo se siente si tiene éxito? ¿Si no tiene éxito?
- ¿Qué cambios podrían hacer los adultos para que usted no tenga que ser más listo que ellos?

Reisman (1973, páginas 17 a 81), señala que los terapeutas de juego no son infalibles y nombra seis "pruebas" a las que sus clientes infantiles los pueden someter:

a) La prueba de atención. El niño interroga al terapeuta para verificar si éste prestó atención a lo que se ha dicho o hecho.

b) La prueba de memoria. El niño verifica la memoria del terapeuta con respecto a sesiones previas.

c) La prueba de tolerancia al enojo. El niño provoca al terapeuta de juego. ¿El terapeuta tomará represalias?

d) La prueba de amor. ¿El terapeuta de juego distingue de manera adecuada los cumpleaños y ocasiones especiales?

e) La prueba del rechazo. Los niños en ocasiones requieren confirmación verbal de que el terapeuta no los rechaza; o, si se sospecha acerca de un rechazo, el niño puede anticiparse y repudiar al terapeuta de juego. El rechazo puede dispararse si se ha hecho un acercamiento inapropiado a la terminación o si el niño se siente inseguro.

f) La prueba de la confianza. El niño puede revelar un secreto o un trozo precioso de información y espera a ver si surge en otra parte.

Es importante que los terapeutas de juego pasen estas "pruebas". Con niños mayores, es posible el reconocimiento de los mecanismos de examen, traerlos a la conciencia y discutirlos.

Reisman (1973, páginas 179 a 181) sugiere seis "pruebas" a las que los niños pueden someter a sus terapeutas de juego:

- La prueba de atención.
- La prueba de memoria.
- La prueba de tolerancia contra el enojo.
- La prueba de amor.
- La prueba de rechazo.
- La prueba de confianza.

NO INVOLUCRAMIENTO DEL TERAPEUTA DE JUEGO

Ejercicio

- ¿Por qué elige ignorar a la gente algunas veces?
- Trate de ignorar a alguien cerca de usted y vea cómo reacciona.
- ¿Por qué podría un niño ignorarlo en el cuarto de juego?
- ¿Cómo respondería usted?
- Si usted fuera un niño en una sesión de juego, ¿qué razones tendría para querer ignorar a su terapeuta de juego?

Unos cuantos terapeutas (Ginott, 1964a, páginas 127 a 128) recomiendan que el terapeuta de juego debería ser pasivo y no involucrarse en el juego del niño, pero muchos terapeutas centrados en el niño sienten que es correcto responder al lenguaje del juego de éste. A veces el niño tal vez parezca retraído, o juega solo y de manera silenciosa. Esto puede experimentarse como rechazo y, por tanto, es difícil para el terapeuta de juego (Boston, 1983a, página 62), que debe mantener la conciencia enfocada en lo que sucede, siendo empático y aceptando (Ginott, 1982a, página 206) sin entrometerse (Dorfman, 1951, página 246). Los terapeutas de juego quizá sientan que no han estado "haciendo su trabajo" si el niño no realiza "actividad significativa". Aunque para algunos terapeutas esto sea difícil de aceptar, es correcto si el niño en apariencia no "hace" nada.

> Cualquier cosa que elijan hacer en esa hora, aun enfurruñarse, soñar despiertos o irse antes, es significativo para ellos a un nivel inconsciente, ya sea que yo (el terapeuta) lo comprenda o no. Por una vez éste es su espacio, su oportunidad para explorarse y descubrirse a sí mismos... (Gillespie, 1986, página 23).

Algunos niños introvertidos, o niños a quienes se ha perseguido en sus vidas diarias, se deleitan en la libertad de ser ellos mismos en el cuarto de juego. Andrew y, en las primeras etapas, Toby estaban conscientes de la terapeuta pero no la incluían de manera directa en su juego.

Sin embargo, si existe un clima de incomodidad en el cuarto (ya sea que el niño dé la apariencia de sentirse avergonzado o bajo escrutinio, o el terapeuta de juego se sienta indebidamente incómodo) tal vez sea apropiado que el terapeuta verbalice en primer término lo que está experimentando y cómo podría estarse sintiendo el niño. Si esto no ayuda, el terapeuta podría consentir en algún tipo de juego paralelo. Esto quiere decir que el terapeuta de juego realice alguna actividad silenciosa alternativa que no "desenmascare" al niño porque el terapeuta sea mucho mejor, o mucho más hábil, pero con frecuencia ello crea un sentimiento de compañía que hace más alcanzable al terapeuta (¡siempre y cuando el terapeuta no esté demasiado absorto en el juego!). A veces el silencio es cómodo, con el terapeuta de juego que simplemente acepta lo que sucede. En ocasiones, sin embargo, el silencio se siente como rechazo. Durante un intervalo de silencio, una terapeuta de juego razonó:

> ¿Qué tanto tomo la iniciativa? Es decir, me estaba sintiendo tan parecida a su madre que el niño no me da nada. Pero su **ser** es importante.

Algunos niños se retraen después del juego activo. Se descubren ellos mismos y después se retiran hasta el siguiente brote de actividad.

- Si ha sido ignorado, siéntese calladamente y observe. Descubra cómo se está sintiendo.
- Si el niño es nuevo para el trabajo:
  — Sea empático acerca de lo que él (o ella) parece estar sintiendo.
  — Recuerde al niño que él (o ella) puede escoger qué hacer.
  — Diga "está bien" si el niño no quiere hacer nada.
  — Haga una sugerencia más directa si el niño parece "estancado" e incómodo.
- Si el niño excluye al terapeuta, pruebe si tolerará la intrusión de palabras. De ser así, refleje de manera verbal lo que ha visto que hace el niño y el contenido de sentimientos. "¿Cómo te sientes?" "Me siento un tanto... y me pregunto si..."
- ¿Están "poniéndolo a prueba"? (Páginas 175 a 176.)

CAMBIO
DE TERAPEUTA DE JUEGO

Ejercicio

- ¿Cómo se ha sentido cuando alguien, un profesional, lo ha transferido a alguien más?
- ¿Cómo podría afectar un cambio de terapeuta a los niños que ya han tenido muchos adultos que van y vienen en sus vidas?
- Si usted tuviera seis años de edad, ¿qué pensaría y cómo se sentiría si su terapeuta de juego le dijera que se irá y que usted tendrá un nuevo terapeuta de juego?

Es una buena práctica que el niño tenga al mismo terapeuta de juego durante todo el proceso, pero hay raras ocasiones en las que se le tiene que transferir. A veces, el cambio a un nuevo terapeuta crea un retroceso en la terapia de juego del niño (Bixler, 1982, página 247) y tiene que manejarse de manera sensible la introducción de un nuevo terapeuta.

Brian, de nueve años de edad (página 102), se encontraba en su decimosegunda sesión y su terapeuta de juego, Pat, tuvo que mudarse de manera inesperada y consultó a una colega con la cual se transferiría a Brian. El padre de Brian estaba a punto de regresar de la prisión y la primera terapeuta de juego utilizó esto, además de cierta ayuda visual, para explicarle a Brian lo que pasaría:

> Me siento a su lado y le hablo acerca del regreso de su papá a casa. Él está expectante con respecto a esto y le hablo acerca de que las familias estén completas. Después le pregunto si ha oído que es posible que me vaya. Me dice "No". Le digo a Brian que mi esposo está trabajando en otra ciudad y que nos tendremos que mudar allá. "¿Por qué?" Le explico que su trabajo se encuentra allá y que queremos estar juntos como familia, igual que su familia pronto estará completa. A medida que hablo, utilizo los animales y los pueblos de juguete. Integro su familia con caballos y después pongo unida a mi familia con ovejas, con mi esposo en el extremo lejano del pueblo. Me iré en un trenecito de madera. A Brian le gusta esto, pero decide cambiar a su familia por leones. Toma un león grande para representar a su madre, cambiándolo por uno que está sentado. Le hablo acerca de las cosas buenas y malas de irse y le digo que él y su mamá estarán contentos de tener a su papá en casa, que podrá haber algunos amigos de su papá en prisión que estén tristes de que se vaya y aunque mi esposo está contento de que me le una, Brian estará triste de que me vaya. Está de acuerdo.
>
> Le hablo acerca de tener una nueva terapeuta para que pueda tener sus sesiones cada semana y dice que quisiera proseguir, de modo que le hablo acerca de la nueva trabajadora y la introduzco al juego como otra oveja, como yo. Hay cierta discusión acerca de cuándo comenzará el nuevo arreglo y está de acuerdo en reunirse con la nueva persona.

Cuando la nueva terapeuta se hizo cargo, puso una figura "mala" adicional en el cuarto de juego, de modo que, si lo deseaba, Brian pudiera actuar su enojo y agresión hacia el hecho de que su primera terapeuta de juego se hubiera ido.

El cambio se manejó de manera diferente en el caso de una niña más pequeña. Su terapeuta le dijo que tendría una nueva terapeuta de juego, ya que ella se iba y que la nueva terapeuta se les uniría en una sesión de entrega de mando (Reisman, 1973, página 179). Susy, de seis años, tenía curiosidad de conocer a esta "persona nueva" quien, en la sesión de cambio, entró poco después de que la niña y el terapeuta original llegaron. Susy lidió con la nueva terapeuta a través de mandarla a la cama, pero le pidió que se quitara los zapatos, con los cuales la niña anduvo por todos lados; a cierto nivel existía una identificación en progreso. Un poco después se invitó a la nueva terapeuta a que compartiera la comida y las tres se fueron a la cama. Susy fue Santa Claus y le dio a su primer terapeuta una bolsa de muebles como regalo y a su nueva terapeuta una bolsa de gente. Parecía, ante esto, que Susy estaba dispuesta a explorar las relaciones con su nueva terapeuta de juego. Se tomaron fotografías de Susy y sus terapeutas; se le dijo que el cuarto de juego permanecería igual y que la nueva terapeuta estaría allí la siguiente semana.

En el caso de Tom había una pantalla de observación en el cuarto de juego y él sabía que el observador, al que había visto cada semana, sería su terapeuta de juego cuando su terapeuta original se fuera. O'Connor (1991; páginas 315 a 318) sugiere tres posibilidades para una sesión conjunta de cambio:

— El nuevo terapeuta es en gran medida pasivo.
— Los dos terapeutas interactúan por igual.
— El terapeuta actual asume un rol pasivo. El nuevo terapeuta y el niño podrían planear una fiesta de "despedida" para el terapeuta que se va.

Se preparará al niño de manera adecuada para el cambio, y se le dará amplia oportunidad para desplegar sentimientos acerca de éste y resulta útil si los niños saben que las figuras clave en sus vidas ya conocieron a su nuevo terapeuta de juego (Reisman, 1973, página 179). Cuando se acepta a un niño transferido, es útil saber acerca de las estructuras alrededor de las sesiones previas y de los principales temas de trabajo. El "nuevo" terapeuta puede tener una reunión provechosa con el terapeuta anterior, y tal vez el niño desee unirse y explicar lo que ha sucedido. Dentro de la primera o segunda sesión después del cambio, el "nuevo" terapeuta probablemente dará al niño la oportunidad de expresar cómo se siente tanto por la pérdida del terapeuta anterior como con el terapeuta actual.

Las respuestas de los niños hacia su nuevo terapeuta de juego variarán de acuèrdo con sus experiencias previas de pérdidas personales. Algunos harán duelo por el terapeuta anterior y compararán de modo desfavorable a su nuevo terapeuta e incluso se retraerán o aun recharazán a la persona nueva como defensa contra el posterior rechazo (Reisman, 1973, páginas 174 a 176). Otros pueden lanzarse de manera demasiado entusiasta a la nueva relación. Es imperativo que el terapeuta anterior y el nuevo reconozcan sus sentimientos, temores, fantasías, resentimientos, placer y tristeza con respecto a que el niño se vaya con alguien más.

- Un cambio de terapeuta de juego ocurre sólo en circunstancias excepcionales.
- Anime al niño a expresar sus sentimientos acerca de la pérdida de su "viejo" terapeuta de juego y sus inquietudes acerca del "nuevo" terapeuta.
- Resuelva junto con el niño la mejor manera de manejar el cambio de terapeuta.
- Procure asegurarse de que el niño no sienta que el "viejo" terapeuta se va por su culpa.
- ¿Qué necesita saber el "nuevo" terapeuta?
- ¿Cómo se adaptarán usted y el niño al cambio de terapeuta?

RESUMEN

Es fácil parecer preceptivo con muchos "debería" o "necesitaría" para el aspirante a terapeuta de juego. Es ideal un enfoque terapéutico relajado aunque informado, más una buena porción de intuición y sensibilidad. Los terapeutas de juego pasan mucho de su tiempo profesional con niños profundamente perturbados y necesitan flexibilidad para permanecer consistentes, dar apoyo y facilitar las cosas sin ser intrusivos. Se requieren ciertas cualidades personales, aunadas al entrenamiento profesional, trabajo consigo mismo y psicoterapia personal. Se resume un programa potencial de entrenamiento para terapeuta de juego y se citan (páginas 173 a 174) los ocho principios de Axline (1969, páginas 73 a 74), los cuales apoyan gran parte de la interacción del terapeuta. Los niños pueden someter al terapeuta de juego a varias "pruebas" incluyendo, en ocasiones, la prueba incómoda de ignorar al terapeuta de juego. Normalmente, no se recomienda el cambio de terapeuta durante la terapia de un niño, pero si ocurre, se requiere sensibilidad para introducir y manejar el cambio.

Las palabras y respuestas reales que utiliza el terapeuta de juego son una parte integral del proceso terapéutico. Las habilidades de asesoría se discuten en el siguiente capítulo.

LISTA DE VERIFICACIÓN: ¿ASÍ QUE USTED DESEA PRACTICAR TERAPIA DE JUEGO?

1. ¿Ha trabajado, y reconciliado, con su propia infancia temprana y experiencias vitales actuales?
2. ¿Puede relacionarse de manera cálida e intuitiva, pero no posesiva, con un rango de niños en todos sus estados de ánimo?
3. ¿Tiene usted entrenamiento en alguna de las profesiones de "ayuda"?
4. ¿Se encuentra preparado para pasar tiempo equipándose a sí mismo para emprender la terapia de juego?
5. ¿Puede permanecer junto a niños lastimados, perturbados; a veces junto a aquellos que han sufrido maltrato excesivo?
6. ¿Recibe usted, o hará arreglos para recibir asesoría personal, psicoterapia o análisis?
7. ¿La institución en la que labora le proporcionará las instalaciones y condiciones apropiadas para emprender el trabajo?
8. ¿Puede localizar a un asesor adecuado? ■

Habilidades en asesoría psicológica

Necesitamos establecer contacto con la parte que sufre dentro de cada niño, porque encerrado en el sufrimiento está el potencial de cada niño para vivir y sentir amor, lo mismo que para sentir temor, ansiedad u hostilidad.

(Winnicott, 1984, página 20)

Dentro del marco de referencia centrado en el niño, se estudian:

* Un modelo de asesoría.
* El uso de preguntas.
* El papel del silencio.
* El lugar de la interpretación.
* Algunos ejemplos de interacciones verbales con niños.
* Transferencia y contratransferencia.

Ejercicio

* ¿Las habilidades de asesoría son el "sentido común cotidiano"? ¿En qué pueden diferir?
* Si esta tarde usted tuviera una sesión de terapia de juego con un niño:
  — ¿Qué clase de cosas querría usted comunicarle?
  — ¿Por qué?
  — ¿Cómo intentaría esto?

La asesoría psicológica es una forma terapéutica de comunicación verbal y no verbal, a niveles inter e intrapersonales, con otro individuo. Los adultos están acostumbrados a enseñar, entrenar, ayudar, socializar y reprobar a los niños; el lenguaje, conducta y actitudes de los adultos en general expresan que ellos saben más y que se les tiene que obedecer. La relación terapéutica centrada en el niño es diferente. El niño y el terapeuta de juego se unen en sociedad, como cotrabajadores. El punto central consiste en validar al niño.

Habilidades de asesoría psicológica: principios sobresalientes (adaptado de Jacobs, 1993):

- **Escuche y observe.** Preste total atención al niño:
  —A los sentimientos y reacciones internas y externas del niño.
  —A sus propios sentimientos, reacciones internas y externas.
- **Recuerde** lo que está sucediendo. Haga anotaciones actuales, si esto le ayuda y el niño no tiene objeción alguna.
- **Relájese y permanezca tranquilo:**
  —Evite hablar demasiado pronto, en exceso y con demasiada frecuencia.
  —Evite hacer un gran número de observaciones.
  —Confíe en que tiene una comprensión teórica suficiente del proceso de terapia de juego.

CUATRO NIVELES DE INTERACCIÓN TERAPÉUTICA

Cuatro niveles de intervención terapéutica (adaptado de Brady y Friedrich, 1982):

I   Intervenciones físicas.
     Interacciones verbales simples.
     Escuchar.
     Atención.
II   Reflejar.
     Parafrasear.
III Interpretación en tercera persona, desde el punto de vista del niño (empatía primaria).
IV   Interpretación directa cautelosa (empatía intuitiva y certera avanzada).

Brady y Friedrich (1982) identifican cuatro niveles de interacción terapéutica. Recomiendan que los terapeutas principiantes se concentren primero en las habilidades de nivel I y, de manera gradual, incluyan las otras fases. El **nivel I** cubre **la presencia física del terapeuta de juego, los ademanes no verbales y las afirmaciones reflexivas o de respuesta simple,** como: "Estás ordenando las cosas", "Mm, sí, veo (escucho) lo que estás haciendo (diciendo)". La tarea principal consiste en **"atender"**, enfocarse en las comunicaciones verbales y no verbales del niño a través de escuchar, observar, hacer contacto visual, ademanes y postura.

Gemma, de ocho años de edad (página 37), entró al cuarto de juego asiendo a una muñeca inmaculada en una cuna portátil, la cual puso cuidadosamente a un lado mientras que sus ojos examinaban la escena. "¡Qué desastre!" declaró acerca del rincón hogareño y se puso a ordenarlo al detalle.

La terapeuta de juego observó, sintiéndose algo incómoda, ya que Gemma no la involucró en la ordenada domesticidad. Al fin, Gemma pidió una escoba y un recogedor que le dio la terapeuta de juego quien aventuró [Sentiste que el rincón hogareño estaba revuelto y quisiste ponerlo en orden].

Habilidades del Nivel I. Escuchar y atender

• Requiere intensa concentración del terapeuta.
• Otorgue al niño tiempo y espacio para compartir lo que él quiera.
• Advierta el significado personal y específico de lo que el niño dice y hace. No es necesario comentar sobre esto de manera inmediata.
• Esté pendiente de los mensajes no verbales.
• Trabaje con los sentimientos, así como con lo que el niño hace y dice.
• Busque incongruencias, por ejemplo entre palabras y lenguaje corporal.
• Concéntrese en el aquí y ahora.
• Escuche sus propios sentimientos.
• Verifique si comprende cómo se siente el niño.
• Permanezca con el niño. No introduzca nuevas variables o su propia agenda a menos que se relacione con el enfoque del trabajo.

Las **habilidades del Nivel II** (Brammer, 1979, página 156; Mearns y Thorne, 1988; Schaefer, 1985, página 103) van más allá en la ayuda al niño para reconocer y ubicar afirmaciones, acciones y sentimientos. Además de las habilidades de Nivel I, el terapeuta **refleja** (mediante la repetición de lo que el niño ha dicho, quizá alterando la inflexión o poniendo en palabras las acciones o comportamiento del niño), **parafrasea** (utilizando palabras diferentes a aquéllas dichas por el niño), **resume** las palabras o hechos y **amplifica**, al alentar al niño a que amplíe algo de lo que ha dicho o hecho.

Gemma está en cama y escucha un ruido. "¿Es mi caballo? No, él está bien. Todavía oigo el ruido. Será mejor que revise al bebé. Está bien dormido. ¿Serán los conejos? Oh, sí. Uno se lastimó la pata. Me subiré al coche y lo llevaré al veterinario." Gemma y el conejo se montan en el tractor. "Al fin llegamos", y entra al rincón que sirve de casa del veterinario y le deja el conejo. Recoge la escoba del cuarto de juego de la casa de una amiga. Gemma regresa a casa en motocicleta diciendo que está ". . .horriblemente cansada. No he dormido", pero por desgracia su motocicleta se queda sin gasolina. [Cuando estabas en la cama escuchaste un ruido y fuiste a revisar, encontrando que el conejo se había lastimado la pata, así que lo llevaste al veterinario. De regreso a casa te quedaste sin gasolina y te sentiste muy cansada. ¿Me pregunto cuándo te has sentido así antes?]

En ocasiones se utiliza la **confrontación**, no en un sentido de oposición, sino de sacar a relucir las contradicciones subyacentes en el discurso, conducta del niño o ambas (Beail, 1989).

> Después de haber evitado el saco de boxear junto con otras cosas "sucias" como la pintura, arena y agua, en esta sesión, Gemma, entre risitas, corrió hacia el saco pidiéndole a la terapeuta de juego que la viera boxear. Estaba peleando con Harry. Hubo muchos golpes, Gemma fue derribada muchas veces pero se recuperó para continuar peleando y molió a golpes a Harry. [Con frecuencia quieres ser limpia y ordenada en el cuarto de juego, pero también hay una parte enojada que necesita venir aquí también y golpear a Harry.]

Rara vez se utilizan preguntas abiertas, observaciones que informan, dirigen, controlan o resuelven problemas.

Habilidades del Nivel II

- Éstas van más allá en ayudar al niño a reconocer y ubicar declaraciones, acciones y sentimientos.
- Además de las habilidades de nivel I, en las habilidades de nivel II el terapeuta de juego:
  — Refleja.
  — Parafrasea.
  — Resume.
  — Amplía (comentarios que intentan ahondar en lo que el niño está haciendo o sintiendo).
  — Utiliza la confrontación sólo en raras ocasiones (la confrontación dirige la atención hacia incongruencias entre las palabras, el juego, los sentimientos y las señales no verbales del niño).

Las respuestas del **Nivel III o interpretaciones en tercera persona**, son equivalentes a la empatía primaria, donde el terapeuta de juego intenta reflejar los pensamientos, sentimientos y afectos del niño en la sesión desde **el punto de vista del niño**, pero no enfocados de manera directa a éste. Con frecuencia es "el bebé...", "Algunas niñas pequeñas...", "la mamá...", "a veces los niños sienten...".

> Había ruidos afuera de mi "casa" en el cuarto de juego y descubrí a un bebé que Gemma había dejado en un cochecito, de modo que la llevé a casa. Tuve que llamar a la policía para decirles que la madre había desaparecido. La bebé lloraba, gritaba, pateaba las cosas, golpeaba a otros niños y se me indicó que la pusiera de nuevo en el carrito como castigo. Cuando me fui a la cama, la bebé y el carrito desaparecieron y llamé a la policía. La bebé regresó a mi casa: "Voy a tu casa y era mala, hacía algo que no debía y rompo cosas". [Quizá la bebé se siente enojada y molesta porque había perdido a su mamá.] La bebé escapó en la noche, se subió hasta arriba de unos altos departamentos y se cayó, fue llevada al hospital donde la visité. [La bebé debe sentirse muy triste, solitaria y lastimada.]

Habilidades del Nivel III. Empatía primaria

- A través de la interpretación en tercera persona, el terapeuta de juego intenta responder al contenido subyacente más profundo del juego del niño.
- Es importante seguir la dirección del niño.
- El terapeuta refleja su entendimiento, libertad de censura o crítica.
- El terapeuta evita aconsejar, hacer muchas preguntas, tranquilizar o confortar.
- No es buena idea generalizar sobre las experiencias del niño.

El **Nivel IV** es el área de **interpretación directa**, por lo común ésta es cauta y se basa en lo que el terapeuta ve, deduce o siente.

Gemma reorganizó el rincón hogareño, quejándose un poco ante el revoltijo. Mejoró el área poniendo un mantel ya que deseaba que el rincón hogareño se viera bonito pero, antes que nada, se aseguró de que se satisfacían las necesidades del bebé. Gemma puso la mesa diciendo que venían visitas y comenzó a cocinar mientras que su bebé estaba en el jardín. Gemma me llamó por teléfono, invitándome a ir y me trató con cortesía, me llevó a la mesa y me sirvió comida que ella había preparado por primera vez y que el tendero le había recomendado. Gemma habló acerca de lo mucho que tenía que hacer en casa y de lo duro que era el trabajo. Dos o tres veces me ofrecí a cuidarle a su bebé y ayudarla. Resistió estas ofertas, pero después me dejó ayudarla un poco y finalmente estuvo de acuerdo en que yo podría cuidar de su bebé para que ella pudiera salir y divertirse. [Parece como si tuvieras montones de cosas que hacer. No siempre tienes que tomar la responsabilidad y hacerlo todo; hay algunas personas que pueden ayudar si se los permites.]

El Nivel IV se parece más a la empatía intuitiva y certera avanzada, donde el terapeuta de juego toma en cuenta el mundo del niño pero conceptúa de manera diferente y procura, tentativamente, atender a lo que podría encontrarse detrás de la conducta del niño. "La empatía avanzada se construye sobre la información que resulta disponible en un número de sesiones en las que el terapeuta se ha concentrado en hacer afirmaciones empáticas primarias." (Davis, 1990; Davison y Neale, 1982, página 574; Egan, 1982; cf. la escala de empatía en Mearns y Thorne, 1988, página 42.)

A medida que progresa la terapia de juego quizá sea apropiado que el terapeuta exprese sentimientos, por ejemplo, de aburrimiento, molestia o placer, en tanto no rechace al niño. Craig, de 10 años, involucraba a la terapeuta en juego mecánico, repetitivo, de una naturaleza muy aburrida y, después de sopesar la situación, la terapeuta de juego sintió que quizá él necesitaba el estímulo de las reacciones genuinas de parte de ella. [Hemos jugado a este juego durante largo tiempo y me estoy aburriendo un poco de él. ¿Me pregunto si tú también ya te aburriste?] Aquí es donde resulta importante la terapia personal ya que ayuda a distinguir entre lo que son sentimientos legítimos y congruentes que deben utilizarse en beneficio de la autenticidad y la empatía avanzada certera dentro de la sesión y lo que en realidad es asunto privado y personal del terapeuta de juego.

Considérese esta trama: Toby esparce por accidente arena en el piso. Ve hacia abajo de manera ansiosa y después arroja con vehemencia a la muñeca madre diciendo "No la quiero". El terapeuta podría responder:

Nivel   I – "No hay problema si pones arena sobre el piso".
Nivel II – "Arrojas la mamá muñeca porque no la quieres".
Nivel III – "A veces los niños se sienten enojados con su madre". O "en ocasiones los niños se asustan cuando hacen algo que podría disgustarle a su mamá".
Nivel IV – "¿Me pregunto si a veces te sientes enojado con tu madre, o quizá conmigo?"

Congruencia, autenticidad y reconocimiento de sentimientos personales

* Si el terapeuta de juego está comprometido emocionalmente con el niño, y ha trabajado con su propio niño interior en psicoterapia o asesoría psicológica personal por lo que está tan libre de proyecciones como sea factible, es probable que pueda sentir lo que el niño siente.
* En ocasiones puede ser útil reconocer, examinar y compartir dichos sentimientos con el niño, respetando la naturaleza única de las experiencias del niño.

REFORZAMIENTO POSITIVO Y NEGATIVO; REESTRUCTURACIÓN COGNOSCITIVA

* Yo influyo en ti a través de lo que digo, las palabras que utilizo y el tono de mi voz.

Las habilidades en asesoría psicológica contienen de manera inevitable elementos de reforzamiento positivo y negativo, por ejemplo en el nivel más simple el terapeuta de juego comentará acerca de ciertas cosas e ignorará otras (Herbert, 1975), lo cual puede influir en cómo reacciona el niño. Como dice Patterson (1986, página 559) "Todas las terapias que se enfocan en la relación, por ejemplo la terapia centrada en el cliente, incluyen elementos cognoscitivos". La elección de palabras del terapeuta de juego puede tener efectos importantes. Por ejemplo, cuando parafrasea puede reformular, reestructurar, "connotar positivamente" lo que ha sucedido. Dentro del enfoque centrado en el niño, el terapeuta de juego puede corregir de manera verbal las percepciones distorsionadas y la evaluación de la realidad y con ello se reduce el pensamiento ilógico que por su parte, afecta los sentimientos y acciones de los niños (Di Giuseppe, 1981; Patterson, 1986, páginas 1 a 62).

PREGUNTAS

* El terapeuta de juego debe preguntar lo menos posible.
* Las preguntas abiertas son, por lo regular, las mejores en terapia de juego.
* Evite demasiadas preguntas directas, a menos que esté ampliando y tratando de ahondar en lo que el niño ha dicho o hecho en el cuarto de juego.
* Los niños por lo general encuentran las preguntas de "¿Qué?" más fáciles para responder que las de "¿Por qué?" y "¿Cómo?"

Con frecuencia hacemos preguntas para satisfacer nuestras propias necesidades o curiosidad, o porque queremos reunir información para una evaluación o como mera formalidad. En la terapia de juego, intentamos estar centrados en el niño y no hacer las preguntas favoritas de los adultos, tales como: "¿has tenido un buen día en la escuela?, ¿Qué hiciste en tu cumpleaños la semana pasada?" En las sesiones de terapia de juego, nos reservamos las interrogaciones al mínimo, usamos preguntas abiertas para aclarar el comportamiento y discurso del niño, y para poner a prueba las interpretaciones. Si el niño no responde revisamos mentalmente si hemos utilizado un lenguaje apropiado, si hemos hecho una pregunta adecuada en el momento oportuno, o si el niño está bloqueando.

Cuando los niños hacen preguntas a los terapeutas, éstos deben decidir si dan una respuesta directa, si solicitan al niño que él responda, o si reflejan la pregunta al niño sin responderla; por ejemplo, "Tienes curiosidad por saber si tengo esposo".

SILENCIO

Ejercicio

* ¿Qué indica el silencio en una sesión de terapia de juego? Considere esto desde la perspectiva del terapeuta de juego y del niño.
* ¿El terapeuta de juego debería intentar romper un silencio?
* Suponga que es usted un niño, ¿cuándo sería apropiado para el terapeuta de juego romper un silencio y cuándo no?

Nunca subestime el valor del silencio. En ocasiones es un signo de retraimiento y rechazo (Boston, 1983a, página 62), pero puede ser una oportunidad para el trabajo creativo interno. Un silencio cómodo durante una conversación o actividad puede alentar a los niños a que exploren con más profundidad lo que sienten o intentan expresar (Gumaer, 1984, página 41) y los terapeutas deberían evitar precipitarse con palabras o acciones. Puede ser curativo simplemente yacer de manera calmada con el terapeuta de juego **allí**, en silencio. Muchas cosas suceden en silencio. Una niña de 11 años solía viajar 80 kilómetros una vez a la semana para acostarse en silencio durante 40 minutos.

INTERPRETACIÓN

- Algunos terapeutas de juego centrados en el niño no hacen interpretaciones.
- Si se ofrecen interpretaciones, éstas nunca deben ser apresuradas y siempre deben ser tentativas.
- Las interpretaciones en tercera persona son más seguras, por ejemplo "algunos niños sienten...".
- Nunca intente obligar una interpretación si un niño la rechaza.
- No hay lugar para interpretaciones hábiles que hacen sentir bien al terapeuta.
- Lo mejor es cuando un niño descubre algo para sí mismo.

El reflejo de sentimientos se utiliza de manera más común y las interpretaciones hábiles no están a la orden del día; con frecuencia es suficiente **recibir** el juego. En la terapia de juego centrada en el niño no es esencial interpretar lo que su juego significa o indica, aunque es útil para el terapeuta tener experiencia y comprensión del nivel más "profundo" del trabajo psicoterapéutico y del simbolismo. Sin embargo, hay ocasiones en las que quizá sea apropiado que se verbalice lo que el terapeuta piensa o siente acerca de lo que pudiera estar ocurriendo. Los niños no siempre tienen el vocabulario o los conceptos para explicar sus experiencias y puede ser útil para ellos saber que un adulto comprende lo suficiente como para intentar poner en palabras lo que ocurre. Las interpretaciones no deben hacerse en el último minuto y deben ser constructoras del yo, no diseñadas para desnudar o desenmascarar al niño (Wolff, 1986, página 239). Algunos terapeutas se preocupan de que, si se presenta una interpretación incorrecta, ésta perturbará al niño e interferirá con el proceso terapéutico. Esto es poco probable (Winnicott, 1971b, páginas 9 a 10), a menos de que el terapeuta de manera insensible, trate de imponerla. Si una interpretación tiene sentido para el niño, pues así sea; si no, es probable que no se le haga caso o tal vez el niño vuelva a presentar el material en una forma en la que quizá el terapeuta de juego pueda comprenderla mejor.

En su tercera sesión, Toby, de nueve años, estaba absorto en hacer que *Darth Vader* derrotara a los hombres de Acción y los tanques. La terapeuta de juego se sentó en el piso con él y sugirió: "Ha habido mucho poder, *Darth Vader* tiene mucho poder y a veces nos sentimos como si nosotros mismos tuviéramos algún poder enfurecido". Se había dicho poco durante la sesión y la terapeuta de juego intentaba poner en palabras lo que podría haber sido un tema importante de juego.

Gemma parecía llevar la carga del mundo sobre sus hombros y se había asignado la enorme tarea de poner todos los muebles en la casa de muñecas.

[¿Te acuerdas de la primera vez que viniste cuando pediste algunos muebles más?] "Sí." [¿A veces te complicas la vida tú misma?] Asiente con la cabeza. [Quizá podrías poner algunos en esta bolsa, entonces no tendrías tanto qué hacer.]

Andrew había estado jugando asiduamente:

"¿Eso está hecho de oro?" Señala a la parte interior de un camión. [Oro de mentiras. Estos camiones son muy poderosos. Puede atravesar por todo tipo de lugares.] Hace zumbidos y recoge el coche amarillo. [Ése es un coche muy fuerte. Ha tenido unas aventuras espléndidas. He visto cómo lo haces correr.]

Demuestra cómo corre alrededor de la casa de muñecas y el piso. En sus notas la terapeuta de juego escribió:

> En mis comentarios intentaba reflejarle lo que pensé que eran los temas más importantes del juego, su paciencia y persistencia (no cede fácilmente). Reconocí el poder del coche, cómo chocó contra la casa de muñecas e hizo a un lado muebles y personas. ¿Podría él sentir como si a veces chocara contra su casa y querer el poder como para mudar, destruir o cambiar a su familia?

TRANSFERENCIA
Y CONTRATRANSFERENCIA

Permítanos introducir dos conceptos técnicos, pero no obstante importantes, que provienen de la tradición psicoanalítica. La transferencia, por lo común inconsciente, es cuando una persona "transfiere" pensamientos, conductas y sentimientos que proceden de una situación o persona del pasado, a otra situación o persona en el presente. Toby pudo haber tenido una niñera, con cabello rubio y anteojos, que le gritó cuando él iba a la caja de panecillos. Cuando Toby me vio por primera vez (tengo una descripción física similar) él pudo haber esperado y tal vez haberme invitado, de manera automática, a gritar y comportarme como su niñera cuando se aproximaba a la caja de panecillos en el cuarto de juego. Si se enfrenta algo inesperado en la terapia de juego de un niño, deberíamos especular acerca de una posible transferencia. O'Connor (1991, páginas 273 a 276) resalta las transferencias comunes que hacen los niños cuando:

— Reflejan sus experiencias parentales, en ocasiones colocando al terapeuta dentro de roles inesperados.
— Ven a su terapeuta de juego como todo poderoso y que todo lo sabe.
— Esperan que el terapeuta los rescate o los persiga.

Éstas, y otras fantasías producto de la transferencia, debe reconocerlas el niño como algo fantaseado, irreal.

La contratransferencia abarca las emociones, pensamientos y conductas provenientes del bagaje pasado, que el terapeuta de juego trae al encuentro terapéutico. Es esencial identificar los propios aspectos residuales internos. Por ejemplo, nuestros padres pudieron habernos enseñado que es impropio permitir a los niños discutir con una figura parental **pero** puede ser benéfico permitir al niño discutir con la "madre" en la terapia de juego, aun cuando parte de nosotros pueda sentir que es inapropiado hacer esto. Así que necesitamos superar nuestros propios mandatos parentales y otros que puedan interferir con nuestro trabajo y tomar la responsabilidad de abordarlos en nuestra terapia personal.

El vocabulario y tono de voz de Toby puede recordarme a otro niño y, si no tengo cuidado, puedo responderle como si él fuera el otro pequeño. Es importante que reconozca lo que estoy haciendo y responda a Toby por su derecho propio; y que yo trabaje las razones por las que hice la relación. ¿Hay algo acerca de otro niño que todavía no resuelvo en mi psique? La supervisión es una herramienta vital para identificar y monitorear la contratransferencia (Webb, 1989).

Transferencia

Pensamientos, sentimientos, emociones e imágenes que usted (el niño), in-inconscientemente atribuye a, o siente por, alguien o algo como resultado de su experiencia o experiencias previas con gente o situaciones similares.

Contratransferencia

Pensamientos, sentimientos, emociones e imágenes que:
— Yo, terapeuta, atribuyo de manera inconsciente a otras personas o situaciones como resultado de mis experiencias previas con personas o situaciones semejantes.
— Experimento cuando estoy con otra gente; algunos de sus sentimientos pueden ubicarse dentro de mí.

¿CÓMO NO HACERLO?

¡Resista la tentación de enseñar! Una estudiante con un niño de seis años:

"Las arañas de dinero pican cuando suben por tu pelo y hacen miel." [Le dije que las abejas hacen miel, pero él insiste en que las arañas lo hacen.]

Niño: "¡Mira! Allí hay un billete de cien libras". [Es de cien céntimos.]

Niño: "No hay modo de que te puedas detener en estas escaleras porque son un poquito resbalosas". Se resbala y se asusta. [¡Te lo dije! Tienes que bajar al revés. Te acordarás la siguiente vez.]

¿UN MEJOR EJEMPLO?

Ésta era una primera sesión con una estudiante y un niño de cuatro años que se comportaba, en ciertos aspectos, como si tuviera dos años:

[¿No estás seguro de qué hacer?] El niño mira hacia unos coches y después juega con ellos. [¿Ése es el coche que querías?...¿Quieres subir por la escalera, pero no estás seguro de si deberías? ¿Quieres que vaya contigo? Podemos subir juntos. ¿Quieres que te ayude? Lo hiciste solo... ¿Estás tratando de quitarle la rueda? ¿Te preguntas qué es eso? Ahora estás atrás de mí, ¿no es cierto? Tendré que voltear si es que quiero verte. Te gusta ese coche. Las ruedas no se le salen al coche aun si las jalas muy, muy duro.]

El niño juega en la arena y la pala se rompe.

[Esa pala no es lo suficientemente fuerte para ti, ¿no es cierto? Le puedes pegar bastante duro a la arena. Puedes meter mucha arena allí.] El niño indica que desea sacar algunos juguetes fuera del cuarto de juego. [Quieres sacar algo afuera. Aunque quieras sacar algo no podemos permitirlo, de otra manera no quedarán juguetes.]

Los comentarios de la estudiante pueden entenderse como afirmaciones e interpretaciones de las acciones del niño que le dan un sentido de ser él mismo, lo cual es vital para cualquier niño, pero en particular para uno que se describía, entre otras cosas, como "desperdigado".

Dificultades en la asesoría de terapia de juego

- No intente persuadir al niño demasiado rápido al sugerirle una solución.
- Evite representar el papel de "buen padre o madre". Siga al niño, en vez de enseñarle o simular.
- Trabaje con sus propios sentimientos e intuiciones, protegiéndolos de la contratransferencia.
- Trate de reflejar sentimientos sin juzgar, en vez de dar al niño sus propias interpretaciones y opiniones.
- Realice sus intervenciones de manera apropiada.
- ¿Su postura corporal es amistosa hacia el niño?
- Recuerde que las experiencias del niño son sus experiencias de vida. Tal vez no sabe de otra alternativa.
- Evite hacer preguntas directas. Las preguntas para esclarecer son correctas, pero no con demasiada frecuencia.
- Absténgase de dar consejos e interpretaciones "inteligentes" que lo hagan sentir bien.
- Permanecer junto al niño puede ser difícil. No se precipite a tranquilizar y consolar.

RESUMEN

Se describen las habilidades en asesoría psicológica dentro del enfoque centrado en el niño, basadas en los cuatro niveles de interacción terapéuticas (Brady y Friedrich, 1982). Se hace una breve mención de las contribuciones de las teorías conductuales y cognoscitivas a las habilidades de asesoría psicológica. Se explora el papel de las preguntas y del silencio en la terapia de juego, y se menciona por primera vez la relevancia de la pertinencia no de la interpretación. Se analizan la transferencia y contratransferencia. El capítulo concluye con algunos ejemplos de intercambios verbales de los terapeutas con los niños.

Sin importar lo hábil que sea el terapeuta de juego, el trabajo tiene la posibilidad de estar en riesgo si el manejo del cuarto de juego, registro y consulta de casos (temas del siguiente capítulo) presentan fallas. ■

Consideraciones prácticas asociadas

Los niños se vuelven maravillosamente vivos cuando se les escucha, comprende y acepta.

(Moustakas, 1953, página 206)

La práctica de terapia de juego está sustentada por infraestructuras importantes:

- Manejo del cuarto de juego:
  — Premisas del cuarto de juego.
  — Refrigerios.
  — Límites.
  — Aseo.
  — Administración del tiempo.
  — Sala de espera y acompañantes.
- Consideraciones profesionales:
  — Registro del trabajo.
  — Supervisión o asesoría.

MANEJO DEL CUARTO DE JUEGO: CUARTOS DE JUEGO

Ejercicio

- Olvídese de los apremios presupuestales, trace el plan para el complejo del cuarto de juego ideal.
- Imagine que tiene siete años de edad: describa y trace el mejor cuarto de juego para usted.
- ¿Cuáles son las similitudes y diferencias entre las ideas de un niño de siete años y las opiniones de usted como un adulto?
- ¿Cómo trabajará si no tiene acceso a un cuarto de juego especial?

El niño entra en un pasillo con cuadros que representan la sociedad multicultural y percheros a su altura. El área de espera está orientada hacia el niño, es acogedora y agradable y el baño se encuentra claramente señalado. Al abrir la puerta del cuarto de juego, el niño ve un cuarto iluminado y ventilado con vista al jardín. El rincón hogareño tiene su propio espacio privado porque el niño puede cerrar la puerta de la casa de juguete y correr las cortinas de la ventana. En el área "húmeda" del cuarto de juego se encuentra una tarja, una caja de arena y un caballete. En la otra esquina están la casa de muñecas, los títeres, los instrumentos musicales, el saco de boxear y juguetes "agresivos"; la cuarta área es "tranquila" con saquitos de frijoles, cuna, muñecas, animales de peluche, juguetes para bebé y niño pequeño y algunos rompecabezas. Contra una pared se encuentran una mesa y sillas del tamaño adecuado para los niños. Otra pared sirve para prender las pinturas y dibujos de los niños (en general se excluyen otros cuadros) y en el extremo opuesto se encuentra una pantalla de observación que aparenta ser un espejo. El cuarto de juego es el dominio del niño (Ginott, 1982b: Landreth, 1982, páginas 152 a 154; Reisman, 1973, páginas 115 a 116). Tanto éste como los juguetes y un ambiente tranquilo, en el que no se ejercen juicios, crean una atmósfera terapéutica (Hoxter, 1981, página 210; Moustakas, 1959, páginas 7 a 9).

Un cuarto agradable, libre de intromisión, con buena luz, calefacción y ventilación, sin distracciones del exterior y, de preferencia, a prueba de ruido (o que no esté adyacente a oficinas, salones de clase o cuarto de servicio) ofrece un ambiente adecuado de trabajo. Las ventanas tendrán cristales seguros con protección en las áreas altas. Es preferible que la decoración, sin ser monótona, no sea demasiado estimulante. Las cortinas o persianas son útiles para que el niño las pueda cerrar, si lo desea. Es útil si las paredes y pisos son fáciles de limpiar y si el piso es antiderrapante y repelente al agua. Una alfombra removible o tapetes agregan comodidad, junto con saquitos de frijoles o cojines. Un espejo es valioso. Se necesitan recipientes adecuados para almacenamiento, algunos portátiles o montados en ruedas si se utilizan en más de un cuarto. Es importante el agua corriente, una bandeja para agua o una tina para bebé es la segunda mejor opción. Son deseables un lavabo y un retrete dentro del cuarto. Equipo de vídeo y una pantalla de observación ayudan en el entrenamiento, observación y registro. Para mantener un espacio neutral, el cuarto debe estar libre de artículos personales del terapeuta.

Algunas instituciones tienen cuartos para diferentes tipos de juego; por ejemplo, un cuarto de arena, uno con agua, una habitación tranquila, otra para alboroto, una para trabajo en madera y el niño decide a cuál ir. Otras instituciones tienen un cuarto grande o dos adyacentes, en los cuales se encuentra disponible el equipo de modo que el niño puede seleccionar varios materiales. Algunos sitios tienen en ocasiones cuartos para doble propósito en los que hay juguetes en cajas que pueden transportarse.

No siempre hay cuartos de juego disponibles y algunos terapeutas trabajan en su consultorio con una elección restringida de juguetes (Oaklander, 1978, páginas 191 a 192); otros tienen una caja o cajón para cada niño (Klein, 1955, página 226) o un estuche portátil de juego (Axline, 1969, página 55; Bray, 1986, página 19). Los terapeutas de juego que no tienen un espacio fijo encuentran sus propias áreas de juego (Cattanach, 1994, páginas 51 a 52, 70). (En el apéndice 2 se sugiere equipo para diferentes tipos de cuartos de juego.)

Seleccione los juguetes de manera cuidadosa y no sólo los acumule (Lebo, 1979). Deben evitarse los juguetes exclusivamente mecánicos. Se recomiendan dos artículos de los siguientes: por ejemplo, biberón, chupones, pelotas suaves, armas, muñecas, soldados, vehículos, para que el terapeuta pueda jugar junto con el niño si éste se lo pide. Sinason (1988) encontró que algunos niños necesitan juguetes comunitarios y que a veces representan con más facilidad el maltrato físico o el abuso sexual si utilizan muñecas de diferentes edades y sexos, y una variedad de animales de juguete.

Al principio, los terapeutas tal vez deseen establecer un escenario de juego sencillo, y de manera que pueda lograrse familiaridad con la forma en que los diferentes niños responden a los mismos materiales (Beiser, 1979). Al principio son útiles la casa de muñecas, arena, juguetes "universales", equipo agresivo como cosas que atemoricen y artículos para el rincón hogareño; lo mismo que materiales para pintura y dibujo.

Características del cuarto de juego

- Seguro, cálido y privado.
- Centrado en el niño; que se vea acogedor.
- Con materiales de juego que permitan la autoexpresión y espacio adecuado de almacenaje.
- Que tenga un área donde el niño pueda hacer un revoltijo.
- Fácil de limpiar.

Si trabaja en cualquier otro lugar:

- Arme un equipo portátil de juego.
- Encuentre maneras de cambiar el ambiente del espacio de juego, de tal modo que pueda vivirse como un espacio diferente y "terapéutico", más que relacionarlo con su función previa.

MANEJO DEL CUARTO DE JUEGO: REFRIGERIOS

Ejercicio

- Siéntase como si tuviera siete años. ¿Le gustaría comer y beber algo en el cuarto de juego? ¿Qué haría esto diferente de ir a jugar al cuarto de un amigo?

Siempre y cuando no haya problemas con la dieta, algunos terapeutas de juego ofrecen bebidas y panecillos para que los niños los consuman cuando quieran (Haworth y Keller, 1964). Junto con la seguridad, cordialidad y aceptación, la comida es un requisito básico que el terapeuta de juego reconoce (Adams, 1982, página 115) y, si se encuentra sediento o hambriento, se satisfacen las necesidades del niño dentro de la sesión. A un nivel más profundo, la actitud del niño hacia la comida y cómo cambia esta actitud durante la terapia de juego, tal vez proporcione ayuda en la evaluación (Haworth, 1990, página 172).

Algunos niños ignoran la comida. Esto en ocasiones implica que la comida no es, y no ha sido, un problema en la vida del niño aunque, a la inversa, indica un problema grave. (¡O podría ser que al niño no le gusta lo que se ha provisto o está demasiado ocupado como para prestarle atención!)

Algunos niños consumen la comida con moderación, sirviéndose ellos durante la sesión. Otros comen en exceso o guardan algo para "después" o para llevar a casa. Es interesante observar si el niño comparte la comida con el terapeuta o se la ofrece. Recuerde que algunos niños se sienten inhibidos de ofrecerle comida a un adulto y quizá necesiten que se les recuerde que pueden servirse ellos. Dar a los niños la libertad de elección de cuándo y cuánta comida y bebida consuman, quizá es una experiencia poco común.

La actitud de Toby hacia los refrigerios varió, a veces tomaba panecillos para comérselos y en ocasiones los compartía. A Polly le gustaba comer los suyos junto con la terapeuta frente a la chimenea, que tenía que estar al máximo aun en el periodo más caliente del verano. En ocasiones se llevó algunos panecillos a casa.

En las primeras sesiones, Andrew ignoraba los panecillos y la bebida hasta casi el final de la hora, cuando se retiraba a su "base" para comerse un panecillo en medio de una pelea de box violento. Posteriormente, en la terapia de juego, puso los panecillos en un plato. "Así, cuando quieras uno están en el plato", le informó a la terapeuta de juego. "Comeré uno ahora. Aquí tienes. Te sirvo tu refresco." En su sesión final: "Te sirvo tu refresco. Tengo un poco más que tú", e iguala las cantidades. "Midamos. El tuyo es más grande. Toma uno (panecillo)." Nos dio cantidades iguales.

Andrew había cambiado de comer casi en secreto cuando necesitaba consuelo, a compartir la comida con su terapeuta de juego. Gemma entrelazaba con frecuencia los refrigerios en su juego a través de la alimentación a sus "niñas" y a su "visitante" (la terapeuta de juego). Martin, de 12 años, transmitía información personal importante alrededor de las peticiones de comida y bebida; otros niños gustan de poder ofrecerle algo al terapeuta de juego.

En caso de haber refrigerios, tendrá que decidir:

- Qué se ofrecerá.
- Si habrá abastecimiento sin restricciones.
- Si los refrigerios estarán a libre disposición, o a una hora específica.
- Si los niños pueden servirse por sí mismos.
- Si se espera que el niño comparta el refrigerio con usted.

MANEJO DEL CUARTO DE JUEGO: LÍMITES

Ejercicio

- Es correcta esta idea centrada en el niño, pero ¿en realidad significa que los niños pueden hacer lo que quieran?
- ¿Existen algunas reglas del cuarto de juego que usted deba considerar? Si es así, ¿cuáles son?
- Si usted fuera un niño, ¿cómo se sentiría y se comportaría si no tuviera las reglas claras?
- Como niño, usted tal vez ha encontrado que los adultos no siempre se apegan a lo que dicen. ¿Cómo afectaría esto su actitud hacia el terapeuta de juego?

Aunque se adopte un enfoque centrado en el niño, el terapeuta de juego tendrá que trabajar con niños difíciles. Para dar seguridad, un sentido de contención y "limitación" y para mantener a salvo al niño y al terapeuta de juego, el trabajador sabio mantendrá en mente ciertos límites (Ginott, 1961, páginas 101 a 123) ya que "los límites definen las fronteras de la relación y la vinculan con la realidad" (Moustakas, 1959, página 11). Los pocos terapeutas de juego que no creen en las restricciones (Rosenthal, 1956, páginas 215 a 232; Schiffer, 1952, páginas 255 a 261), pueden brincarse esta sección. El terapeuta de juego aspira a la creación de una atmósfera cálida, de aceptación, en la que no haya juicios, donde más o menos todo sea aceptable, pero el "más o menos" es importante. Los niños en ocasiones se sienten atemorizados si se les deja totalmente libres, en particular aquéllos con diferenciación deficiente entre ellos y otras personas, y niños que pueden volverse violentos y presentar *acting out*. También, muchos terapeutas de juego quizá presenten ansiedad al preguntarse si se permite que continúe cierta situación. Esta ansiedad e incertidumbre le quitan energía a la terapia, así que una conciencia de los límites, al menos de parte del terapeuta, puede ser liberadora y facilitadora.

ESTABLECIMIENTO DE LÍMITES

En gran medida los límites tienen que ver con la seguridad personal, la protección del cuarto de juego y de los juguetes, el mantenimiento de la integridad de las sesiones de juego y la restricción de comportamientos antisociales, como defecar y orinar en el cuarto de juego.

Los siguientes se encuentran entre los límites impuestos con mayor frecuencia:

1. Los niños no deben lastimarse a sí mismos, atacar físicamente al terapeuta de juego o crear una situación peligrosa sin justificación.
2. No deben comer o beber materiales inadecuados.
3. No deben dañar el cuarto de juego o los juguetes. (Algunos terapeutas de juego proveen juguetes o loza para que de manera específica se rompan.)
4. No se pueden sacar los juguetes del cuarto de juego.
5. Deben permanecer dentro del cuarto de juego, con acceso al baño (o sala de espera si existe una razón especial para ello), pero no se les debe permitir que deambulen por el edificio.

6. Las sesiones de juego no deben extenderse de manera usual y normalmente sólo se verá a los niños durante las citas (Bixler, 1964, páginas 134 a 147; Ginott, 1964b, páginas 148 a 158; Moustakas, 1953, páginas 15 a 16).

7. Las sesiones de juego no se interrumpirán por llamadas telefónicas o interferencia del exterior.

Puntos adicionales en los que el terapeuta de juego quizá quiera pensar:

- ¿Qué sucede si los niños quieren pintar el cuarto de juego, o al terapeuta o a ellos mismos?
- ¿Existen restricciones en cuanto a qué puede hacerse con la arena y el agua?
- ¿Los niños pueden llevarse a su casa las cosas que han hecho? (Posiblemente es mejor si dejan en el cuarto de juego las pinturas y artículos como modelos de arcilla, en parte porque pueden estar húmedos, pero en mayor medida porque con frecuencia una secuencia de pintura o modelos es útil en la evaluación del progreso del niño.)
- ¿Los niños pueden desvestirse? Si es así, ¿a qué grado? ¿Pueden desvestir al terapeuta de juego? De ser así, ¿a qué grado?
- ¿Qué nivel de intimidad física, como caricias y abrazos, es permisible?
- ¿Qué sucede si los niños introducen juego sexual explícito?
- ¿Existen restricciones en cuanto a ruido?
- ¿Se les debe prohibir a los niños que toquen los instrumentos audiovisuales?
- ¿Qué sucede si traen sus propios juguetes, libros, amigos o refrigerios al cuarto de juego?
- ¿Se permiten los insultos, apelativos raciales o lenguaje sexual explícito?
- ¿Qué hay acerca de arrojar cosas por las ventanas o gritarle groserías a la gente en la calle?
- ¿Existe algo más que contraindicarse?

Los terapeutas de juego son humanos y tienen sus propios niveles de tolerancia y lo que tal vez sea un problema para un terapeuta no necesariamente es una dificultad para otro. Como es obvio, si los terapeutas imponen demasiadas restricciones, es necesario que se verifiquen las razones para esto con el asesor o el terapeuta personal; pero los terapeutas de juego deben darse la oportunidad de prohibir cosas que encuentran intolerables dentro de lo que es su lugar de trabajo después de todo.

A veces sucede lo inesperado y el terapeuta de juego tiene que pensar con rapidez acerca de prohibir o permitir conductas específicas. Existen ocasiones en las que, en retrospectiva, el terapeuta decide que una situación se malinterpretó y puede ser apropiado decir que, después de haber pensado respecto a lo que sucedió la vez anterior, ya cambió de opinión. Por ejemplo, Polly declaró que deseaba visitar los sótanos debajo del cuarto de juego y esto se prohibió bajo las bases de que esta exploración violaría el límite acerca de permanecer en el cuarto de juego. Al reflexionar el asunto, la terapeuta de juego sintió que Polly estaba expresando una necesidad de sobreponerse a sus temores de entrar en la oscuridad, lo inconsciente, de modo que se le explicó que la terapeuta había pensado de nuevo sobre su petición de la semana anterior y había decidido que, si aún quería ir a los sótanos, esto se permitiría. Obviamente, se requiere de cuidado cuando se cambian las "normas", porque los niños manipuladores podrían darse la gran vida y el terapeuta de juego se encontraría desamparado sin ninguna estructura clara. Sin embargo, con frecuencia la flexibilidad es la esencia de la terapia de juego y existen ocasiones en las que pueden alterarse las reglas e instituirse normas *ad hoc*. ¡Súbitamente, una terapeuta de juego inventó la norma de que no se permitía el jugo de naranja en la arena!

EXPLICAR LOS LÍMITES

Después de haber decidido los límites, el terapeuta de juego necesita elaborar la manera cómo le informará al niño sobre ellos, cómo se harán valer estos límites y qué sucede si se transgreden.

Los terapeutas de juego varían en cuanto a qué le dicen a los niños. La mayoría de los niños conocen las "reglas", así que frases útiles pueden ser: "El cuarto de juego es un lugar donde puedes hacer casi todo lo que quieras y decir y sentir lo que quieras pero hay una o dos reglas...". La mayoría de los terapeutas delinean al inicio de la primera sesión las normas principales concernientes a los parámetros de la misma, como las partes del edificio a las que tiene acceso el niño, la duración de la sesión y cualquier otra cosa que el terapeuta considere viable para la conducción real del trabajo.

Un estudiante de terapia de juego explicó:

> Le di a Cristine algunas normas que sentía que se requerían. Le expliqué que podía hacer casi todo lo que quisiera, jugar con cualquier cosa que deseara, comer sus panecillos y tomar una bebida si así lo decidía y que tendríamos una hora.

Se pueden invocar otros límites cuando sea necesario. Éste parece que es un procedimiento aceptable si se aclara al principio que el niño puede hacer *casi* cualquier cosa en el cuarto de juego.

> Niño: "Voy a romper las ventanas".
> Terapeuta: "Sólo finge que lo harás; esa es una de las cosas que no hacemos, romper ventanas".
> Niño: "¿Puedo golpear la cochera?", pero es un poquito frágil y le digo que no quiero que la rompa, y le sugiero que en lugar de ello golpee el asiento junto a la ventana tan duro como quiera.

Es sabio decirle a los niños que aunque en este cuarto de juego, en este lugar especial, pueden hacer casi lo que deseen, las normas en casa, en la escuela y en cualquier otro sitio, continuarán como siempre. Los jóvenes por lo regular diferenciarán entre las conductas aceptables para diferentes lugares.

IMPOSICIÓN DE LÍMITES

Los niños deben sentirse aceptados, comprendidos y no avergonzados, aun si se rechaza su conducta. También es importante que el terapeuta sea consistente y si expresa enojo éste debe ser controlado, de modo que los niños sepan a qué se atienen pero que también se sientan seguros.

Si los niños intentan hacer algo que va a romper un límite del cuarto de juego, el terapeuta de juego centrado en el niño tiene que decidir qué hacer:

a) La intención o deseo del niño puede verbalizarse con la esperanza de que eso le ayudará a reconciliarse con sus sentimientos o acciones. A veces esto es suficiente. Tal vez el niño manipule a sus figuras paternas de manera habitual y quizá someta a prueba al terapeuta de juego y se sienta aliviado de que éste permanece firme.

b) Sin embargo, si el niño continúa, el terapeuta de juego debe hacer explícito el límite y continuar verbalizando los sentimientos o intenciones del niño y quizá su resentimiento al verse frustrado. El terapeuta puede ofrecer una estrategia alternativa que sea más aceptable. En casos extremos, algunos terapeutas colocan fuera de los límites el juguete o parte del cuarto de juego que se encuentra en discusión (Moustakas, 1953, página 16).

c) Si el niño ignora esto y procede a hacer lo que está prohibido, el terapeuta determinará la máxima sanción y **deberá estar preparado para imponerla**.

d) El terapeuta debe ayudar al niño a expresar los sentimientos acerca de lo que ha sucedido.

Es difícil determinar la sanción máxima. ¿El terapeuta de juego le da fin a la sesión, o retira el juguete problemático, o se lleva al niño a otro sitio? La sanción máxima para la mayoría de los terapeutas consiste en acortar la sesión mediante retirar al niño del cuarto de juego o hacer que se vaya. Sacar al niño del cuarto de juego tal vez sea problemático si tiene que esperar a su acompañante; una recepcionista servicial puede ser invaluable y, una vez que se saca al niño, con frecuencia éste se comporta en forma impecable, después de haber apreciado (en general) que el terapeuta se comportó de manera justa y respetuosa. Sin embargo, para algunos terapeutas de juego la expulsión no es un procedimiento aceptable (Moustakas, 1959, página 16) y encuentran formas de mantener al niño dentro de cuarto de juego, pero también de prohibirle la conducta indeseable.

Algunos terapeutas de juego parecen entrar en situaciones de confrontación con más frecuencia que otros. A veces la elección del lenguaje y tono de voz evitan el enfrentamiento, aunque debe decirse que no importa qué tan hábil verbalmente sea el terapeuta, algunos niños van a todo vapor hacia un choque frontal. La manera en que lo sacan a relucir y cómo lo maneja el terapeuta, son parte del proceso terapéutico. De modo ideal, el terapeuta de juego puede decir algo como: "Tienes deseos de. . . pero nosotros no. . . aquí", o "se necesita utilizar la pintura sobre papel", o "los juguetes son para jugar con ellos no para romperlos", o "yo comprendo que no quieres terminar hoy, pero me temo que tendremos que detenernos a las tres de la tarde". Frases como "No vas a. . ." o "No deberías. . ." se deben evitar, ya que crean conflicto si el niño decide someter a prueba al terapeuta de juego. Imponer límites no siempre es fácil, pero el terapeuta de juego tiene una mayor posibilidad de éxito si piensa de antemano en los asuntos potenciales.

- **Establezca límites.** Para proteger al niño y al terapeuta de juego del peligro, daño e impropiedad, y para mantener las fronteras de la sesión en general.
- Decida cuándo y cómo explicar los límites al niño.
- Determine su máxima sanción.
- Advierta, recuerde, actúe.

MANEJO DEL CUARTO
DE JUEGO: ASEO

Ejercicio

- Como un niño:
  — ¿Esperaría asear el cuarto de juego?
  — ¿Cuáles serían las mejores y peores cosas de asear el cuarto de juego? Y ¿de no asearlo?
- Como terapeuta de juego, el aseo debe hacerlo:
  — El niño.
  — Usted.
  — Alguien más.

Los puntos de vista acerca del aseo varían. Algunos terapeutas no arreglan el cuarto de juego entre sesiones en vista de la teoría de que cualquier cosa que el niño hace, y la manera en que el niño experimenta la sesión y el cuarto, son parte de la terapia de juego. La mayoría de los terapeutas consideran que el cuarto de juego tiene que estar razonablemente ordenado de modo que su estado sea más o menos constante al principio de cada sesión. Esto le da cierta estabilidad y los recursos propios del niño se registran en seguida en lugar de reaccionar al estado del cuarto. Una minoría de terapeutas de juego se aseguran de que el cuarto se encuentre exactamente igual como lo dejó el niño en la ocasión anterior. En general no es factible dejar dispuesta una pieza de juego en particular de una sesión a otra y, aunque puedan pedirla, en la mayoría de los casos los niños son razonables y comprensivos cuando se les explica que esto no es posible. Si es necesario reconstruir un escenario en particular, una fotografía instantánea o un boceto conservan el registro. Las pinturas, dibujos y modelos deben guardarse y exhibirse por su valor intrínseco y para que el cuarto se "personalice" para ese niño en particular.

Las opciones para el aseo son: a) alguien más lo hace; b) el niño asea; c) el terapeuta de juego y el niño limpian juntos; d) el terapeuta de juego hace el aseo y ve si el niño ayudará; e) el terapeuta de juego lo hace después de la sesión (Reisman, 1973, página 116).

Si se espera que los niños pongan en orden las cosas, existen ciertos obstáculos. Pedirle al niño que recoja las cosas tal vez inhiba el juego; el niño rebelde puede someter a prueba al terapeuta al rehusarse a hacerlo o, de hecho, ensuciar más; recoger las cosas puede prolongar la sesión, o quizá ésta nunca tome bien su curso porque el niño insiste en asear desde el principio.

Lo ideal sería que el terapeuta de juego no tuviera que limpiar. De manera inconsciente puede inhibir al niño de los excesos del juego con agua y arena, y del pandemónium general que a veces sucede en el cuarto de juego. El terapeuta también necesita tiempo entre las sesiones para reflexionar acerca de lo que ha sucedido y prepararse para lo que sigue. El mantenimiento del cuarto de juego es un trabajo duro y debería llevarlo a cabo personal auxiliar, de lo contrario requiere de una desproporcionada cantidad de tiempo de parte del terapeuta.

Con frecuencia, la terapia de juego sucede en condiciones menos que ideales y la mayor parte de las veces es el terapeuta el que conduce la sesión y mantiene el cuarto de juego. Se recomienda que el terapeuta de juego no limpie rutinariamente durante la sesión **a menos** que exista un elemento de riesgo, en ese caso podría decir de modo no crítico: "Limpiaré esto para que no nos resbalemos" o "La pintura se derramó". Los botes adecuados para almacenamiento son útiles para que los juguetes se guarden con rapidez. Un calentador-ventilador portátil puede dirigirse hacia los sitios mojados para que sequen con facilidad. De modo periódico, el cuarto de juego y el equipo deben limpiarse por completo.

Las opiniones y prácticas respecto al aseo varían:

- Asear una vez al día; no molestar entre sesiones.
- Asear antes de que entre cada niño.
- El aseo lo puede hacer:
  —El niño.
  —El niño y el terapeuta de juego.
  —El terapeuta de juego, invitando al niño a ayudarle.
  —El terapeuta de juego, o alguien más después de la sesión.
- Algunas personas piensan que:
  —Los niños necesitan ver que el revoltijo y el desorden pueden restablecerse para ordenar.
  —Tener que asear puede impedir a un niño dar rienda suelta al juego desordenado.

MANEJO DEL CUARTO DE JUEGO: ADMINISTRACIÓN DEL TIEMPO

Hasta donde sea humanamente posible, los terapeutas de juego deben ser puntuales en las sesiones, ya que con eso muestran respeto y compromiso hacia el niño y lo ayudan a mantener un sentido de seguridad y confianza. Si el terapeuta tiene que cancelar o llegar tarde por alguna emergencia, se avisará de antemano al niño llamándole por teléfono a su casa o escuela además de darle amplias disculpas por escrito.

El terapeuta de juego es el responsable de asegurar que la sesión termine a tiempo. Cerca del final es aconsejable darle al niño un "aviso de cinco minutos" y decirle algo como: "Tendremos que parar en cinco minutos para que puedas regresar a comer a la escuela". Esto le permite al niño terminar con cualquier parte vital del juego o que, de manera enérgica, sueñe con tácticas para que se prolongue la sesión. Aun si el niño se preocupa por el tiempo, cerrar la sesión es el trabajo del terapeuta. En ocasiones la naturaleza de una sesión puede dar a entender que podría ser apropiado permitirle excederse.

Los niños que llegan tarde pueden ser un problema en particular si el terapeuta de juego debe atenerse a un horario. La regla general es que la sesión termine a su debido tiempo.

- Las sesiones de juego deben comenzar y terminar a tiempo.
- De manera usual, el terapeuta recuerda al niño lo relativo al tiempo unos minutos antes de que finalice la sesión.
- Es útil tener un reloj en el cuarto de juego.

MANEJO DEL CUARTO DE JUEGO: SALA DE ESPERA Y ACOMPAÑAR AL NIÑO

Es ideal una recepcionista agradable y una alegre sala de espera, acogedora y bien iluminada, con unos cuantos juguetes, juegos, revistas e historietas adecuadas para todas las edades. El cuarto de juego no debe estar junto ni en el extremo opuesto del área de espera, de modo que sea menos probable que los niños sientan que su acompañante puede oír lo que está sucediendo, o que se entrometerá en la sesión.

Dependiendo de la edad y circunstancias del niño, un custodio (o acompañante) puede permanecer en la sala de espera (aunque algunos terapeutas prefieren que los custodios no estén en el lugar en caso de que el niño se sienta inhibido por su presencia). Es útil si el niño puede ver dónde estarán los adultos y, en casos de dependencia extrema, los niños pequeños con frecuencia se adaptan mejor al cuarto de juego si saben que pueden verificar con rapidez que el adulto aún se encuentra allí. Brindando las instalaciones adecuadas y una percepción sensible de las necesidades del niño, el terapeuta de juego puede llegar, en general, al mejor arreglo para todos los interesados.

En las primeras etapas de la terapia de juego, un niño pequeño quizá esté renuente a separarse de la persona que lo cuida. Con frecuencia es suficiente con que se permita que el niño tenga acceso al custodio que se encuentra en la sala de espera, habiéndole dicho al adulto que aliente al niño, de manera amable pero firme, a que regrese al cuarto de juego. Si eso no funciona, se invita al adulto al cuarto de juego, con la opción de que se quede un tiempo corto y después se retire (Reisman, 1973, página 130) o que permanezca pero que desvíe al niño hacia el terapeuta de juego. Un pequeño número de niños dependientes se sienten más felices si la persona que los cuida se les une en el cuarto de juego durante los últimos minutos de la sesión.

No se aconseja que el terapeuta de juego acompañe al niño ya que esto significa que, de hecho, tiene dos papeles: de escolta de viaje, donde la seguridad del niño y de las otras personas que utilizan el camino es lo principal, y de terapeuta centrado en el niño. ¡No se requiere de mucha imaginación para darse cuenta de que existe cierta incompatibilidad entre estos dos papeles! Es mejor solicitar un chofer voluntario o un taxi si nadie más parece estar disponible. Si el terapeuta de juego **tiene** que fungir como acompañante, una manera de manejar esta situación indeseable consiste en informarle al niño que existen normas para el camino (automóvil, autobús) donde se requerirán ciertos estándares de seguridad y conducta que diferirán de algunas de las normas para el cuarto de juego. En general esto funciona ¡pero en raras ocasiones se ha visto a un terapeuta de juego que baila por el camino con un sombrero de copa y que sigue a un niño en extremo contento!

Andrew recoge una llanta vieja del jardín frontal de alguien, lo cual le prohibo diciéndole que puede hacer lo que quiera en el cuarto de juego, pero que tenemos normas diferentes para el exterior.

- Es necesario brindar facilidades de espera adecuadas para la persona que trae al niño.
- La sala de espera no debe estar:
  —Demasiado cerca del cuarto de juego, en caso de que esto inhiba al niño.
  —Demasiado lejos porque algunos niños se benefician de la seguridad de saber que sus padres o acompañantes están razonablemente cerca.
- No se aconseja que el terapeuta de juego acompañe al niño a las sesiones porque esto entorpece los roles y los límites.

CONSIDERACIONES PROFESIONALES PARA EL TERAPEUTA DE JUEGO: REGISTRO

Ejercicio

- ¿Por qué registrar?
- ¿Qué elementos le ayudarían para el registro?
- ¿Quién vería sus notas?
- Suponga que es un niño. ¿Qué le gustaría registrar de su sesión de terapia de juego?

El registro debe satisfacer los requisitos de la institución y ser útil para el terapeuta. Se recomienda que se hagan apuntes para cada sesión, con resúmenes aproximadamente cada tres meses (o una vez por periodo) y en la terminación. El resumen inicial, que se termina después de las cuatro o seis primeras sesiones, con frecuencia puede predecir el tipo de trabajo que seguirá.

Para ayudar en el proceso de valoración (véase capítulo 10) es aconsejable, al principio de un caso, elaborar una lista de los problemas actuales como los ven quienes cuidan al niño, la persona que lo remitió, el maestro y el niño. También haga una lista de los materiales de juego que están disponibles, anotando en sesiones subsecuentes los cambios o adiciones importantes.

Los mayores detalles posibles acerca de la primera sesión (véase capítulo 5) son útiles para ayudar al terapeuta de juego y al asesor a determinar de manera más clara lo que es posible a partir de los detalles de la referencia y el tipo de niño con el que se trabaja. Registre la primera cosa que haga el niño, ya que esto puede dar la clave para el trabajo.

Algunos terapeutas escriben notas rápidas durante la sesión y la mayoría de los niños lo aceptan. Cattanach (1994, página 19) escribe de manera simultánea la historia del juego del niño, después la lee de nuevo. Dicho material puede trabajarse de muchas maneras. Otros terapeutas encuentran que tomar notas interfiere con la concentración que se tiene sobre el niño y obtienen un recuerdo adecuado mediante sentarse tranquilamente en el cuarto de juego después de la sesión y ver el equipo que se utilizó, el cual, por su parte, dispara las interacciones verbales y no verbales. Otros terapeutas de juego recurren a equipo audiovisual a partir del cual elaboran sus notas. Los terapeutas que utilizan equipo de vídeo necesitarán obtener la firma de las formas de consentimiento adecuadas. A veces son útiles los bocetos rápidos y fotografías instantáneas del cajón de arena, la casa de muñecas o el juego en el suelo. Los terapeutas de juego deben tener en cuenta que si el niño está involucrado o posteriormente formará parte de procesos legales la corte puede apoderarse de los registros de caso, vídeos y audiocintas. Con la llegada del registro abierto, los terapeutas también necesitan familiarizarse con lo que puede o pudiera estar a disposición del niño, de su familia y del niño cuando llegue a ser adulto. En el apéndice 1 se encuentran sugerencias de formatos de registro.

El registro:

- Debe satisfacer los requisitos de la institución.
- Debe ser oportuno para cuando las cortes lo requieran.
- Se recomienda hacer notas por cada sesión.
- Los resúmenes por periodos son una buena práctica profesional.
- ¿Su supervisor o asesor verá los registros?
- ¿Quién más podría ver sus registros?

CONSIDERACIONES PROFESIONALES PARA EL TERAPEUTA DE JUEGO: SUPERVISIÓN

Ejercicio

- ¿Qué esperaría de:
  —El proceso de asesoría o supervisión.
  —El supervisor o asesor.
- ¿Su jefe directo es la mejor persona para supervisar su terapia de juego?
- Trace un diagrama de los derechos y responsabilidades del jefe directo, del supervisor o asesor, el terapeuta de juego, el niño, su familia, la persona que lo remitió.

"Donde existe falta de contención y continuidad para los terapeutas [en supervisión], es difícil proporcionar éstos al niño" (Sainsbury, 1994, página 166). La terapia de juego en ocasiones es un negocio engañoso y le corresponde a la institución asegurar que terapeutas y niños obtengan el mejor arreglo posible. Si los jefes no tienen las habilidades y conocimientos que se requieren para proporcionar ayuda profesional con la terapia de juego (y pocos lo tienen), es imperativo que se encuentre un asesor adecuado con el cual pueda contratarse el aspecto profesional del trabajo (Hawkins y Shohet, 1989; Houston, 1990).

Un supervisor se define como el experto que tiene los conocimientos y habilidades relevantes a la misma profesión o a una relacionada. Tal vez se tengan que pagar cuotas y, en general, supervisor y terapeuta de juego entran en un contacto específico, posiblemente de tiempo limitado. Es útil que el supervisor tenga conocimientos acerca del desarrollo normal y anormal infantil, de los trastornos conductuales y emocionales de los niños, de la base teórica de la terapia de juego y de las técnicas prácticas para el manejo de diversas situaciones. De manera ideal, el supervisor debe haber recibido terapia personal, asesoría psicológica o psicoanálisis.

Un supervisor compatible vale su peso en oro, ya que auxilia al terapeuta con el manejo de los retos personales, técnicos y profesionales de la terapia de juego. "La psicoterapia... no puede **enseñarse** pero es cierto que se puede **aprender**. El supervisor le permite al terapeuta aprender y desarrollarse, elaborar ideas, correlacionarlas y adaptarlas para el proceso terapéutico" (Swanson, 1970, página 10). En algunas circunstancias se requiere que el supervisor haga un informe para el jefe, pero normalmente no tendrá otra responsabilidad profesional formal **a menos** que el niño muestre indicios o acusaciones de maltrato sobre los cuales el terapeuta de juego no haya ejercido una acción o cuando existe la sospecha de comportamiento impropio o incompetencia por parte del terapeuta.

La finalidad de las sesiones de supervisión se enfoca en la interacción entre terapeuta de juego y niño, y en el proceso y contenido de las sesiones de juego. El terapeuta puede proporcionar evidencia de las sesiones mediante cinta de vídeo y ofrecerle al supervisor observaciones en vivo o informes escritos y se espera que él dé inicio a gran parte del contenido de las reuniones de supervisión. Los terapeutas de juego deben estar preparados para desmenuzar lo que piensan que sucede en su trabajo y señalar los problemas o áreas específicas de discusión, aunque, como es obvio, el supervisor puede tener también algún tipo de orden del día. En las reuniones de supervisión la atmósfera debe ser de tal tipo que juntos, supervisor y terapeuta de juego, analicen honesta y directamente el trabajo del terapeuta y lo evalúen de manera mutua.

Con frecuencia, la supervisión en grupo es efectiva, siempre y cuando los trabajadores estén dispuestos a compartir su práctica y sus problemas, lo mismo que sus éxitos. La supervisión grupal ofrece la oportunidad de compartir, aprender, dar información y proporcionar apoyo de manera mutua.

La terapia de juego implica mucho esfuerzo, ya que evoca respuestas primitivas (quizá enterradas) en el terapeuta, y el supervisor puede ayudar a desmenuzarlas. Sin embargo, no es tarea de este último emprender la terapia del terapeuta y estos asuntos deben discutirse con el terapeuta o asesor personal del terapeuta de juego.

Supervisión

- El supervisor o asesor no es necesariamente el jefe directo.
- El supervisor debe ser experto en niños, terapia de juego o en ambas cosas.
- La supervisión puede:
  — Descubrir puntos ciegos.
  — Enseñar.
  — Actuar como una caja de resonancia.
  — Ayudar al terapeuta de juego a reflexionar sobre el proceso entre niño y terapeuta.
  — Ayudar a esclarecer lo que está sucediendo.
  — Permitir actuar si el trabajo del terapeuta no es satisfactorio.
- Puede ser apropiada la supervisión grupal o de colegas por parejas.
- No debe inducirse al supervisor a actuar como terapeuta personal.

RESUMEN

En este capítulo se han considerado los servicios auxiliares importantes que rodean y apoyan las sesiones de terapia de juego. El manejo del cuarto de juego incluye mantenerlo amigable para el usuario, o crear un espacio adecuado de juego si las personas trabajan en otro lugar o no tienen un espacio fijo. Es necesario establecer los límites y fronteras para mantener a salvo el espacio de juego, en especial para proteger al niño y uno mismo del peligro, daño e impropiedades. Decidir quién asea el cuarto de juego ¡puede ser una cuestión polémica! Se analiza la importancia terapéutica de la administración del tiempo, de mantener una sala de espera adecuada y tener una persona apropiada que traiga y recoja al niño de las sesiones. Las consideraciones profesionales para el terapeuta de juego abarcan registro y supervisión o asesoría.

En la siguiente parte se profundizará para descubrir un poco más acerca de las razones teóricas del por qué hacemos las cosas de cierta manera.

LISTA DE VERIFICACIÓN DE LAS CONSIDERACIONES PRÁCTICAS

1. ¿Hay un cuarto de juego apto?
2. ¿Puedo adquirir los materiales de juego adecuados?
3. ¿Puedo garantizar que estaré a tiempo y que mantendré sesiones periódicas con el niño?
4. ¿Se darán refrigerios? De ser así, ¿cómo se obtendrán éstos?
5. ¿Quién hará el aseo?
6. ¿La sala de espera es adecuada para el acompañante?
7. ¿Tengo el tiempo, instalaciones y el compromiso para registrar las sesiones?
8. ¿Mi institución provee de un supervisor o asesor conveniente, o tengo que encontrar uno? Si es lo último, ¿la institución pagará las cuotas por supervisión?
9. Límites:
    a) Decida si los siete límites que se aceptan en general son apropiados para usted (páginas 197 a 200) y determine qué límites adicionales quiere imponer.
    b) ¿Cuándo le informará al niño sobre los límites?
    c) ¿Qué hará usted si el niño transgrede los límites? **Advertencia, recordatorio, acción** son palabras clave útiles.
    d) ¿Cuál es su máxima sanción? ■

Cuarta parte
Aspectos contextuales

Antecedentes históricos y teóricos de la terapia de juego

Como yo lo veo, el mejor trabajo se desempeña cuando la naturaleza profesional del rol se acepta por completo, porque ha integrado una disciplina basada en el conocimiento y la objetividad.

(Winnicott, 1984, página 23)

Este capítulo ofrece una mirada más detallada en algunos aspectos teóricos en torno a la terapia de juego.

- Primero, se debate contra las teorías opositoras, indicando que hay un movimiento creciente hacia la integración.
- Se intenta hacer una revisión histórica del desarrollo de la terapia de juego.
- Se resumen los fundamentos teóricos predominantes (el enfoque rogeriano centrado en la persona).
- Se discuten aspectos contextuales de apego y pérdida.

Las teorías:

- Tienen un fundamento válido.
- Explican situaciones.
- Son predictivas.
- Ofrecen una fundamentación para la intervención.
- Pueden someterse a prueba, evaluarse y medirse.

RECONCILIACIÓN DE LAS TEORÍAS PSICOLÓGICAS

Parece que existe una tendencia creciente en el trabajo social y en la práctica psicoterapéutica que se dirige hacia los paradigmas holísticos (Egan, 1982, páginas 8 a 9; Fischer, 1978; Guerney, 1984, página 317; Haworth, 1990, página 7; Maier, 1978, página 191; O'Connor, 1991; Patterson, 1980, páginas 559, 571; Ryce-Menuhin, 1988; Shaw, 1987). Aunque se deriva en gran parte del enfoque terapéutico centrado en la persona, de Carl Rogers, la terapia de juego centrada en el niño se enriquece con el conocimiento de otras disciplinas (Hardiker y Barker, 1981, página 27; Schaefer, 1988, páginas 1 a 4) como las escuelas de psicología psicodinámica, conductual, cognoscitiva, gestalt y transpersonal.

Ejercicio

- ¿Cuáles teorías son relevantes para los terapeutas de juego?
- Si usted fuera a escribir un libro de texto de terapia de juego, ¿qué incluiría y por qué?
- Conviértase en un niño:
  — ¿Cuáles serían las tres cosas más importantes para usted en terapia de juego?
  — ¿Cuáles son las tres cosas que no le interesaría que los adultos consideraran importantes?
- ¿Qué relevancia tienen los puntos de vista del niño para la fundamentación teórica de la terapia de juego?

DESARROLLO DE LA TERAPIA DE JUEGO

La historia de la terapia infantil y del psicoanálisis está resumida en Dorfman (1951), Guerney (1984), Haworth (1990, páginas 1 a 90), Lebo (1982), Schaefer y colaboradores (1991, páginas 1 a 4), Wilson y colaboradores (1992, páginas 5 a 10) y Wolff (1986).

Anna Freud (1895-1982) (Freud, 1959, 1980; Peters, 1985) y Melanie Klein (1882-1960) (Klein, 1932; Segal, 1979) se basaron en los principios psicoanalíticos de los que Sigmund Freud fue pionero (1856-1939) (Brown, 1964; Fancher, 1973; Thompson y Rudolph, 1988, páginas 147 a 166), quien trabajó principalmente con adultos, y tanto Anna Freud como Melanie Klein se dieron cuenta de que, mientras los adultos utilizan el lenguaje para la asociación libre y para contar sus problemas, el juego podría cumplir una función semejante para los niños. El psicoanálisis freudiano era reduccionista y de manera general rastreaba el origen de la perturbación actual hasta el trauma de la edad temprana. Los terapeutas basados en el psicoanálisis trabajan predominantemente a través de la transferencia del niño, la contratransferencia y la interpretación.

En un avance, Alfred Adler (1870-1937) en su "psicología individual" señalaba la relevancia de la familia del niño y del contexto social, y enfatizaba la importancia del niño en sí mismo (Bottome, 1946; Thompson y Rudolph, 1988, páginas 193 a 218; Yura y Galassi, 1982); en algunas de sus ideas había paralelos con las psicologías cognoscitiva y centrada en la persona (Mosak, 1979, página 50). Rank (1884-1939) destacó la importancia de la relación terapéutica (Rank, 1936) y consideraba que no era necesario entrar de manera activa en el pasado a menos que el niño indicara que eso era lo apropiado, así que el aspecto más relevante en sus sesiones terapéuticas se encontraba en las emociones y sentimientos del niño en el presente, observando que "...una vez que el niño ha atravesado cierto cambio personal, no importa qué tan superficial, su situación ambiental ya no es más la misma" (Dorfman, 1951, página 239).

Carl Jung (1875-1961) (Fordham, 1966; van der Post, 1976) también consideraba a la persona de manera holística. Aceptó la influencia formativa de los padres en el desarrollo del niño (Fordham, 1969, página 133; Jung, 1954, páginas 49 a 62) y reconoció que las energías del niño y los impulsos del crecimiento son progresivos y en desarrollo, de modo que no siempre es necesario regresar para descubrir la causa del conflicto. No se le considera como un terapeuta enfocado al trabajo directo con niños, pero algunos de sus escritos son fundamentales (Jung, 1954, 1961). Es un rico ofrecimiento el conocimiento y apreciación del simbolismo, un área a la que Jung (1964) y la analista jungiana de adultos y niños Frances Wickes (1963, 1977) hicieron grandes contribuciones. El juego infantil posee un contenido simbólico y, aunque no se acostumbra hacer interpretaciones a los niños sobre los símbolos en la terapia de juego, un conocimiento del simbolismo agrega significado y comprensión al juego.

La escuela de rehabilitación conductual, que se basa en la teoría del aprendizaje, tuvo muchos partidarios (Herbert, 1981; Hudson y Macdonald, 1986; Thompson y Rudolph, 1988, páginas 124 a 146) y los terapeutas de juego deben estar conscientes de la importancia de sus principales doctrinas. En resumen, propone que, con frecuencia, las conductas de los niños son respuestas aprendidas moldeadas por el ambiente; la conducta puede modificarse por castigo o recompensa, con modelamiento y reforzamiento positivo y negativo, los cuales tienen efectos poderosos. La teoría general de sistemas (Barker, 1981; Skynner, 1976; von Bertalanffy, 1948; Walrond-Skinner, 1976) informa que las personas no están aisladas, y que los niños se ven afectados por los grupos en los que viven (familia, escuela, comunidad) y viceversa.

Piaget (1896-1980) investigó las normas y expectativas sobre el desarrollo cognoscitivo infantil (Ault, 1983; Piaget, 1962), y Margaret Lowenfeld (1890-1973) posibilitó que los niños se comunicaran cuando las palabras eran inapropiadas o no se encontraban disponibles mediante el empleo de mosaicos y mundos del cajón de arena (Bowyer, 1970; Kalff, 1980; Lowenfeld, 1979; Reed, 1975). Aunque se ha aplicado principalmente a adultos, la escuela cognoscitiva (Beck y colaboradores, 1985; Di Giuseppe, 1981; Ellis y Grieger, 1977; Kelly, 1955; Patterson, 1986, páginas 1 a 62) señala la importancia del diálogo personal y sugiere cómo el lenguaje (y las acciones) pueden volverse a enmarcar y reestructurar para dar un efecto positivo.

Contribuciones posteriores provienen de Erik Erikson (1902-1979) cuyas tesis proponían que, con oportunidades razonables, los niños progresaban a través de niveles inherentes de desarrollo. Formuló ocho etapas psicosociales (Erikson, 1964a-c, 1977, 1979). En resumen, Erikson propuso que desde el nacimiento hasta el primer año, el núcleo del desarrollo psicosocial infantil se encuentra alrededor de aspectos de confianza y desconfianza. ¿El ambiente y la(s) persona(s) que lo cría(n) es(son) digno(s) de confianza? ¿El niño se siente seguro, relajado, capaz de expresar necesidades y de esperar que éstas se satisfagan?

La etapa entre las edades de 1 a 3 años tiene que ver con la autonomía contra la vergüenza y duda. ¿Se permite a los niños sentirse como personas "correctas", intactas, o se les hace sentir "incorrectos", que adultos poderosos los moldean y obstruyen?

La siguiente etapa, entre 3 y 5 años, tiene que ver con la iniciativa contra la culpa. ¿El niño y los adultos importantes aceptan el progreso de desarrollo del niño? Entre los 6 años y la pubertad la tarea más importante consiste en la laboriosidad, capacidad, iniciativa y logro contra la inferioridad. ¿El niño se siente valorado y que tiene algo que aportar?

Cada etapa se construye sobre la que le precede, de tal manera que la fundamentación básica y firme es de importancia inestimable si los niños han de crecer para convertirse en adultos sanos y maduros. Los niños cuyo desarrollo se ha visto impedido pueden quedar detenidos o fijados en una etapa temprana del desarrollo hasta que tengan la oportunidad de elaborarla. Es necesario un ambiente nutriente que responda a sus necesidades durante toda la infancia del individuo. Cuando se encuentran bajo tensión y son incapaces de manejar la situación, algunos niños retornan a una etapa previa, proceso que se conoce como regresión (páginas 77 a 79) desde el cual, con comprensión y circunstancias estables, normalmente volverán a crecer. Muchos niños que son referidos a terapia de juego necesitan regresar a la primera etapa, y experimentar y aprender acerca de la confianza. De manera dolorosa, el terapeuta de juego puede ser sometido a prueba a medida que el niño analiza una y otra vez si éste es digno de confianza, veraz, consistente y cariñoso. Si el niño puede confiar y amar, la autonomía puede convertirse en un campo de batalla alternativo.

A veces clasificado como neofreudiano (Phillips, 1988), D. W. Winnicott (1896-1971) fue un psicoanalista infantil que hizo un estudio particular de las relaciones de los niños con sus madres en los primeros seis meses de vida y la aplicación resultante de su trabajo, como es el caso de "el ambiente promedio esperable", "la maternidad suficientemente buena", "el sí mismo verdadero" *(true self)*, "el sí mismo falso" *(false self)*, y el objeto transicional, tiene importancia para niños y adultos. Winnicott fue uno de los primeros profesionales que apreció el valor de la regresión terapéutica (Davis y Wallbridge, 1983; Dockar-Drysdale, 1990; Winnicott, 1975, 1977, 1986) y desarrolló la técnica de las consultas terapéuticas en las que tenía una o algunas entrevistas de larga duración con el niño, basando mucho de su trabajo y comunicación alrededor de su técnica del garabato (Winnicott, 1971b). Su libro *Juego y realidad* (1971a) es fundamental.

Fundamentos teóricos de la terapia de juego centrada en el niño:

- Anna Freud y Melanie Klein crearon sus escuelas de psicoanálisis y psicoterapia infantil, basadas en el trabajo de Sigmund Freud.
- Se extendió el conocimiento de la terapia conductual.
- Virginia Axline desarrolló la terapia de juego centrada en el niño, derivada del trabajo centrado en el cliente de Carl Rogers.
- El trabajo con la familia se volvió popular.
- Hoy en día existe una conciencia creciente de las necesidades terapéuticas de muchos niños.
- La terapia de juego centrada en el niño (que ha absorbido elementos del psicoanálisis, de las relaciones de objeto, y del trabajo cognoscitivo y conductual) está basada en la teoría centrada en la persona y es uno de los métodos cada vez más desarrollados, junto con la intervención familiar, para ayudar al niño.

ENFOQUE TERAPÉUTICO CENTRADO EN LA PERSONA

Enfoque terapéutico centrado en la persona:

- Las personas (niños) se esfuerzan por alcanzar su potencial, pero las experiencias de vida pueden frustrar esto.
- La presencia de condiciones de aceptación, valoración y respeto, permiten a los niños sentirse mejor acerca de sí mismos y de sus cambios de conducta.
- Con frecuencia, los niños son impotentes e instrumentos de los adultos, por tanto es importante el trabajo paralelo con la familia del niño.
- El terapeuta anima al niño a dirigir el camino hacia la sanación, al aceptarlo, reflejando en vez de enseñar, no siendo directivo e interpretando sólo en raras ocasiones.
- El terapeuta estimula al niño a encontrar autoexpresión y autovaloración, anclando la terapia en la realidad al proporcionar límites.

Entre las décadas de 1930 y 1940, Carl Rogers (1902-1987) buscó una alternativa a lo que algunas personas consideraban los excesos mecanicistas de la terapia conductual y el enfoque reduccionista de la patología por parte del psicoanálisis y dio un giro hacia los principios humanistas. Se vio atraído por la noción de que, dado un ambiente nutriente, los individuos dentro de sí tienen la capacidad de sobreponerse o crecer a través de sus conflictos internos, y desarrolló la escuela que se conoció originalmente como terapia no directiva, centrada en el cliente, ahora terapia centrada en la persona (Mearns y Thorne, 1988; Rogers, 1951, 1961, 1974, 1986; Thompson y Rudolph, 1988, páginas 65 a 82).

. . .el individuo tiene dentro de sí vastos recursos para comprenderse a sí mismo, para alterar su autoconcepto, actitudes y conducta autodirigida; y. . . estos recursos pueden aprovecharse si tan sólo se proporciona un clima definible de actitudes psicológicas facilitadoras.

(Rogers, 1986, página 197)

La terapia centrada en la persona "ve a los seres humanos. . . como básicamente racionales, socializados, progresistas y realistas" (Patterson, 1980, página 477), acepta que cada individuo posee un impulso innato hacia el crecimiento y autorrealización (autodirección), es de un valor inherente, único, y tiene un núcleo interno positivo y digno de confianza (Hobbs, 1986, página 58). La autorrealización (Maslow, 1976, páginas 44 a 49) significa que las personas deben tener la oportunidad de darse cuenta de sí mismas, de ser honestas consigo mismas, de alcanzar su potencial; en otras palabras, de desarrollar su autoestima. Los individuos importantes en sus vidas tienen que valorarlos y permitirles una autodeterminación razonable.

Los teóricos que se centran en la persona afirman que la conducta "desadaptada" con frecuencia es una respuesta a un ambiente (emocional, físico, espiritual y cognoscitivo) crítico, invasor y que juzga, en el cual los encargados principales del cuidado del individuo satisfacen de manera inconsistente las necesidades de éste, o no las satisfacen (Frick, 1971, página 136; Meador y Rogers, 1979, página 143; Nye, 1981, página 109, 112; Patterson, 1980, página 477). En el caso de muchos niños perturbados, su ambiente material y emocional con frecuencia ha sido inconsistente, inadecuado y no responde a sus necesidades (Rutter, 1975; Wolff, 1981), y los mensajes contradictorios de parte de los adultos también conducen a una confusión importante.

> Es una tesis fundamental del punto de vista centrado en la persona que la conducta no sólo es el resultado de lo que nos sucede desde el mundo exterior, sino también una función de cómo nos sentimos acerca de nosotros mismos en el interior.
> (Thorne, 1984, página 110)

Como Wickes (1963, página 78) afirma ". . . en el niño el proceso transformador puede detenerse por la no aceptación de las experiencias internas". En la terapia de juego, el enfoque del terapeuta ofrece las cualidades de consistencia, cariño y preocupación que pueden haberse perdido en las etapas formativas de la vida del niño.

Cuando las personas cercanas a los niños les obstruyen o niegan sus impulsos e instintos de manera consistente o errática, los niños racionalizan y sienten que son ellos los que "están mal", son "tontos" o "malos". En su intento por conseguir la aprobación del adulto, llegan a dudar, o aun a negar, la validez de sus sentimientos (Mearns y Thorne, 1988, página 8; Miller, 1987) y con frecuencia esto da por resultado el *acting out* o la desobediencia. Estos niños con el tiempo pueden operar a partir de un sí mismo falso (Winnicott, 1986) y con ello ponen en riesgo su empuje hacia la autorrealización y pueden aflorar los conflictos psíquicos y conductuales. Para utilizar una analogía: una planta en crecimiento se deforma o estanca si la luz, el agua o los nutrientes son inadecuados o si tiene un espacio pequeño en el cual crecer. Sin embargo, en general la planta puede cultivarse de manera exitosa si se aplican condiciones más favorables y lo suficientemente tempranas. Los niños son vulnerables a un cuidado inadecuado y se ven dañados de manera irremediable, aunque cierto trabajo de reparación retrospectiva (como lo ofrece la terapia de juego) a veces proporciona ayuda. El trabajo reparador se dirige a hacerlos sentir mejor acerca de sí mismos y a restaurar la autoestima (Anderson, 1988; McKay y Fanning, 1987).

A pesar de que el concepto de autorrealización recibió cierta oposición por parte de la filosofía (Geller, 1982) y se ha discutido la noción de la no directividad (France, 1988, página 81 a 84; Halmos, 1965, páginas 90 a 105; Hayley, 1963, página 7), la terapia centrada en la persona se considera una de las áreas más importantes de la teoría humanista (Frick, 1971, página xi) y es la base o forma parte, de muchos otros enfoques de orientación psicológica (Hales-Tooke, 1989; Merry, 1988; Rowan, 1987). A medida que se desarrolló el trabajo de Rogers, los aspectos transpersonales e intuitivos de la interacción interpersonal se volvieron más importantes y este autor dio a conocer la conciencia adicional que resulta cuando los terapeutas están en contacto con su intuición (Hales-Tooke, 1989; Rogers, 1986, página 198; Rowan, 1987).

La terapia centrada en la persona no depende de la etiqueta diagnóstica, pero intenta ayudar a las personas a que exploren, experimenten y confíen en su potencial, alentando a los clientes a que reconozcan y respondan a sus impulsos naturales de crecimiento (Smail, 1978, página 28). Si se acepta que los niños son intrínsecamente "buenos" y tienen la capacidad de autorrealizarse, el aprendizaje de tareas y el logro de las etapas del desarrollo sucede de manera natural dentro de un sistema que se centra en el niño. Cuando los niños pueden ser ellos mismos y sentirse queridos dentro del ambiente terapéutico, tienen una oportunidad para quererse y valorarse a sí mismos (Rogers, 1951, página 207; Thorne, 1984, página 121) y es probable que su conducta "madure". Se ayuda a los niños a procesar lo que sucede dentro de las sesiones cuando el terapeuta identifica y refleja la conducta y sentimientos del niño, los cuales se hacen más concretos así. De manera gradual, el niño comienza a controlar los procesos, en vez de ser controlado por ellos.

Axline adaptó la aplicación del trabajo de Rogers para una variedad de niños perturbados (Axline, 1964a-f; 1969; 1979a, b; Barlow, Strother y Landreth, 1985; Dorfman, 1951; West, 1983). Axline explica (1969, página 15):

> La terapia no directiva se basa en la suposición de que el individuo tiene dentro de sí no sólo la capacidad para resolver sus propios problemas de manera favorable, sino también ese impulso de crecimiento que hace que la conducta madura sea más satisfactoria que la conducta inmadura.

(Véanse también los ocho principios de Axline, página 154.)

- En terapia de juego, el terapeuta:
  - Está entrenado en la respuesta empática.
  - Propicia un ambiente en el que el niño puede encontrar autoexpresión.
  - Comprende que el juego es un medio de relación y proporciona información acerca del mundo interno del niño.
  - Sujeta la terapia de juego a la realidad al proporcionar límites.
  - Interactúa en el juego con el niño, si éste lo propone.
  - Refleja lo que él percibe como sentimientos del niño, así como las acciones de éste.
  - Puede responder preguntas directas de parte del niño, si parece emocionalmente congruente hacerlo.

- Los elementos terapéuticos incluyen:
  - La relación que se desarrolla entre el niño y el terapeuta de juego (alianza terapéutica).
  - La aceptación, el entendimiento y el "apoyo" terapéutico que incrementan la autoestima y el sentido de sí mismo del niño.
  - Ayudar al niño a liberarse de pulsiones inconscientes y bloqueos que surgen de experiencias deficientes de vida.

"El óptimo desarrollo de la personalidad se logra cuando las tendencias inherentes del organismo hacia la autorrealización, no interfieren de manera notable con las experiencias que obligan al individuo a negar sus pensamientos, sentimientos y emociones" (Johnson y colaboradores, 1986).

FUTURO Y TERAPIA ▬▬▬▬
DE JUEGO CENTRADA EN EL NIÑO

La terapia necesita adaptarse a circunstancias cambiantes. La "terapia" no sólo incumbe a las personas occidentales, blancas, de clase media, más bien se considera que hoy en día tiene algo útil que ofrecer a la mayoría de la gente, incluyendo niños que han sufrido traumas y dificultades, en especial durante sus años de desarrollo (Webb, 1991). Algunas veces estas dificultades son situaciones únicas, permanentes. En ocasiones los niños traumados permanecen con sus padres; a veces tienen un número de custodios, incluyendo los que están en los hogares de los niños. Por tanto, los métodos terapéuticos tienen que desarrollarse para responder a una variedad de problemas que se presentan, a un amplio rango de edades y a niños con diferentes antecedentes culturales. Por desgracia existen apremios de tiempo, dinero y suficientes terapeutas entrenados.

Es así que necesitamos:

— Una variedad de paradigmas terapéuticos que ofrezcan trabajo individual a corto y largo plazo, trabajo grupal (incluyendo grupos de "hermanos") y trabajo familiar.
— Trabajo terapéutico enfocado de corta duración.
— Terapia de juego centrada en el niño.
— Un servicio de respuesta a crisis.
— Facilidades de evaluación.
— Estudios de investigación.

VINCULACIÓN Y PÉRDIDA ▬▬▬▬

Ejercicio ─────────────────────────

• ¿Qué sintió e hizo al respecto de una pérdida o separación seria reciente?
• ¿Qué sabe acerca de los conceptos y experiencias de los niños sobre la muerte y pérdida, en diferentes etapas del desarrollo?
• ¿Qué sabe acerca de repetidas pérdidas personales?
• Suponga que tiene siete años de edad y su amada madre ha desaparecido inesperadamente:
  — ¿Qué sentiría?
  — ¿Qué haría para expresar sus sentimientos?
  — ¿Qué lo ayudaría a sentirse mejor?
  — ¿Cómo se habría sentido si hubiera odiado a su madre?

Se necesita una comprensión de los aspectos relativos a la vinculación (Aldgate, 1991; Fahlberg, 1982; Lendrum and Syme, 1992, página 3 a 13) cuando se trabaja con niños perturbados "...la teoría del apego es una manera de conceptuar la tendencia de los seres humanos a establecer lazos fuertes de afecto con otros en particular y de explicar las diversas formas de angustia emocional y perturbación de la personalidad, incluyendo ansiedad, enojo, depresión y desapego emocional, a los que da lugar una separación y pérdida no deseadas" (Bowlby, 1984, página 27).

El punto de vista inicial de Bowlby acerca de la avasalladora importancia de las primeras relaciones del niño, de modo específico con la madre (Bowlby, 1980, páginas 39 a 41), se modificó de manera subsecuente y ahora se entiende que los niños pueden vincularse con otras figuras diferentes a la de su madre. El principio vital sigue siendo que los niños necesitan vincularse a adultos consistentes, confiables y cariñosos. Muchos niños perturbados han sufrido privación (la falta de oportunidad para establecer lazos afectivos) o pérdida (los primeros vínculos satisfactorios se han destrozado y no se han sustituido de manera adecuada [Rutter, 1981]). Los acontecimientos traumáticos de la vida se exacerban para los niños que han experimentado una vinculación defectuosa y una paternidad insatisfactoria, aquellos que quizá han tenido custodios múltiples y tal vez hayan vivido en una "cadena de incertidumbre" (Aldgate, 1988, página 49; Jewett, 1984, páginas 106 a 107).

> Estos niños que nunca han experimentado amor, que nunca han pertenecido a nadie y nunca se vincularon con nadie excepto en la base más primitiva de la alimentación y supervivencia; en años posteriores fueron incapaces de establecer lazos entre ellos mismos y otras personas, de amar profundamente, de sentir con gran intensidad, de experimentar ternura, dolor o pena en la medida que da dimensión a la personalidad humana (Fraiberg, 1968, página 293).

Fitzgerald (1983, página 25) sugiere que es difícil hablar cuando no se está "vinculado". ¿A veces decimos que los niños son "poco cooperativos" si no hablan con nosotros?

Vinculación y pérdida:

- El apego temprano satisfactorio depende de que el niño tenga figuras parentales adultas, confiables, seguras, consistentes, además de un ambiente esperado.
- Los niños con vínculos saludables tienen un mejor pronóstico psicológico y emocional.
- Los niños provenientes de familias caóticas, inconstantes, negligentes, tal vez no han podido vincularse y quizá tienen dificultad para confiar y establecer relaciones positivas. Algunos tal vez carezcan de afecto.
- Una vez que se proporciona un hogar estable y con adultos que cuidan de los niños, la terapia de juego puede ser parte del proceso reparador para ayudar al niño a formar relaciones amorosas.
- Los niños tienen.
    — Menos control que los adultos sobre el tipo y número de pérdidas que experimentan.
    — Reducida capacidad cognoscitiva para procesar la pérdida.
    — Sentimientos que con frecuencia se ignoran y desechan.
    — No siempre se les dice la verdad acerca de la pérdida.
- Para encarar la pérdida de manera saludable, los niños necesitan:
    — Adultos confiables que modelen formas apropiadas de expresar emociones y de afrontar la pérdida.
    — Explorar y expresar sus propios sentimientos, temores y fantasías.
    — Que se les diga la verdad.
- Es más difícil para niños con falta de apego expresar sentimientos y adaptarse sanamente a la pérdida.
- Muchos niños referidos a terapia de juego habrán sufrido mayores pérdidas en varias ocasiones.

Etapas por las que puede atravesar un niño cuando experimenta pérdida:

* Sobresalto, protesta, negación.
* Angustia emocional, búsqueda, desesperación, enojo, ansiedad, culpa.
* Adaptación parcial.
* Aceptación o resignación.

(Kübler-Ross, 1982; Machin y Samuels, 1993; Wells, 1988.)

Los niños pueden encontrarse destrozados o paralizados, ya que quizá no se sientan capaces de expresar dolor, pérdida, temor, enojo o desamparo. Los sentimientos de soledad tienen que esconderse, desviarse, negarse o eliminarse por medio de la actividad (Segal, 1984, página 591) porque los niños están atemorizados de alienar a su (presunta nueva) familia (Molin, 1988, página 242). La pérdida subsecuente puede disparar pérdidas anteriores no resueltas, y esto se complica cuando los niños presentan fallas en sus vínculos y les resulta difícil confiar. La incapacidad de los niños para controlar sus situaciones es posible que conduzca al desamparo y deses-peranza (Abramson y colaboradores, 1986), y los sentimientos de abandono, confu-sión y agobio, pueden conducir a la depresión, falta de valía, culpa o enojo (Segal, 1984, páginas 591 a 592). Los niños necesitan espacio y oportunidad para afligirse (Marris, 1974, página 27), expresar enojo y que se les entiendan y acepten estos sentimientos. Para los adultos resulta difícil permitir al niño llorar y sentirse triste (Black, 1984, página 41). "Tal vez una negación del sufrimiento del niño cliente ayu-da a reprimir las sombras de nuestra propia pena aturdidora", reconoce Wardle (1975, página 430).

RESUMEN

Durante los últimos años ha habido una apertura de fronteras y muchos practicantes reconocen ahora que se derivan de más de una base teórica. La terapia de juego está labrando su propio nicho, derivándose de las escuelas psicoanalítica, conductual, gestalt y transpersonal, pero descansa sobre todo en el enfoque rogeriano centrado en la persona. Continuará desarrollándose conforme los terapeutas de juego atiendan las necesidades de niños perturbados. La mayor parte de la gente joven referida a terapia de juego ha padecido múltiples separaciones. El capítulo concluye con un análisis sobre vinculación y pérdida.

Con el uso del enfoque centrado en la persona, el niño con frecuencia expresa sus dilemas en el juego simbólico, en vez de hacerlo en palabras abiertas, así que en el siguiente capítulo se delinean el rol del inconsciente y la importancia del simbo-lismo. ■

Inconsciente
y simbolismo

Una y otra vez me conmueve profundamente el descubrimiento de qué tan cerca está la psique del niño de las fuerzas espirituales y curativas.

(Kalff, 1980, página 65)

- En la terapia de juego centrada en el niño, éste decide cómo utilizar la sesión y con frecuencia los procesos inconscientes la dirigen.
- Por consiguiente, el conocimiento de:
  — El inconsciente.
  — El simbolismo puede ayudar al terapeuta de juego a profundizar en la sesión y comprender de manera un poco más clara lo que está sucediendo.

EL INCONSCIENTE

Ejercicio

- ¿Cuál es su definición de:
  — El consciente.
  — El inconsciente.
- Algunas veces hablamos acerca de los niños "que están en su propio mundo". ¿Cómo llamaría a esta forma de conciencia?
- ¿Qué historias de ficción puede recordar que nos hablen acerca del inconsciente de los niños?

La conciencia es un estado de alerta. Toby puede estar preocupado con el hambre; conscientemente está alerta del hambre, que es un estado presionante, inmediato. Unos pocos minutos antes un gato le rasguñó la mejilla pero, a medida que su hambre se volvió más inmediata, el incidente con el gato se olvidó de manera temporal, para recobrarse de manera instantánea si algo le recordaba al gato o a su mejilla. Así que algunas cosas son conscientes de manera inmediata, en un estado de alerta presente, y otras están justo bajo la superficie pero se vuelven conscientes cuando se les presta atención. Un tercer nivel del inconsciente contiene los acontecimientos y sentimientos que se encuentran reprimidos de la conciencia, están ocultos y no pueden recordarse de inmediato; cosas que causaron incomodidad (física o emocional) y que por tanto se empujaron fuera de la conciencia de modo que la persona pueda adaptarse a vivir "sin el problema". Toby quizá había reprimido parte de la inconsistencia y del maltrato que había recibido cuando era un niño pequeño porque mami prefería un "buen niño" que no se quejara. Si algo se reprime no cesa de existir; el sí mismo interno se divide y se crea una perturbación (Harding, 1973, página 370) que con frecuencia se exhibe en síntomas físicos o conductuales. El inconsciente está "vivo" y, aunque no en la conciencia, hace sentir su presencia.

Se acreditan a Sigmund Freud las primeras exploraciones del inconsciente, mediante las cuales rastreó muchas de las perturbaciones emocionales humanas, la mayor parte de las neurosis, hasta sus orígenes infantiles, de modo que el inconsciente se consideraba como un depósito de los primeros conflictos. Jung veía al inconsciente como un campo rico y fértil que, cuando se comprendía y valoraba, podía mostrar la dirección hacia el logro personal. Visto de esta manera, el inconsciente se vuelve una herramienta promisoria que permite la expresión y resolución de conflictos internos. Por tanto, si el inconsciente se utiliza en un ambiente terapéutico aceptante, como en la terapia de juego, puede efectuarse la redención y liberación de síntomas que se presentan y que son el producto de los conflictos internos del niño; los niños quedan menos a merced de sus impulsos inconscientes y en general su conducta mejora.

Un modelo del inconsciente basado en Jung

- Conciencia: las cosas de las cuales por lo regular estamos conscientes al ser transmitidas por nuestros sentidos, sentimientos y pensamientos.
- El inconsciente personal: aquellas cosas de las cuales no estamos conscientes en el presente, pero que pueden evocarse.
- Un nivel más profundo del inconsciente personal contiene represiones que son difíciles de traer a la conciencia, pero pueden afectar la conducta y las emociones.
- El inconsciente colectivo contiene predisposiciones heredadas y hace referencia a los mitos y arquetipos.

La psicoterapeuta infantil jungiana Wickes (1963, páginas xvi a xvii) escribió:

> (Los niños) Están muy cercanos al inconsciente, a la sabiduría de los pensamientos que corren dentro de ellos, a los sueños que hemos aprendido a olvidar; cerca del

amor y del temor, de la generosidad y la crueldad, de la experiencia directa de los opuestos. Están cerca del inconsciente. . . .

El inconsciente se comunica en imágenes y los símbolos son su lenguaje (Rushforth, 1981, página 37). Donde hay conflicto, los símbolos muestran con frecuencia el camino hacia la resolución (Neumann, 1954, página 414).

Toby (véanse páginas 3 a 5)

> Toby llegó temprano y se veía bastante elegante esta semana. Fue al cajón de arena y dividió los vehículos entre nosotros diciéndome que me llevara los míos y jugara. Después, me pidió que viera los caminos que había hecho. Algunos eran del tipo de un laberinto, principalmente con paredes entre ellos. En un extremo del cajón de arena estaba una sección cavada con un poco de agua. Toby se encontraba reparando un camino superior —en apariencia su infraestructura era insegura. "Todo el camino está en construcción, para hacerlo mejor. Las bombas lo siguen volando." El carro de bomberos y la ambulancia corrían por los alrededores.
>
> Después de ir al baño, Toby estuvo absorto en jugar un poco con la casa de muñecas. Pude escucharlo decir cosas como: "Mejor hoy se hace abajo. Cariño, sal de allí ¿Ya es hora de cenar, mami? No. Bien".
>
> Toby regresó al cajón de arena. "Olvidé el agua" y virtió un poco en ella. Hizo un hoyo en la rivera junto al agua de modo que si se caían los vehículos, hubiera un camino por el cual sacarlos. Algunos coches, inclusive la ambulancia, se hundieron. "Está compuesto, todo compuesto", dijo a medida que hacía más sólida la rivera. "Entre más gordo lo construyes, es más difícil de derribar." Se me envió a hacer mi trabajo. Toby cantaba y dijo que disfrutaba la escuela. Continuó haciendo sus estructuras más sólidas. "El ejército va a empezar pronto. Las gentes se mueren." Pero continuó haciendo seguro el camino alto. "Ahora se ve bien, ¿no es cierto?" Noté que el agua había desaparecido. "Me alegro de que el agua se vaya." [¿Por qué dices eso?] "No queremos que el agua esté allí, ¿no?" Tres pistolas entran en la cuneta. "Él (la cuarta pistola) no es un buen conductor."
>
> Toby mira el reloj. De pronto, y de manera urgente, se guardan los vehículos y empareja la arena. Toby se sienta en la mesa y explica que ésta es su casa en un árbol y se me pide que ponga algunas galletas cerca del "tronco".
>
> Toby fue al rincón hogareño, tomó a la muñeca bebé y la besó. "Ella se va a ir pronto a la cama." Sirvió una bebida para él y para mí. "Prepararé el biberón del bebé en un minuto. Haz como si yo fuera el bebé. ¿Sale?" Llenó dos biberones con jugo de naranja y tomó dos tazas de reserva con jugo y agua. Toby se metió en la cama y me pidió que lo alimentara con el biberón. Pidió su chupón y succionó, durmió, lloriqueó y mordisqueó un panecillo.
>
> Después jugamos a la tienda e hicimos un espectáculo de títeres. Él fue el gran lobo negro que atrapaba a la niñita (yo).

Esto sucedió a la mitad de su terapia de juego y la terapeuta anotó al final de la sesión:

1. Toby se encontraba más confiado, asentado, feliz y se veía mejor esta semana.

2. Gran cambio en el juego con arena. Ningún precipicio profundo, sólo una pequeña cantidad de agua que la arena absorbió. Algunos vehículos se cayeron en la cuneta, pero fueron semirrescatados. Montones de caminos, el más importante tenía un lado inferior que necesitaba rehacerse. El patrón de caminos era similar a un laberinto, sin embargo los callejones sin salida sirvieron como espacios útiles de estacionamiento, de modo que aunque había un camino alrededor, la vía aún era confusa.

(En sesiones previas hubo desastres gigantescos en el cajón de arena: cataclismos, terremotos, inundaciones, obstáculos insondeables. En esta ocasión hubo caminos. Los caminos pueden verse como una vía a través de la vida, tal vez un poco tortuosa en este caso, pero Toby sí tenía un camino a través de la vida, aun si era similar a un laberinto. Parte del camino necesitaba reparación; la infraestructura que se estaba componiendo podría simbolizar el inconsciente que ahora se fortalecía. También los caminos posiblemente estaban bajo ataque, sin embargo, estaban allí. Los auxiliares [ambulancia] estaban a la mano aunque no podía confiarse del todo en no quedar empantanado. Después de eso, Toby se sintió lo suficientemente seguro como para presentar regresión.)

3. La regresión fue en extremo explícita. Antes había tenido que cuidar del muñeco bebé o del bebé-Toby, pero cada vez pudo expresar y nutrir más la parte de bebé de sí mismo.

4. El juego pareció tener fases distinguibles. Toby miró el reloj, después emparejó su cajón de arena y entró en regresión. El juego de la tienda y el juego de títeres parecieron partes separadas del trabajo de la semana. Antes se jugó mucho a la tienda y no siento que esta semana haya sido diferente. También habíamos jugado antes con los títeres y él se identificó con el gran lobo malo.

(Este juego fue razonablemente adecuado a la edad; me trató de manera justa en la tienda pero, bajo el disfraz de lobo, me atacó a mí o a lo que yo representaba. ¿Quizá practicaba su fortaleza interna inherente que estaba a punto de nacer? ¿Quizá todavía necesitaba ser fuerte y hosco?)

SIMBOLISMO

Si los terapeutas están en armonía con el simbolismo, serán más propensos, si bien sin intención alguna a permitir y no suprimir la manifestación y resolución de las necesidades del niño al expresarlas el inconsciente. El lenguaje del simbolismo es más sutil de lo que ciertos diccionarios de los sueños y elementos de la prensa popular nos quieren hacer creer. Aunque pueden haber algunas interpretaciones universales, el lenguaje simbólico es único a cada individuo y los símbolos pueden tener una pluralidad de significados porque combinan o trascienden a los opuestos (Ryce-Menuhin, 1988, página 70). Lo que es un símbolo significativo para un niño puede no serlo para el siguiente y los terapeutas de juego deben estar prevenidos de transferir interpretaciones simbólicas de una persona a otra. El símbolo sólo tiene un significado dentro del contexto de ese niño específico en ese momento particular (Fromm, 1952, página 27) y durante el curso de la terapia de juego un símbolo tal vez posea más de una interpretación (Jones, 1948, página 97; White y Swainson, 1974, página 187). Dockar-Drysdale comenta que la comunicación es por lo regular eficaz si el terapeuta de juego responde de manera sensible, utilizando los mismos símbolos que el niño (1990, página 67).

Ejercicio

- ¿Qué son los símbolos?
- ¿Cuáles son sus símbolos para:
  — Su niño interior.
  — Usted mismo.
  — Su trabajo.
  — Su vecino.
  — El primer ministro.
- Usted tiene siete años de edad. Dibuje los símbolos que escogería para describirse a sí mismo si fuera:
  — Un coche.
  — Una flor.
  — Un animal.
  — Comida.

¿Qué es un símbolo? La palabra se deriva del griego, que quiere decir "yo junto, hago coincidir; yo lanzo" (Macdonald, 1973, página 1367); Stevens (1982, página 242) define un símbolo como: "... un puente que conecta lo conocido con lo desconocido, la conciencia del yo con el inconsciente". En el caso de un signo existe un lazo por convención entre eso y lo que representa: una mesa es justamente eso. Un símbolo representa algo más de lo que es en sí (Fiske, 1982; Jung, 1921, página 601). En un fragmento en la página 187, la mesa representó una casa en un árbol. Los símbolos, a diferencia de los signos, están vivos, pueden cambiar y crecer, están llenos de significado creativo, recuerdan; tienen el poder para mediar la experiencia, con frecuencia aquella que es de gran intensidad. En el trabajo de Toby, la mesa también era una nave viajera, nave espacial, perrera y prisión. El símbolo, como Jung lo mostró, actúa como transformador (Jung 1956).

Los símbolos comunican las realidades que quizá sean demasiado complejas u ocultas para la expresión común (Cooper, 1978, página 7). Los niños pueden invocar un león en su juego porque han visto uno en televisión, en un libro o en un zoológico. El juego puede considerarse como una expresión directa de su interés en el león, o su deseo de comunicarse con alguien respecto a él. En este caso, el león es probable que sea un signo. Pero si, a través del león, los niños desean expresar algo de su propia naturaleza agresiva, fuerte, noble, o si se encuentran enojados con uno de los padres y quieren "devorarlo o devorarla", entonces el león puede ser simbólico. En psicoterapia, los símbolos sirven como funciones de "como si". Si se considera desde el punto de vista del realismo, el símbolo no es una verdad exterior pero es psicológicamente cierto (Jung, 1956).

Klein (1955, página 234) reconoció el "lenguaje arcaico" del simbolismo y observó que la capacidad de los niños para utilizar símbolos les posibilita "transferir no sólo el interés sino también las fantasías, ansiedades y culpa a otros objetos diferentes de las personas". Debido a su capacidad para unir los elementos conscientes e inconscientes de la psique, el símbolo permite que las energías fluyan del interior "en un nuevo esfuerzo creativo" (Harding, 1973, página 10). Con frecuencia se reprende a los niños y se les dice que "se comporten", y esto no siempre conduce a las mejorías deseadas, pero un cambio interior es de un orden diferente ya que se deriva del niño y se siembra dentro de él y no solamente es una respuesta a los preceptos adultos. Toby atravesaba por un mal momento en el mundo exterior:

La excavación que Toby realizaba sin propósito en el cajón de arena mojada condujo a un río con orillas que se precipitaban y que corrían por todo el cajón. "Nadie podría salir si se caía en el agua." Tomó una esquina del cajón como su "campamento", el cual defendió con paredes altas y construyó una detallada prisión, riveras con hoyos para espiar y un lugar al que podía llevarse a los heridos y los refuerzos podían esperar. Mi campamento estaba del otro lado del río. Seleccionamos nuestros soldados y los pusimos en posición. Dos veces sus indios engañaron a mis capitanes y los tomaron prisioneros, poniendo en desventaja a mis fuerzas. Un cocodrilo habitaba el río y hacía incursiones para atrapar algunas de mis gentes.

El juego continuó por un rato y en él Toby era el agresor y yo la víctima. Después agregó dos aviones y una ambulancia. Vertimos más agua en el río, lo cual colapsó algunas de las riveras y Toby hizo más grande el río, excavando una parte de su terreno para hacerle una casa al cocodrilo.

En esta etapa, sus fuerzas y las mías comenzaron a hacerse amigas más que enemigas. Su avión se convirtió en un bombardero mágico y a mí se me dio un avión. Se liberó a los prisioneros, personas de ambos lados fueron a nadar y el lagarto (cocodrilo) se volvió amistoso.

La terapeuta de juego anotó:

El cajón de arena fue importante al revelar, según sentí, un profundo conflicto (río muy profundo —el agua puede simbolizar emociones— y dos fuerzas opuestas) sus fuerzas, sus energías, tenían que burlar a las mías. La construcción de la prisión fue detallada. También había un lugar para recuperarse del trauma de la batalla, así que sanar era una posibilidad, y había refuerzos disponibles. Después de algún tiempo las fuerzas y el cocodrilo se volvieron amistosos. Algunas autoridades consideran al cocodrilo como un símbolo materno negativo y eso está a tono con los constantes ataques de Toby sobre mí durante la sesión pasada. Cooper (1978, página 44) sugiere que el cocodrilo también simboliza furia y enojo, lo cual justo ahora se aplica a Toby. Al final, la música en un volumen fuerte fue sostenida e invasora; ¿sacó el vapor, sacó la agresión? Por primera vez se llevó galletas con él al final de la sesión, ¿algo que tienes que ver con la privación, incertidumbre y consuelo? Después de la sesión me sentí agotada, enojada, frustrada, ¡y devoré una gran cantidad de galletas de chocolate! Es posible que haya recogido algo de sus muy profundas "vibras" infelices e inseguras.

Si han de tener propósito, los símbolos deben conducir a la resolución y, una vez que se expresan y aceptan (no necesariamente de manera verbal pero en forma implícita por parte del terapeuta de juego), tienen una función redentora que puede cambiar la conducta del niño (Martin, 1955, páginas 115, 120; von Franz, 1983, página 254). Casi cualquier objeto o acto puede ser simbólico (Martin, 1955, página 114). El *Incredible Hulk* puede utilizarse para expresar el deseo de poder del niño (niños que son dominados por un adulto poderoso o a quienes, a la inversa, se les da demasiada libertad y, por tanto, temen a su propia agresión, quizá representen por medio del juego con estas figuras sus miedos y fantasías). Otro niño, después de experiencias dolorosas y atemorizantes en el hospital, puede enterrar en la arena a los doctores persecutorios a medida que busca que se "mueran" y, por tanto, detenerlos de que lo ataquen. La mayoría de los niños podrá emplear los materiales de juego para la expresión de cualquier cosa necesaria. El elemento de fantasías, inclusive "hagamos como si", es tan importante como el juego objetivo con juguetes (Fordham, 1978, página 170). A veces el juego de "hagamos como si" es posible que parezca más como un ensayo de habilidades vitales pero, si se comprende de manera propositiva, con frecuencia su elemento simbólico es importante.

Los adultos pueden atribuir el juego de un niño a algo visto en televisión, leído en un libro o hecho en la escuela. Por supuesto que la exposición no puede negarse y los símbolos reciben influencia de las experiencias de la mente consciente (Whitmont, 1980, página 118), pero los niños se ven enfrentados con cientos de imágenes en un día normal, de modo que el terapeuta de juego preguntará "¿Por qué el niño eligió jugar a *He Man* (o *Skeletor*) hoy? ¿Qué me dice esto acerca de las necesidades internas del niño en ese momento en el tiempo?", más que descartarlo porque "Lo vio en televisión". Existe alguna razón inconsciente por la cual el niño eligió cualquier cosa (Harding, 1973, páginas 378, 381).

Símbolos

- Son una forma de expresión.
- Desempeñan una función de "como si". Cuando me enojo siento "como si" fuera un león encolerizado.
- Tienen un significado único para la persona que evoca el símbolo.
- Suelen tener significados cambiantes, así que pueden tener más de una interpretación.
- Deben tratarse con respeto.
- Cuídese de aprender el simbolismo de la prensa popular.

IMÁGENES ARQUETÍPICAS

- Los arquetipos, un concepto jungiano, son modelos subyacentes del inconsciente, que prevalecen en todas las sociedades y a lo largo de la historia.

El estudio de los arquetipos es quizá un poco especializado para algunos terapeutas de juego, pero para aquéllos con un antecedente jungiano los arquetipos son una manifestación importante e interesante. Fue Jung quien, después del estudio de las mitologías y religiones de varias culturas en todo el mundo, se hizo consciente de que existen ciertos temas universales recurrentes, conocidos como arquetipos, que afloran en todas las sociedades durante todas las épocas. Los arquetipos son atemporales y, por decirlo así, sin nacionalidad. Jacobi (1971, página 34), contemporáneo de Jung, describió los arquetipos como "...manifestaciones psíquicas de carácter biológico, psicobiológico o ideacional, siempre y cuando sean más o menos universales y típicos". Características arquetípicas del proceso psíquico de integración adulta incluyen el personaje, sombra, *animus* y ánima, mujer sabia, hombre sabio y Dios (Jacobi, 1959). Para los niños, el arquetipo de la madre (buena y mala) por lo regular es importante; otros arquetipos que aparecen con cierta frecuencia son el héroe, el embustero, el niño, familia, padre y persona "mala". Los niños pueden ver estos aspectos más en términos de animales, insectos, lo sobrenatural (fantasmas) o figuras de cuentos de hadas (brujas, reyes, reinas, madrastras, príncipes y princesas).

El arquetipo madre es importante y tiene dos filos (Neumann, 1955). "...por una parte, la Gran Madre es creativa y amante, por la otra, es destructiva y ambivalente" (Stevens, 1982, página 90). Fordham (1969, páginas 56, 58) discute que la madre mala se representa por medio de brujas, fantasmas y animales, y Stevens (1982, página 90) incluye al dragón, monstruo y monstruo marino.

POLLY

La madre de Polly dejaba mucho que desear y la niña tenía una profunda ambivalencia hacia ella; por un lado era tan grande su deseo de haber tenido aunque fuera una madre de ese tipo y, por el otro, ansiaba una atención materna consistente y amorosa que, a cierto nivel, se daba cuenta que había perdido (página 38).

"A la cama, es medianoche. Sé un fantasma, sé Drácula, sé el diablo...Tú eres la bruja..." La tengo que convertir en una araña. Después me mata muchas veces haciendo ruidos de "psst" y dice que una araña se me trepa por las piernas. Cuando estábamos cerca del final de la sesión, me convertí en una bruja buena e hice un hechizo que convirtió a Polly en mi buena bruja bebé.

Tres sesiones después:

"Es hora de que vayas a la cama... No me importa si los fantasmas te atrapan. Soy un gigante..." A mí, el fantasma, se me indica que busque al bebé, al cual Polly defiende... "Silencio, señor fantasma. Silencio. Sé que eres un fantasma tonto. Silencio. Ahora haz como si fueras Drácula."

Pasan dos semanas:

"Haz como si fueras una bruja. No me puedes atrapar por abejorro." [No te puedo atrapar allá arriba.] Continúa: "Haz como si éste fuera un edificio alto y tú fueras una bruja muy pequeña". [No puedo atraparla. ¿Qué haré?] "Haz como que me atrapabas en la casa. No me puedes atrapar por abejorro. Empiezas a llorar." Lloro, exclamando: [Me derrotó, me ganó]. "¡No, devoró!" [No, derrotó.] "Entró en tu cuarto. No sabes. Pensabas que era tu mejor amiga. Tomo a tu bebé. Tú no sabes. Cuando me ves tomar a tu bebé dices 'Bájalo'." [Deja en paz a mi bebé], protesto. "No. Haz como que me lo llevaba arriba. Ya no tienes a tu bebé. Apestosa, ¿puedo decir eso?; Bruja apestosa. Muy horrible. Haz como que me llevaba a tu bebé. No lo puedes encontrar. Gruñes como loca. Chillas." [Se llevó a mi bebé, lloro, haciendo muchos ruidos de enojo y ella salva al bebé.]

Después de otra quincena:

Estábamos haciendo un pastel y ella me pide que diga [Mami, allí hay un fantasma]. "Vete, sácate", declara en forma enojada mientras persigue al fantasma y dice triunfalmente "está muerto".

Un poco después:

"Haz como que estabas vestida de bruja. No, yo soy la bruja y tú eres el gato. Tú eres la otra bruja." Me llama por teléfono preguntándome: "¿Cómo estás?" [Muy enferma], le respondo en tonos brujiles. "Te curaré con mi magia. Iré a tu casa. Hay una fiesta ahora en mi casa. ¿Qué te gustaría comer?" [¿Qué tienes?] "Pastel de brujas, unos cuantos caracoles y babosas. Yo no como babosas. No me digas tonta." Recolecta arena y canta: "Lindo pastel de brujas. Tiene víboras, arañas, babosas, mariposas". Le digo que las mariposas son demasiado bonitas como para un pastel de brujas. Corta el pastel de brujas. "¿Quieres cerrar la puerta, amiga mía? Haz como que escribía Feliz Cumpleaños en el pastel. Es tuyo. ¿Tu nombre?" [Bruja Nelly.] "El mío es Bruja Polly. Haz como que cantabas. Cantas en realidad horrible." Me dice que mi canto no es lo suficientemente horrible y le digo que es lo mejor que puedo hacer como bruja. "¿Dónde está tu gato? ¿En casa? ¿O sobre tu escoba? ¿Me puedes enseñar dónde está tu escoba? Aquí está tu pastel. Me dices que tome un poco más." Le advierto: [escupiré las mariposas], quizá entrando con demasiado entusiasmo en el rol. "Toma un poco más. Es lo mejor que puedo hacer. Ponle encima un poco de salsa de araña. Podría saber horrible. Vayamos a un paseo brujil." Pregunta dónde está mi escoba y nos montamos en la escoba del cuarto de juego.

Una semana después:

"Se apagó el fuego. No tenemos nada de calor." Polly hacía ruidos y digo: [Todo tipo de ruidos raros. ¿Quizá sea el fantasma? Responde: "No me asustes. A la cama, ¡rápido!, te me vas. El fantasma viene", dice con insistencia. Solloza: "Ya viene el fantasma. Mejor cuídate, ¿cuál va a ser tu nombre?" [No sé.] "Dices 'El fantasma acaba de eructar'", lo cual repito.

Después comento: [Ese fantasma está haciendo ruidos raros. Estoy asustada]. "Dices 'Es Drácula, tengo miedo'." [¿Qué pasa?] "Corres dentro de mi casa. Lloras. Corres a mis brazos. Sólo es una caricatura." [Ya se detuvo, lo digo con alivio.] "Estás todavía más asustada." [Se está poniendo peor.] "Haz como que alguien te lo arroja (el biberón)." [No a la cara, tengo miedo.] "No sabes que alguien se está arrastrando por allí."

Pone su suéter sobre mi cabeza y me ordena: "Eres un fantasma, te gusta el ruido. Dices 'ése es mi amigo Drácula'". [Hola Drácula, haces buen ruido.] "Asusta a la gente. Haz como si fuera de noche y bajamos. Ponte tu capa. Dices: 'Ponte tu capa, Drácula'. Yo te gruñeaba (*sic*). Nos aventamos el uno contra el otro." [No me caes bien.] "Pronto nos volvemos a juntar. Te vuelves un hombre bueno. ¿Quisieras venir a mi casa donde está mi amigo? Después eres un fantasma. Eres un hombre bueno pero en realidad eres un fantasma. Yo en realidad soy Drácula." Le pregunto qué haremos. "Hablar con él. ¿Quién es él?" Le digo que él es mi amigo. "Él es Drácula. Dices '¿Cómo sabes que es Drácula?'" Se hacen las presentaciones y se reconocen entre sí.

"Dices: 'Vayamos a espantar, amigo mío'. Junto con nuestro buen amigo, el fuego. ¿Fuego, cuidarías mi insignia de fantasma? No me permiten llevármela. Éste es mi castillo de Drácula. Éste es el bebé que ya mordimos. ¿Cenamos antes de salir? ¿Bebemos sangre? ¿Qué más?" [¿Pasteles?] "Pateemos, vayamos a algún lado pateando...llevamos la mitad del tiempo siendo Drácula." [¿Podemos detenernos?] Le pregunto de manera poco juiciosa. "No, tenemos mucho tiempo. Tú y tu maldito detiene-drácula." ...Escupe un poco de arena. "Ése es el bote en el que escupimos. ¿Correcto, Drácula? [Sí.]"

Nótese cómo disminuye el dominio de la bruja-fantasma, a la que con el tiempo se derrota. Polly ya no se encuentra tanto a merced de sus arquetipos negativos de madre y en su vida exterior inspiraba más cariño.

Los arquetipos comunes en terapia de juego incluyen:

- La familia.
- La madre, el padre, el niño, el bebé.
- La bruja.
- Drácula.
- El policía.
- El ladrón.
- El héroe.
- El embustero.
- El fantasma.
- El monstruo.
- El gigante.
- Personas que pelean.
- Comida.
- Casa.
- El villano.

ANDREW

Andrew, de siete años (páginas 37 a 38), produjo arquetipos similares. En la primera sesión se refirió a la bruja, al fantasma y a dos sabios. En la cuarta sesión:

"Anoche tuve una pesadilla en mi alacena." [¿Quieres contármela?] Le pregunto. "Yo nunca realmente, era mi mamá disfrazada. Me engañó."

Después:

"¿Qué es esa bruja?", y me cuenta respecto a un amigo. "Las brujas entran en su cuarto. Es su madre disfrazada y lo asusta. No sabe que es su mamá. Se ve como una bruja en la vida real...Mi casa está embrujada con monstruos. Un hombre sale de la cocina todas las noches. Tiene un ojo y el pelo verde. Me asusta. Mi mamá me dijo. Mi tío lo vio salir una noche de la cocina. Mi tío trató de darle un balazo, pero nunca lo hizo. Es un monstruo. ¿Alguna vez haz visto uno?" [Podría ser.]

En capítulos anteriores se han hecho referencias a que *Darth Vader*, el *Incredible Hulk*, *He Man* y *Skeletor* pueden verse como representaciones de figuras arquetípicas y, una vez prevenido de la noción de los arquetipos, el terapeuta interesado se hará consciente de que éstos abundan en mitos y cuentos de hadas (Bettelheim, 1976; von Franz, 1980) y quizá los percibirá con un *insight* renovado cuando los niños los introduzcan en su juego.

MANDALA

Ejercicio

Un mandala se ve con frecuencia como un modelo concéntrico circular o cuadrado.

- ¡Diviértase! Dibuje y pinte mandalas.
- Realice algunas pinturas de mariposas (pinte, doble el papel a la mitad y presione. Abra el papel y vea lo que sucede).

Un mandala es un símbolo antiguo que aparece en todas las culturas (Argüelles y Argüelles, 1972) y, de maneras diferentes, lo producen los niños en momentos de cambio en su terapia. En general, los mandalas son diseños equilibrados y concéntricos, así que algunos terapeutas prestan particular atención cuando los niños crean patrones que se basan en cuadrados, círculos o ambos, dándose cuenta de que quizá es inminente un "descubrimiento" en terapia.

> (Los mandalas) Sirven para que se produzca un orden interior, que es la razón por la cual, cuando aparecen en una serie, con frecuencia siguen a estados caóticos, desordenados, que se caracterizan por conflicto y ansiedad. Expresan la idea de un refugio seguro, de reconciliación interna y totalidad. (Jung, 1959, página 384.)

Jung señala que pueden impedir los brotes y la desintegración, y también son símbolos del sí mismo o *self* (Jung, 1956, página 208n). Fordham (1957, página 132) encuentra que los mandalas pueden producirse cuando el niño está a punto de integrar un nuevo elemento, o desintegrar (hacerse pedazos en cierta forma).

Esto quizá parezca un tanto esotérico, pero para el estudiante jungiano merece estudio posterior. Sin embargo, para algunos terapeutas de juego quizá es suficiente darse cuenta de que las configuraciones tipo mandala que producen los niños **pueden** anunciar algún tipo de cambio interior que después se hará manifiesto en sus vidas exteriores. Es probable que el terapeuta de juego encuentre útil tomar algunos apuntes con cuidado acerca de los mandalas, con bocetos si es pertinente, para referencia posterior.

En las páginas 99, 100 pueden verse dos de las pinturas de mandala de Polly y una de Peter (Figuras 8–9, 8–10 y 8–11) que se produjeron en momentos de cambio en su terapia de juego.

Mandalas

- Son diseños concéntricos, por lo regular circulares.
- En sentido terapéutico, pueden crearse en tiempo de cambio e integración.

SUEÑOS

Ejercicio

- ¿Puede recordar un sueño o pesadilla que tuvo de niño? Píntelo o dibújelo.
- Hable con las diferentes partes del sueño y anímelos a conversar entre ellos.
- Haga lo mismo con sus sueños actuales.
- Analice sueños con amigos.
- Descubra lo que sueñan los niños.

Si los niños hablan al respecto, o se encuentran molestos acerca de sueños y pesadillas, las cosas preocupantes con frecuencia provienen de su inconsciente y el terapeuta de juego centrado en el niño puede sugerirle que quizá quiera pintar el sueño, o hacer un retrato de él en el cajón de arena, o actuarlo; cualquier cosa, en realidad, que traiga el sueño a la luz del día y lo exprese. El terapeuta de juego no debe emprender un trabajo más detallado del sueño a menos de que tenga entrenamiento y experiencia específica (Fordham, 1994, páginas 29 a 50; Oaklander, 1978, páginas 145 a 151; Smith, 1990; Wickes, 1977, páginas 256 a 290). Algunos niños, en particular si han sufrido abuso sexual de noche o se les ha drogado, pueden decir que están soñando cuando en realidad recuerdan algo que en verdad les sucedió.

- Los sueños y pesadillas pueden ser importantes.
- Pida al niño que le muestre el sueño a través de dibujos, el cajón de arena, actuación, marionetas o palabras.
- Preste atención al contenido emocional de los sueños.
- Si no tiene un entrenamiento previo, sea cuidadoso al trabajar con los sueños.

RESUMEN

En la terapia de juego centrada en el niño, éste es libre de decidir cómo utilizar las sesiones y con frecuencia la "decisión" tiene la influencia del resurgimiento de sentimientos, recuerdos y sucesos sin resolver que se reprimieron en el inconsciente. Dado que estos factores precipitantes no se encuentran en la conciencia, no pueden representarse en el juego o discutirse de manera deliberada. Sin embargo, es posible que se ventilen de manera simbólica ya que los símbolos tienen el poder de retratar, mediar y transformar. El juego de algunos niños es rico en arquetipos que comunican experiencias fundamentales comunes a toda la humanidad. Se analiza la relevancia del mandala y es un recordatorio de que algunos terapeutas pueden entrenarse para trabajar con el inconsciente que se comunica en los sueños.

Después de haber desenmarañado algo acerca del papel del inconsciente y del simbolismo en el proceso terapéutico, en el último capítulo se examina lo que probablemente sea el recurso más vital: nosotros mismos y, en particular, cómo cuidamos de nosotros. También le decimos "adiós" a algunos de los niños a los que hemos llegado a conocer en las páginas precedentes. ■

Despedida:
niños y terapeutas de juego

Quizá el regalo más valioso que podemos llevar al trabajo con niños es nuestra capacidad para permanecer vulnerables, al tiempo que aceptamos nuestra disciplina y rol profesional.

(Winnicott, 1984, página 23)

- Al final de este libro parece importante decir "adiós" a los niños que están en el corazón de nuestros esfuerzos.

- Trabajar con niños necesitados puede ser en extremo demandante y se exhorta a los terapeutas a cuidar de sí mismos para que puedan dar lo mejor de sí.

ADIÓS A LOS NIÑOS

Yo tuve un pequeño rayo de sol
y lo puse en mi bolsillo,
así cuando llegó la oscuridad
todavía lo tenía conmigo.

(Julian Levay, siete años de edad, 1979, página 96)

Los niños que se encuentran perturbados tienden a sentir dolor, con frecuencia por dentro y por fuera, pero no siempre saben por qué. Todo lo que pueden hacer es actuar su dolor o retraimiento. Aceptar, valorar, alentar a los niños con perturbaciones a ser ellos mismos, darles las oportunidades de comunicarse de cualquier manera que les acomode, respetarlos a pesar de las dificultades en las cuales ellos saben que están, prestarles la atención indivisa y constante de un adulto compasivo en un ambiente amigable al niño, es una experiencia que se llama **terapia de juego**. Parece que funciona porque los pequeños se sienten mejor, progresan las relaciones en la familia y la escuela, y se libera a niños como Toby, Polly, Peter, Gemma y Andrew para que alcancen su potencial, aunque la experiencia tal vez sea dolorosa para el terapeuta de juego (Hoxter, 1983).

Cerca de seis semanas después de que comenzara la terapia de juego, la madre sustituta de Gemma (página 37) informó que la niña estaba mejorando y presentaba menos *acting out*. Para sorpresa de todos, pronto se buscó un emplazamiento adoptivo y la parte frustrante fue la espera de una familia adecuada. Si Gemma hubiera tenido antecedentes hogareños estables, la terapia de juego pudo haberse terminado después de unos ocho meses, pero tomó cerca de un año antes de que finalizara el arreglo con su nueva familia adoptiva. Poco antes de irse con su familia permanente, regresaron algunas de sus conductas problemáticas previas, pero en esta ocasión se resolvieron con mucha mayor rapidez a medida que ella sometía a prueba y sanaba su dolor dentro del contexto de su nueva familia permanente.

La terapia de juego de Andrew (páginas 37 a 38) duró cinco meses y había logrado progreso considerable en la escuela. Ya no aterrorizaba más al vecindario y se había realizado trabajo con la familia, lo cual ayudó a estabilizar su estilo de vida. Después de la terapia de juego, se propuso que el trabajador social emprendiera parte del trabajo de integración de los antecedentes personales con Andrew, en particular para ayudarle a desentrañar los cambios de su hogar sustituto que había experimentado en su vida temprana. Se tenía también la esperanza de que los padres de Andrew hablarían con él acerca de la enfermedad de su madre.

Durante la terapia de juego, Polly (página 38) mejoró y se buscó una familia adoptiva. La terapia de juego con Polly pudo haber terminado a los ocho meses, pero, como con Gemma, nos mantuvo esperando la aparición de un hogar adoptivo. Cuando sucedió esto, el emplazamiento no funcionó. No era culpa de Polly ya que había hecho más de lo que se requería, sino que los padres adoptivos habían retenido información personal vital que pronto puso en riesgo al emplazamiento. Ante el rompimiento de lo que debería haber sido su familia permanente, lo cual fue traumático para Polly, se le colocó en un hogar infantil, pero pronto se repuso y su siguiente hogar adoptivo resultó satisfactorio.

El desempeño de Peter mejoró en todas las áreas de su vida (página 38). Después de cerca de un año de terapia de juego, se mudó a una pequeña unidad que se especializaba en preparar a los niños para vivir dentro de una familia y realizó una transición exitosa a un hogar sustituto.

ATENCIÓN AL TERAPEUTA DE JUEGO

- Trabajar con niños perturbados, en especial en terapia de juego donde comparten las partes heridas de sí mismos, puede ser demoledor y absorbente.
- Corresponde a los terapeutas de juego:
  — Asegurarse de que se satisfagan todas sus necesidades a través de prestar atención a su propio cuerpo, emociones, mente y espíritu.
  — Trabajar sus propios aspectos dolorosos en un ambiente de apoyo.
  — Tomar responsabilidad para recrearse ellos mismos.
- El funcionamiento íntegro y total del terapeuta de juego brindará un mejor servicio al niño.

Trabajar con los niños a los que hemos conocido, a veces es demandante, desgastante pero vivificante; las historias de caso completas destacan la importancia de la atención para el terapeuta de juego tanto como para el niño.

Frank tiene ocho años y durante los últimos meses ha estado viviendo en un hogar infantil. Es vivaz, sabe comunicarse bien, ama jugar y se enriquece en la atención. Existen ocasiones, sin embargo, cuando amenaza con suicidarse (se sabe que se ha cortado las muñecas), destruye las cosas de otros niños y arroja su comida por todas partes. Hasta la edad de siete años, Frank había atravesado por algo así como 23 cambios de custodia. Cuando era un niño pequeño se le descuidó en exceso tanto en sentido físico como emocional; con frecuencia se le dejaba desatendido entre sus propias heces y orina, y entre las de los perros caseros. Pasó muchas temporadas en el hospital debido al deterioro en su desarrollo y se le regresó a vivir con su madre, que con mucha frecuencia tenía una pareja diferente, o un nuevo bebé, o se podía haber mudado a otra propiedad semiabandonada. Entre una y otra ocasión, se admitía al niño en cuidado sustituto a corto plazo.

Susan, que tiene nueve años, es una niña inteligente y franca. En general se ve inmaculada y gusta de usar ropas de buena calidad. Limpia, pule y pone en orden la casa. Es maravillosa con los niños pequeños y tiene una particular afinidad con aquellos que tienen discapacidad. Sin embargo, sus berrinches son a veces graves y casi incontrolables: muerde, grita, patea, golpea y trata de estrangular animales. A ella también se le alejó de su madre y nunca regresará con ella. Desde una edad temprana se forzó a Susan a que cuidara a sus hermanos y hermanas más pequeños; fue golpeada por el novio de su madre y se le ataba a las patas de la mesa si no podía realizar trabajos como pelar papas; se le ridiculizaba y se le decían cosas horribles; no se le permitió jugar con sus amigos. Se colocó a Susan en un hogar sustituto, pero hubo un cambio en la política y se le regresó con su madre. Pero en esta ocasión, Susan era mayor y pronto informó de más maltrato físico; también manifestó que había sufrido abuso sexual en el hogar sustituto.

Margie tiene seis años y su medio hermano, Fred, tiene cinco. Se les alejó de sus padres después de que habían sufrido maltrato físico, abuso sexual y emocional. Se sabía que los niños habían sufrido abuso sexual por parte de muchos adultos y adolescentes de ambos sexos y la conducta de Margie y Fred podría ser extraña.

Orinaban y defecaban, con frecuencia de manera secreta, en casi cualquier lugar menos en el baño. Se molestaban sexualmente entre sí, lo mismo que a otros niños y animales. Acariciaban penes humanos y de animales, succionaban e introducían en orificios corporales masculinos y femeninos dentro de los cuales Margie y Fred también insertaban palos o cubiertos. Los niños lloraban cuando veían carne roja, pues pensaban que provenía de niños o mascotas recientemente asesinados. No podían soportar los macarrones o el espagueti porque les recordaban los gusanos que se les habían introducido en sus traseros y que se les había obligado a comer. Tenían dificultades para dormir y con frecuencia cantaban salmos durante la noche. Quizá de manera sorprendente, manejaban de modo razonablemente bueno la escuela, aunque a veces había quejas de contacto sexual inapropiado y distracción. Había veces en que los ojos de Margie se nublaban y se "paralizaban" y era sobreprotectora con Fred.

En sus vidas profesionales los terapeutas de juego se cruzan con niños que han sufrido privación, crueldad, maltrato (físico, sexual) y pérdida en muchas formas, inclusive en sus relaciones cercanas. De cierto modo, estos niños son mayores para su edad, ya que han atestiguado y experimentado cosas que son difíciles de imaginar; en otros aspectos son inmaduros y necesitan volver a vivir la infancia que les fue negada. A pesar de tener similitudes con víctimas de tortura (Goddard y Carew, 1988; Jones y colaboradores, 1987, páginas 260 a 262), muchos de estos niños tienen un gran empuje innato hacia el desarrollo y la totalidad. Una vez que se protege al niño, se encuentra en un ambiente lo suficientemente seguro y nutriente, y tiene las oportunidades correctas, su psique puede "equilibrarse", sanar y compensar por la enorme privación y las espantosas experiencias. La tarea terapéutica tiene que ser multifacética y holística, y el papel de quienes cuidan del niño, ya sea en la familia o en un escenario institucional, es muy importante. Con frecuencia estos niños requieren volver a recibir atención paterna y educarse de nuevo tanto social como emocionalmente, lo mismo que en términos académicos. En general, su desempeño es menor que su capacidad académica potencial y por tanto requieren de atención especial en la escuela. También es deseable que reciban psicoterapia.

Niños parecidos a David, Susan, Margie y Fred pueden referirse a terapia de juego **como parte del** proceso de curación. Puede que exista gran cantidad de aflicción, enojo y desesperación a medida que las emociones primarias se enfrentan y se elaboran. El terapeuta de juego puede sentirse desgastado y abofeteado por un caleidoscopio de sentimientos cuando se vuelve el blanco del dolor, confusión, hostilidad y agresión del niño, y se le trata como si fuera él o ella quien cometió el abuso (maltrato), o el padre o madre que abandonó al niño.

Crompton (1990, página 117) recomienda con ahínco que "para poder trabajar de manera efectiva y pagar el costo, los terapeutas necesitan entrenamiento y preparación, y el mismo tipo de atención y respeto que le ofrecen a los niños". Los terapeutas de juego tienen que lograr la empatía y sentir lo que el niño transmite a veces sin palabras, y aceptar y comprender esto. Por tanto, los terapeutas tienen que ser libres y abiertos dentro de ellos mismos para experimentar cualquier necesidad que surja. Es importante que sean receptivos a los aspectos conscientes e inconscientes del niño como un todo: espirituales, emocionales, físicos, cognoscitivos; de modo que es imperativo que le presten atención a estos aspectos dentro de sí mismos.

A veces, a los terapeutas a quienes se expone a los aspectos más sórdidos de la experiencia humana, pierden el equilibrio. Sus cuerpos están tensos, tal vez experimenten dificultades para dormir, comer o ambos y con frecuencia sufren de problemas psicosomáticos. Los riesgos son quedar emocionalmente exhausto, agitado y agotado, y sus vidas sexuales y relaciones cercanas pueden verse afectadas de manera adversa. En el plano espiritual, los terapeutas de juego pueden irse a lo más profundo, su fe en apariencia destruida, ya que se ven acometidos por todas partes con la negatividad y el vacío espiritual. A nivel cognoscitivo, es posible que los profesionales estén desconcertados cuando las reglas normales ya no parecen aplicarse y se vuelven incapaces de comunicarse de manera efectiva, o parlotean sin ton ni son, a veces de manera inapropiada, a medida que tratan de extraer algún sentido de las cosas que experimentan.

Las personas que trabajan de manera holística, necesitan cuidar de sí mismos y prestarle atención a todo su ser. A nivel físico deben emprender algún tipo de trabajo con su cuerpo (por ejemplo: yoga, masaje, ejercicio, terapias físicas, relajación o ir a gimnasios) y atender la dieta, el descanso y la recreación. A nivel emocional, existe la necesidad de relaciones y experiencias satisfactorias. La asesoría psicológica o psicoterapia parecen deseables y casi obligatorias para aquellos terapeutas de juego involucrados en los niveles más profundos de trabajo. También es vital prestar atención a las necesidades espirituales o filosóficas, esto puede hacerse a través de enfoques ortodoxos o *New Age*, o simplemente creando una visión universal; algunos terapeutas de juego que se ocupan de los resultados de la extrema degradación humana, encuentran a la curación espiritual valiosa para equilibrar lo profundo. En términos cognoscitivos existe la necesidad de explorar y comprender el área de trabajo profesional y reunir explicaciones, otras perspectivas, puntos de vista y estilos diferentes. Es importante el apoyo de gente de su misma edad y de amigos.

Por tanto, se alienta a los terapeutas de juego a que tomen la responsabilidad de su propio bienestar de modo que se mantengan en sí mismos y puedan brindar apoyo al niño traumatizado. Los terapeutas que fracasan en el cuidado de sus necesidades físicas, espirituales, emocionales y cognoscitivas, tanto conscientes como inconscientes, se encuentran en peligro de lastimarse a sí mismos y a los niños a los que se han forzado en servir.

Ejercicio

- Se le reta a encontrar tiempo para, y hacer, algo que:
  — Sea bueno para su cuerpo.
  — Permita exteriorizar emociones.
  — Su mente disfrute y encuentre satisfactorio.
  — Lo lleve más adentro de su propia búsqueda de valores (internos).
- Disfrute sus vacaciones del trabajo.
- Sea amable con usted mismo.

La terapia de juego en ocasiones es absorbente, recompensante, demandante y frustrante. Durante el trabajo, el terapeuta de juego se puede ver expuesto a extremos de degradación y sufrimiento, pero también existe la dicha suprema del logro. Una parte importante de la ecuación terapéutica es la personalidad y conocimiento del terapeuta. Nunca podremos ser perfectos pero existe el deber de prepararnos tan bien como podamos; lo segundo no es lo suficientemente bueno.

Y dijo una mujer que sostenía un bebé contra su pecho: Háblanos de los Hijos.
Y él dijo: Tus hijos no son tuyos.
Son los hijos e hijas del anhelo de la Vida.
Vienen a través de ti, pero no de ti.
Y aunque están contigo, no te pertenecen.

Puedes darles tu amor, pero no tus pensamientos,
Ya que ellos tienen los suyos propios.
Puedes albergar sus cuerpos, pero no sus almas,
Ya que sus almas moran en la casa del mañana, la que no puedes visitar, ni aun
en sueños.

Puedes esforzarte por ser como ellos, pero no busques hacerlos como tú.
Ya que la vida no retrocede ni aguarda en el ayer.
Eres el arco del cual tus hijos, como flechas vivientes, son enviados.

El arquero busca el blanco sobre el camino de lo infinito y Él te dobla con su
poder, para que sus flechas puedan ir veloces y lejanas.
Deja que tu inclinación en las manos del Arquero sea para regocijo;
Pues aunque Ama la flecha que vuela, así también Ama el arco que es estable.

(Gibran, 1980, páginas 20 a 23.) ■

Formatos de registro

Con frecuencia las personas preguntan "¿Cómo debo registrar una sesión de terapia de juego?" Los siguientes bocetos pueden servir como trampolín para que los futuros practicantes diseñen sus propios formatos de registro.

TERAPIA DE JUEGO INDIVIDUAL

Coloque a la cabeza de cada sesión el nombre y edad del niño, la fecha y el número de la sesión.

 I) **Discusiones preliminares:** Registre las discusiones preliminares con la persona que hizo la referencia, con el niño, con quienes cuidan de él, con los maestros e incluya las "áreas problema" del niño como las perciben estas personas.

II) **Primera sesión:** Registro del proceso, un recuento cronológico de qué hizo y dijo tanto el terapeuta de juego como del niño, inclusive la comunicación no verbal y los sentimientos; o, a falta de ello, un registro tan detallado como sea posible. Después de escribirlo, el terapeuta de juego puede destacar puntos específicos; éstos son útiles para tenerse en mente en la siguiente sesión, para discusiones de asesoría y para después resumir el trabajo (véanse secciones IV a VI). (Algunas sesiones subsecuentes pueden beneficiarse también del registro del proceso.)

III) **Notas de las sesiones:** (se puede anotar el equipo nuevo). Descripción de la sesión que puede incluir lo siguiente:

- Informe cronológico.
- Desarrollo de los temas.
- Interacciones verbales y no verbales.
- Material nuevo o relevante.
- Sentimientos del trabajador y del niño.

¿Existen dudas o dilemas especiales? ¿Hay algo que se deba tener en mente para la siguiente sesión?

IV) Resumen inicial: De manera ideal, éste se escribirá después de las primeras 4 a 6 sesiones.

1. Niño: Nombre, fecha de nacimiento, dirección, periodo bajo revisión, terapeuta de juego.
2. Problemas en el momento de la referencia y quién lo refirió.
3. Antecedentes del niño. Incluya información de las entrevistas iniciales con las personas que cuidan del niño, en la escuela, el personal de la institución, trabajador social.
4. Otras personas o trabajadores significativos. Nombres, puestos, números de teléfono.
5. Terapia de juego.
   a) Estructura (es decir, tipo de trabajo, número y duración de las sesiones, lugar).
   b) Suposiciones e hipótesis iniciales del terapeuta, por ejemplo:
   • Comprensión teórica de cómo se manifiesta la situación del niño (o niña) en su conducta.
   • Factores predictivos que el terapeuta desearía someter a prueba.
   c) Proceso de intervención.
   • Análisis de la primera sesión.
   • Cómo está respondiendo el niño a las sesiones de juego.
   • Qué utilización hace el niño de las sesiones.
   • Surgimiento de información significativa.
   • Surgimiento de temas.
6. ¿Han cambiado los "Problemas de referencia"?
7. ¿Ha surgido cualquier tipo de áreas significativas nuevas?
8. Razones para la continuación o terminación. ¿Necesita usted alterar el enfoque de la intervención?
9. Resumen. Firmado. Fecha. Copias para...

V) Resúmenes de terapia de juego en progreso: Por ejemplo, segundo resumen de terapia de juego. Cada 3 o 4 meses es adecuado para la mayor parte de los resúmenes en progreso, es decir, una vez por periodo.

1. Niño: nombre, fecha de nacimiento, dirección, periodo bajo revisión, terapeuta de juego.
2. Cambios reales desde el último resumen.
3. Terapia de juego.
   a) Número de sesiones.
      ¿Algún cambio en la estructura básica?
   b) Proceso de intervención.
   • Cómo está respondiendo el niño.
   • Qué utilización hace de las sesiones.
   • Información significativa.
   • Temas.
4. Revisión de los problemas del niño.
5. Razones para la continuación o terminación. ¿Necesita usted alterar el enfoque de la intervención?
6. Resumen. Firmado. Fecha. Copias para...

VI) Resumen final de la terapia de juego.

1. Niño: nombre, fecha de nacimiento, dirección, periodo bajo revisión, terapeuta de juego.
2. Cambios reales desde el último resumen.
3. Terapia de juego.
   a) Número de sesiones. ¿Algún cambio básico en la estructura?
   b) Proceso de intervención.
   • Cómo está respondiendo el niño.
   • Qué utilización hace de las sesiones.
   • Información significativa.
   • Temas.
4. Revisión de los problemas del niño.
5. Razones para la terminación.
6. Panorama general del trabajo (inclusive recomendaciones para trabajo futuro, si es apropiado). Firmado. Fecha. Copias para...

FORMATOS DE REGISTRO ALTERNATIVOS

Algunos terapeutas quizá prefieran un plan alternativo de registro de las sesiones que requiera menos escritura.

VII) Sección I. Un formato de actividades de juego para todas las sesiones. Éste es subjetivo, sin embargo, da una interesante visión general en la que se notan cambios en el material que se utiliza y lo hace más fácil de localizar y seguir a través de ciertos tipos de actividad como es la regresión, secuencias de cajón de arena o pintura. Se muestra un ejemplo en la figura 1, pero se espera que el terapeuta de juego decida acerca de sus propias categorías.

VIII) Sección IIa. Registro de sesión. Suponiendo que las sesiones duren cerca de una hora, se divide un círculo en segmentos de cinco minutos (o 15 minutos). En el círculo central se invita a los terapeutas de juego a indicar si se encuentran involucrados con el niño (Sí o No, paloma o cruz). En el resto del segmento deben anotarse las actividades del niño, con comentarios adicionales y citas textuales que pueden continuarse en los espacios más allá del círculo y en la Sección III. El "reloj" permite que se pueda ver de una mirada cada sesión. La hoja IIb contiene una lista de verificación, que muestra la (inter)acción del terapeuta y del niño.

La Sección III da la oportunidad de tomar nota acerca de las pinturas, dibujos, modelos, cajón de arena, juego en la casa de muñecas, etcétera, con bocetos o fotografías si no se puede guardar el trabajo.

La Sección IV tiene el propósito de ayudar al análisis de la sesión y el papel del terapeuta de juego.

Se deben hacer copias nuevas de las secciones IIa, IIb, III y IV en cada ocasión. Sección III. Un informe más detallado de ciertos aspectos de la sesión, es decir, cajones de arena, pinturas y dibujos, juego con la casa de muñecas.

Actividad	\	\	\	\	\	Sesión no.										
	1	2	3	4	5	6	7	8	9	10	11	12	13	14	15	16
aviones																
barcos																
vehículos terrestres																
tanques																
soldados "buenos"																
soldados "malos"																
armas																
animales, salvajes								x			x					
granja																
domésticos						x	x	x		x					x	x
pueblos de juguete																
lego, juguete de construcción							x									
rompecabezas							x	x	x	x						
casa de muñecas				x				x						x		
familia de casa de muñecas				x				x						x		
muñecas, juguete acariciable				x		x	x	x		x					x	x
preparación de comida	x	x	x	x	x		x		x	x	x		x		x	x
arena							x	x	x		x		x		x	
agua							x	x							x	x
actividades del rincón hogareño	x	x	x	x	x	x	x	x	x	x	x	x		x	x	x
bebé	x	x	x	x	x	x	x	x	x	x	x	x	x	x	x	x
escondite	x	x	x	x	x	x	x	x		x				x	x	x
nacimiento/muerte			x								x					x
escondidillas						x		x						x		
casa nueva																
relaciones	x	x	x	x	x				x				x			
role playing																
intercambio del rol	x	x	x	x	x				x	x	x		x	x	x	
disfraces																
pintura		x	x			x		x			x			x	x	
juegos																
música																
títeres																
teléfono						x		x					x		x	
escritura						x	x	x					x			
juego sexual																x
días especiales				x	x			x	x				x		x	x
escuela			x													
policía																
ladrones																
héroe																
hombre malo																
diablo																
fantasma														x	x	
drácula															x	
bruja																
monstruo																
rey o reina																
sabio																

Figura 1. Sección I.

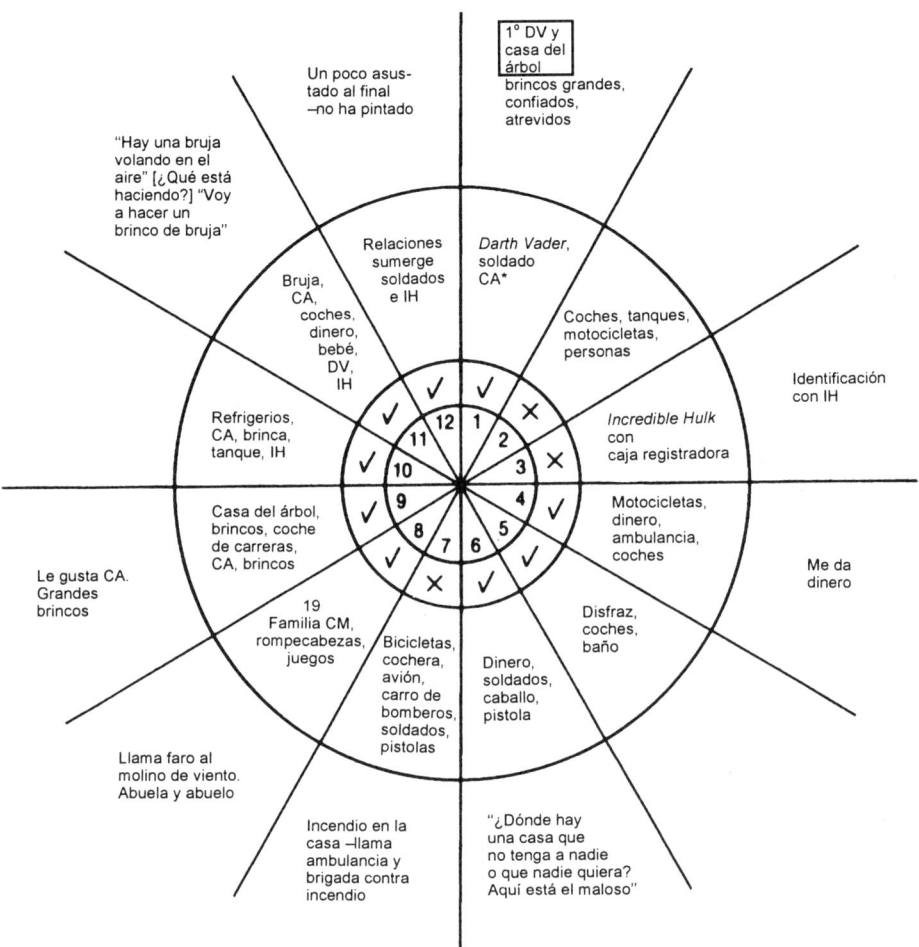

* **N. de T.** Las iniciales significan: DV-*Darth Vader*, IH-*Incredible Hulk*; CA-Casa del árbol; CM-Casa de muñecas.

Figura 2. Sección IIa. Registro de sesión.

Sección IV. Análisis teórico y puntos para asesoría.
1. ¿Cuál es(son) el(los) rasgo(s) principal(es) de la sesión?
2. Cómo se relaciona el juego del niño con...
   a) el(los) problema(s) presente(s).
   b) la evaluación de usted.
3. En vista del análisis de la sesión ¿cuáles puntos desea tener en mente para futuras sesiones?
4. ¿Existe algo que usted no comprenda o que le preocupa?
5. ¿Han surgido temas? De ser así ¿cuáles? Y ¿cuál es su importancia?

REGISTRO DE GRUPOS

IX) Planificación pregrupo: Gran parte del material también se cubre en la lista de verificación del capítulo acerca de trabajo grupal (páginas 161 a 162) y en el capítulo 4 (Referencias).

1. ¿Quiénes son los líderes?
2. ¿Cuáles son los fines y propósitos del grupo? ¿Tiene un nombre?
3. ¿Cuál teoría (o teorías) acerca del grupo utiliza usted?
4. ¿Quién es el asesor? ¿Cuáles son los arreglos para asesoría?
5. ¿Tiene usted un sitio adecuado, y equipo, para el grupo?
6. ¿Cuáles son las fechas y horarios de las sesiones? ¿Cuántas sesiones?
7. ¿Cuáles son los arreglos acerca de acompañantes?
8. ¿Quiénes son los miembros del grupo?
9. ¿Cuáles son las expectativas personales de los líderes del grupo y cómo ven sus roles terapéuticos?
10. ¿Qué sesiones pregrupo se llevarán a cabo?

X) Registro de las sesiones: Si se utiliza un formato por escrito, quizá el método más simple consiste en que después de cada sesión se hagan notas acerca de los fines, el proceso y contenido de la sesión y acerca de los individuos dentro del grupo (inclusive de los terapeutas del grupo). El análisis después de la sesión se puede basar en la Sección IV, incluyendo un examen de la relación y roles de los coterapeutas. Ayudas adicionales o alternativas para el registro pueden ser el sociograma, escalas de calificación y el cronograma (Cox, 1973), pero una discusión completa de estos puntos se encuentra más allá del campo de acción de este libro. Algunos textos especializados sugieren sistemas para el registro de un grupo (por ejemplo, Brown, 1986; Preston-Shoot, 1988).

XI) Resúmenes del trabajo grupal:

1. **Aspectos básicos.**
   Nombre del grupo.
   Nombres de los terapeutas grupales.
   Periodo del grupo (fechas).
   Número de niños.
   Número de sesiones.
   Lugar.
   Nombre del asesor.
   Número de sesiones de asesoría.
2. **Propósito del grupo.** Afirme las razones para la formación del grupo y sus metas originales.
3. **Aspectos del proceso grupal.** Teorías principales, aspectos, "encabezados", cambios. Desarrollo grupal (refiérase a uno de los modelos teóricos de desarrollo grupal).
4. **Miembros del grupo.** Revisión del progreso individual de los niños, o lo opuesto. Formalizar cualquier meta específica nueva para cada o cualquier miembro.
5. **Aspectos externos.** Aspectos o preocupaciones resultantes de sucesos o desarrollos externos al grupo, por ejemplo, cambios significativos en situaciones familiares, el cuarto de juego no siempre está disponible.

6. **Coterapias.** ¿Aspectos significativos? Considere el lazo entre el desarrollo de la relación de coterapia y la vida y desarrollo del grupo. ¿Existe cualquier decisión concerniente a cambios deliberados en el uso de la relación de trabajo?

7. **Métodos de trabajo grupal.** Comentarios concernientes al(a los) método(s) de trabajo grupal ¿Qué se ha trabajado, y qué falta por trabajarse?

8. **Consideraciones prácticas.** ¿Cualquier consideración práctica como jurisdicción, recursos, transporte?

9. **Continuación y terminación.** Con referencia a los aspectos del desarrollo del grupo, considerar la vida del grupo hasta la siguiente revisión, o describir el proceso de terminación y las razones para él.

10. **Revisión de metas.** Examinar las metas originales para el grupo a la luz de lo anterior. ¿Existen metas nuevas o modificadas para el grupo como un todo para el siguiente periodo de la vida del grupo?

11. **Tabla de asistencia.**

12. **Conclusión y resumen.** En caso de un resumen final, tomar en consideración si se requiere trabajo posterior, por ejemplo, con los individuos. También aspectos y consideraciones concernientes a cómo podrían modificarse futuros grupos similares.

13. **Evaluación y seguimiento.** ¿Cuáles son sus planes para seguimiento y evaluación subsecuente? Nombres y puestos de las personas que escriben el resumen. Fecha. Copias para... ∎

Equipo de juego

La terapia de juego puede realizarse en cuatro tipos de habitaciones:

a) Habitaciones designadas como cuartos de juego de tiempo completo con equipo comunitario.

b) Habitaciones que se designan como cuartos de juego de tiempo completo con parte de los materiales de juego comunitarios y parte personales.

c) Cuartos de juego de medio tiempo que sirven para otro propósito, en los que los materiales de juego pueden estar almacenados o pueden ser llevados allí.

d) Cuartos de juego de medio tiempo donde es necesario un estuche portátil de juego.

En todas las categorías, los materiales de juego deben reflejar nuestra sociedad multirracial (Ahmed y colaboradores, 1986) y deben seleccionarse más que acumularse.

EQUIPO COMPARTIDO PARA CUARTOS DE JUEGO DE TIEMPO COMPLETO

Cajón de arena con herramientas (algunos cuartos de juego tienen cajón de arena mojada y seca).

Fregadero (o cubeta con agua o baño de bebé).

Rincón hogareño con artículos como mesa y sillas, estufa y fregadero de juguete, equipo de limpieza, tetera, sartenes y ollas multiculturales, cubiertos y loza, plancha y tabla de planchar, dos teléfonos, caja registradora y dinero de juguete, bolsa para compras y bolso.

Muñecas de diferentes nacionalidades: varón, mujer, bebé, adolescente, con una selección de ropa que pueda quitárseles y que se lave. Las muñecas anatómicamente correctas pueden ser adecuadas en ciertos casos.

Cuna de muñecas.

Muñeco bebé de tamaño natural (de diferentes grupos raciales), pañales, equipos para bebés.

Biberones, chupones y mantas.

Cama o cuna de tamaño adecuado para los niños.

Casa de muñecas, firme y de diseño atractivo, incluyendo mobiliario para todos los cuartos y una selección de familias de muñecos en miniatura de diferentes nacionalidades.

Títeres, de preferencia títeres de guante que pueden utilizarse en una variedad de formas. La colección podría incluir grupos de familias, animales, figuras de fantasía y de personajes; por ejemplo, policía, bruja, diablo, rey, reina. ¡Los animales peludos y suaves atraen a todas las edades!

Juguetes del "mundo" como vehículos pequeños (ambulancias, aeroplanos, grúas, coches, carros de bomberos, camiones, carros de policía, vehículos de rescate, barcos, aplanadora, tractores, tanques, trenes; edificios, cercas, caminos, señales para el camino, árboles; animales de granja y salvajes; pabellón hospitalario; pequeñas figuras humanas; personas que pelean; pequeños artículos domésticos; monstruos, figuras de fantasía (Lowenfeld, 1979, páginas 4 a 5).

Juguetes acariciables grandes y pequeños.

Papel, tijeras, pegamento, pizarrón, gises, borrador, arcilla, plastilina, cordel, cinta de pegar, portafolio para guardar las pinturas.

Equipo de construcción como ladrillos, bloques, lego, mecano, rompecabezas.

Instrumentos musicales (son útiles los de percusión) que reflejan la sociedad multirracial.

Disfraces multiculturales que deben estar limpios, ser atractivos e invitar a jugar de manera imaginativa; vestidos largos y accesorios; sombreros. La joyería y los zapatos tienen su fascinación; pueden ser útiles las pinturas para el rostro. Incluya algunas cosas adecuadas para adultos.

El equipo para juego agresivo puede incluir artículos como pistolas, espadas, bolos, dardos, martillo y clavijas, pelotas, saco de boxear.

Juguetes atemorizantes, viscosos o pegajosos.

Juguetes (o loza) que puedan romperse (útil para ciertos niños).

Una pequeña selección de libros y juegos de mesa para todas las edades (no todos los terapeutas de juego requerirán de éstos).

Reloj.

Cámara instantánea con flash y rollo de película.

Toallas, pañuelos desechables, trapo.

Cojines grandes, saquitos de frijoles, tapetes.

Mesas y sillas de tamaño adecuado para niños.

Debe haber un sitio en el que el niño pueda pararse a una mayor altura que el trabajador y también donde el niño pueda retirarse y estar (más o menos) fuera de vista. Algunos cuartos de juego tienen un panel para subirse o un estante elevado con un escondite alcanzable por medio de una escalera; otros tienen una mesa firme. El rincón hogareño, la tienda o una mesa cubierta por una manta, pueden proveer un espacio silencioso.

Tazas, cajas de galletas, etcétera, si se ofrece comida y bebida.

Refrigerios.

Delantales y overoles.

Equipo de primeros auxilios.

Extinguidor contra incendios y manta de asbesto.
Atuendos de reparación, equipo de costura.
Bote de basura.
Calentador y ventilador portátiles.
Materiales de limpieza como cepillos, recogedor, sacudidor, trapo, mechudo y cubeta.
Equipo audiovisual; pantalla de observación.

Los terapeutas de juego incluirán otros materiales que encuentren útiles.

Si los aspirantes a terapeuta de juego equipan un cuarto de juego por primera vez, y tienen poco dinero, es probable que adquieran lo que puedan de amigos, colegas, "ventas de garage", etcétera. Sin embargo, se debe tener la seguridad de que no se colecciona "basura" y que los juguetes tienen un propósito terapéutico con alguna relevancia para la lista anterior. Las sugerencias para equipo básico son:

Cajón de arena con acceso al agua.
Artículos de rincón hogareño.
Muñecas.
Biberón, chupón, manta.
Mobiliario para casa de muñecas y personas de juguete.
Tantos juguetes del "mundo" como puedan adquirirse.
Juguete acariciable.
Materiales para pintura o dibujo.
Pistolas, espadas, juguetes atemorizantes, viscosos o pegajosos.
Saco de boxear.

EQUIPO PARCIALMENTE COMPARTIDO Y PARCIALMENTE PERSONAL EN CUARTOS DE JUEGO DE TIEMPO COMPLETO

Los juguetes comunitarios pueden incluir: Cajones de arena y de agua. Casa de muñecas. Elementos básicos del rincón hogareño. Pizarrón o caballete.
Cada niño debe tener una caja individual que contenga artículos como: vehículos, gente que pelea, animales salvajes y domésticos, casa y cercas; papel, plumones, tijeras, plastilina, cordel; pinturas; familia y mobiliario para casa de muñecas; biberón; teléfonos; títeres; pistola.

CUARTOS DE JUEGO DE MEDIO TIEMPO QUE SIRVEN PARA OTROS PROPÓSITOS

De manera ideal, los materiales de juego deben almacenarse en armarios que puedan cerrarse y que estén dentro del cuarto. De manera alternativa pueden ser armarios cerrados justo afuera del cuarto o en equipos móviles como carretas.

EQUIPOS PORTÁTILES DE JUEGO

Un par de bolsas o cajas pueden contener el mismo tipo de artículos que las cajas individuales que se describen antes, además de algunos títeres, servicios de mesa, ollas y sartenes. Serían útiles también un recipiente de arena y una casa de muñecas portátil. ∎

 # Referencias

Abramson, L. Y., Alloy, L. B. and Metalsky, G.I. (1986). "The hopeless-ness theory of depression: Does the research test the theory?", in *Social Cognition and Clinical Psychology: A Synthesis*, L. Y. Abram-son (ed.), Guilford Press, New York.

Adams, P.L. (1982). *A Primer of Child Psychotherapy*, Little, Brown & Co., Boston, MA.

Adcock, M., Lake, R. and Small, A. (1988). "Assessing children's needs", in *Direct Work with Children: A Guide for Social Work Practitioners*, J. Aldgate and J. Simmonds (eds), pp. 25-35, B.T. Batsford and British Agencies for Adoption and Fostering, London.

Ahmed, S., Cheetham, J. and Small, J. (eds) (1986). *Social Work with Black Children and Their Families*, B.T. Batsford and British Agen-cies for Adoption and Fostering, London.

Aldgate, J. (1988). "Work with children experiencing separation and loss. A theoretical framework", in *Direct Work with Children: A Guide for Social Work Practitioners*, J. Aldgate and J. Simmonds (eds), pp. 36-48, B.T. Batsford and British Agencies for Adoption and Foste-ring, London.

Aldgate, J. (1991). "Attachment theory and its application to childcare social work — An introduction", in *Handbook of Theory for Practice Teachers in Social Work*, J. Lishman (ed.), pp. 11-35, Jessica Kings-ley, London.

Aldgate, J., Simmonds, J., Daniel, P., Martin, G. and Pigott, V. (1988). "Aspects of work with emotionally damaged children", in *Direct Work with Children: A Guide for Social Work Practitioners*, J. Ald-gate and J. Simmonds (eds), pp. 49-61, B.T. Batsford and British Agencies for Adoption and Fostering, London.

Allan, J. (1988a). *Inscapes of the Child's World, Jungian Counseling in Schools and Clinics*, Spring Publications, Dallas, TX.

Allan, J.A.B. (1988b). "Serial drawing: A Jungian approach with chil-dren", in *Innovative Interventions in Child and Adolescent Therapy*, C.E. Schaefer (ed.), pp. 98-131, John Wiley, New York.

Allen, F.H. (1947). *Psychotherapy with Children*, Kegan Paul, Trench, Trubner & Co., London.

Allen, F.H. (1964). "The beginning phase of therapy", in *Child Psycho-therapy: Practice and Theory*, M.R. Haworth (ed.), pp. 101-5, Basic Books, New York.

Alvarez, A. (1988). "Beyond the unpleasure principle: Some precondi-tions for thinking through play", *Journal of Child Psychotherapy*, 14(2), pp. 1-13.

American Psychiatric Association (1980). *Diagnostic and Statistical Manual of Mental Disorders (DSMIII)*, American Psychiatric Asso-ciation, Washington, DC.

Amster, F. (1964). "Differential uses of play in treatment of young children", in *Child Psychotherapy: Practice and Theory*, M.R. Haworth (ed.), pp. 11-19, Basic Books, New York.

Anderson, J. (1988). *Thinking, Changing, Rearranging*, Metamorphous Press, Portland.

Argüelles, J. and Argüelles, M. (1972). *Mandala,* Shambala, London.

Ariel, S. (1992). *Strategic Family Play Therapy*, John Wiley.

Ariès, P. (1986). *Centuries of Childhood*, Penguin, Harmondsworth.

Arlow, J. A. and Kadis, A. (1979) . "Finger painting in the psychotherapy of children", in *The Therapeutic Use of Child's Play*, C. Schaefer (ed.), pp. 329-43, Jason Aronson, New York.

Astor, J. (1991). "The emergence of Michael Fordham's model of development: A new integration in analytical psychology", in *Extending Horizons. Psychoanalytic Psychotherapy with Children, Adolescents and Families*, R. Szur and S. Miller (eds), pp. 405-22, Karnac Books.

Ault, R.L. (1983). *Children's Cognitive Development*, Oxford University Press, New York and Oxford.

Axline, V.M. (1964a). "Nondirective therapy", in *Child Psychotherapy: Practice and Theory*, M.R. Haworth (ed.), pp. 34-9, Basic Books, New York.

Axline, V.M. (1964b). "The eight basic principles", in *Child Psychotherapy: Practice and Theory*, M.R. Haworth (ed.), pp. 93-4, Basic Books, New York.

Axline, V.M. (1964c). "Establishing rapport", in *Child Psychotherapy: Practice and Theory*, M.R. Haworth (ed.), pp. 95-101, Basic Books, New York.

Axline, V.M. (1964d). "Accepting the child completely", in *Child Psychotherapy: Practice and Theory*, M.R. Haworth (ed.), pp. 239-42, Basic Books, New York.

Axline, V.M. (1964e). "Recognition and reflection of feelings" in *Child Psychotherapy: Practice and Theory*, M.R. Haworth (ed.), pp. 262-4, Basic Books, New York.

Axline, V.M. (1964f). *Dibs: in Search of Self. Personality Development in Play Therapy*, Penguin, Harmondsworth.

Axline, V.M. (1969). *Play Therapy*, Ballantine Books, New York.

Axline, V.M. (1979a). "Play therapy procedures and results", in *The Therapeutic Use of Child's Play*, C. Schaefer (ed.), pp. 209-18, Jason Aronson, New York.

Axline, V.M. (1979b). "Play therapy as described by children", in *The Therapeutic Use of Child's Play*, C. Schaefer (ed.), pp. 517-33, Jason Aronson, New York.

Bandler, D. (1987). "Working with other professionals in an in-patient setting", *Journal of Child Psychotherapy*, **13**(2), pp. 81-9.

Bannister, A. (1989). "Healing action-action methods with children who have been sexually abused", in *Child Sexual Abuse: Listening, Hearing and Validating the Experiences of Children*, H. Blagg, J.A. Hughes and C. Wattam (eds), Longman, Harlow.

Barker, P. (1981). *Basic Family Therapy*, Granada, London.

Barlow, K., Strother, J. and Landreth, G. (1985). "Child-centered play therapy: Nancy from baldness to curls", *The School Counselor, 32*(5), pp. 347-56.

Barrett, C.L., Hampe, L.E. and Miller, L. (1978). "Research on psychotherapy with children", in *Handbook of Psychotherapy and Behavior Change: An Empirical Analysis*, S.L. Garfield and A.E. Bergin (eds), pp. 411-35, John Wiley, New York.

Beail, N. (1989). "I had a nightmare", *Community Living*, 2(3), pp. 18-20.

Beck, A. T., Rush, A.J., Shaw, B.F. and Emery, G. (1985). *Cognitive Therapy of Depression*, Basic Books, New York.

Beiser, H. R. (1979). "Play equipment", in *The Therapeutic Use of Child's Play*, C. Schaefer (ed.), pp. 423-34, Jason Aronson, New York.

Benson, J. F. (1987). *Working More Creatively with Groups*, Tavistock, London.

Bentovim, A. and Boston, P. (1988). "Sexual abuse —basic issues— characteristics of children and families", in *Child Sexual Abuse Within the Family*, A. Bentovim, A. Elton, J. Hildebrand, M. Tranter, and E. Vizard (eds), pp. 16-39, Wright, London.

Berry, J. (1971). "Helping children directly", *British Journal of Social Work*, **1**(3), pp. 315-32.

Berry, J. (1972). *Social Work with Children*, Routledge & Kegan Paul, London.

Bettelheim, B. (1976). *The Uses of Enchantment. The Meaning and Importance of Fairy Tales*, Penguin, Harmondsworth.

Bixler, R. H. (1964). "Limits are therapy", in *Child Psychotherapy: Practice and Theory*, M. R. Haworth (ed.), pp. 134-47, Basic Books, New York.

Bixler, R. H. (1982). "Case transfer in play therapy", in *Play Therapy: Dynamics of the Process of Counseling with Children*, G. L. Landreth (ed.), pp. 247-53, Charles C. Thomas, Springfield, IL. Reprinted from *Journal of Clinical Pathology*, 1946, **2**, pp. 274-8.

Black, D. (1984). "Sundered families. The effect of loss of a parent", *Adoption and Fostering*, **8**(2), pp. 38-43.

Boston, M. (1983a). "Technical problems in therapy", in *Psychotherapy with Severely Deprived Children*, M. Boston and R. Szur (eds), pp. 58-66, Routledge & Kegan Paul, London.

Boston, M. (1983b). "The Tavistock workshop: An overall view", in *Psychotherapy with Severely Deprived Children*, M. Boston and R. Szur (eds), pp. 1-10, Routledge & Kegan Paul, London.

Boston, M. (1987). *Issues encountered in work with adoptive and foster families*, Lecture at Mapperley Hospital, Nottingham, on 6 November 1987.

Boston, M. (1989). "In search of a methodology for evaluating psychoanalytic psychotherapy with children", *Journal of Child Psychotherapy*, **15**(1), pp. 15-46.

Boston, M. (1991). "The splitting image: A research perspective", in *Extending Horizons. Psychoanalytic Psychotherapy with Children, Adolescents and Families*, R. Szur and S. Miller (eds), Karnac Books.

Boston, M. and Lush, D. (1993). "Can child psychotherapists predict and assess their own work? A research note", *ACPP Review and Newsletter*, **15**(3), pp. 112-9.

Boston, M. and Lush, D. (1994). "Further considerations of methodology for evaluating psychoanalytic psychotherapy with children: Reflections in the light of research experience", *Journal of Child Psychotherapy*, **20**(2), pp. 205-29.

Bottome, P. (1946). *Alfred Adler: Apostle of Freedom*, Faber & Faber, London.

Bowlby, J. (1980). *Attachment and Loss, Vol. 3. Loss: Sadness and Depression*, Hogarth Press and the Institute of Psycho-analysis, London.

Bowlby, J. (1984). "The making and breaking of affectional bonds", in *In Touch with Children*, BAAF (ed.), pp. 27-40, British Agencies for Adoption and Fostering.

Bowyer, R. B. (1970). *The Lowenfeld Technique*, Pergamon Press, Oxford.

Brady, C. A. and Friedrich, W. N. (1982). "Levels of intervention: A model for training in play therapy", *Journal of Clinical Child Psychology*, **11**(1), pp. 39-43.

Braithwaite, C. (1986). "Art always reveals the truth, but not necessarily the whole truth", *Community Care*, **622**, pp. 15-17.

Brammer, L. M. (1979). *The Helping Relationship: Process and Skills*, Prentice-Hall, Englewood Cliffs, NJ.

Branthwaite, A. and Rogers, D. (1985). *Children Growing Up*, Open University Press, Milton Keynes.

Bray, M. (1984). *Children's Hours — A Special Listen*, Children's Hour Charity Trust, 79 Long Acre, London WC2E 9NG.

Bray, M. (1986). "Communicating with young children", *Childright*, **31**, pp. 18-20.

Bray, M. (1991). *Poppies on the Rubbish Heap. Sexual Abuse: The Child's Voice*, Canongate, Edinburgh.

Brown, A. (1979). *Groupwork*, Heinemann Educational, London.

Brown, A. (1986). *Groupwork*, Gower, Aldershot.

Brown, J. A. C. (1964). *Freud and the Post-Freudians*, Penguin, Harmondsworth.

Brummer, N. (1988). "White social workers/black children: Issues of identity", in *Direct Work with Children*, J. Aldgate and J. Simmonds (eds), pp. 75-86, B.T. Batsford and British Agencies for Adoption and Fostering, London.

Cardiff Social Work Resource Centre (undated), *Communicating with Children: Therapeutic Techniques for Working with Children and Young People*, School of Social Work, Cardiff University (booklet and video).

Carkhuff, R. R. and Berenson, B. G. (1967). *Beyond Counseling and Therapy*, Holt, Rinehart & Winston, New York.

Cass, J. (1971). *The Significance of Children's Play*, B. T. Batsford, London.

Catholic Children's Society (1983). *Finding Out About Me*, Purley.

Cattanach, A. (1994). *Play Therapy. Where the Sky meets the Underworld*, Jessica Kingsley, London.

Chethik, M. (1989). *Techniques of Child Therapy: Psychodynamic Strategies*, Guilford Press, New York.

Chetwynd, T. (1982). *A Dictionary of Symbols*, Paladin, London.

Cirlot, J. E. (1971). *A Dictionary of Symbols*, Routledge & Kegan Paul, London.

Cohen, D, (1993). *The Development of Play*, Croom Helm, London.

Connell, H. M. (1985). *Essentials of Child Psychiatry*, Blackwell Scientific, Melbourne.

Cooper, J. C. (1978). *An Illustrated Encyclopedia of Traditional Symbols*, Thames & Hudson, London.

Copley, B. and Forryan, B. (1987). *Therapeutic Work with Children and Young People*, Robert Royce, London.

Cox, M. (1973). "The group therapy interaction chronogram", *British Journal of Social Work*, 3(2), pp. 243-56.

Cox, M. V. (1993). *Children's Drawings of the Human Figure*, Lawrence Erlbaum, Hove.

Crompton, M. (1980). *Respecting Children: Social Work with Young People*, Edward Arnold, London.

Crompton, M. (1990). *Attending to Children: Direct Work in Social and Health Care*, Edward Arnold, London.

Currant, N. (1985). "The expansive educational value of puppets", *Academic Therapy*, 21(1), pp. 55-60.

Dalley, T. (1984). *Art as Therapy: An introduction to the Use of Art as a Therapeutic Technique*, Tavistock, London.

Dalley, T., Case, C., Schaverien, J., et al. (1987). *Images of Art Therapy: New Developments in Theory and Practice*, Tavistock, London.

D'Ardenne, P. and Mahtani, A. (1989). *Transcultural Counselling in Action*, Sage, London.

Dartington Social Research Unit (1995). *Child Protection and Child Abuse: Recent Research Findings and Their Implications*, HMSO, London.

Davis, C. M. (1990). "What is empathy, and can empathy be taught?", *Physical Therapy*, 70(11), pp. 707-11.

Davis, M. and Wallbridge, D. (1983). *Boundary and Space: An Introduction to the Work of D.W. Winnicott*, Penguin, Harmondsworth.

Davison, G. C. and Neale, J. M. (1982). *Abnormal Psychology: An Experimental Clinical Approach*, John Wiley, New York.

Daws, D. and Boston, M. (eds) (1981). *The Child Psychotherapist and Problems of Young People*, Wildwood House, London.

De Mause, L. (1974). *The History of Childhood*, Souvenir Press, London.

Deblinger, E., McLeer, S. V., Atkins, M. S., et al. (1989). "Post-traumatic stress in sexually abused, physically abused, and non-abused children", *Child Abuse and Neglect*, 13(3), pp. 403-8.

Dennison, S. T. (1989). *Twelve Counseling Programs for Children At Risk*, Charles C. Thomas, Springfield, IL.

Despert, J. L. (1964). "Using the first interview as a basis for therapeutic planning", in *Child Psychotherapy: Practice and Theory*, M. R. Haworth (ed.), pp. 110-14, Basic Books, New York.

Di Giuseppe, R. A. (1981). "Cognitive therapy with children", in *New Directions in Cognitive Therapy: A Casebook*, G. Emery, S. D. Hollon, and R. C. Bedrosian (eds), pp. 50-67, Guilford Press, New York.

Dockar-Drysdale, B. (1990). *The Provision of Primary Experiences: Winnicottian Work with Children and Adolescents*, Free Association Books, London.

Dockar-Drysdale, B. (1993). *Therapy and Consultation in Child Care*, Free Association Books, London.

Dockar-Drysdale, B. E. (1968). "The process of symbolization observed among emotionally deprived children in therapeutic school", in *Disturbed Children: Papers on Residential Work*, 2, R. J. N. Todd (ed.), Longman, London.

Donovan, D. M. and McIntyre, D. (1990). *Healing the Hurt Child. A Developmental-Contextual Approach*, Norton & Co.

Dorfman, E. (1951). "Play therapy", in *Client-centered Therapy*, C. R. Rogers (ed.), pp. 235-77, Constable, London.

Doyle, C. (1990). *Working with Abused Children*, Macmillan Education, Basingstoke and London.

Driver, E. and Droisen, A. (eds) (1989). *Child Sexual Abuse: Feminist Perspectives*, Macmillan Education, Basingstoke.

Durfee, M. B. (1979). "Use of ordinary office equipment", in *The Therapeutic Use of Child's Play*, C. Schaefer (ed.), pp. 401-11, Jason Aronson, New York.

Dwivedi, K. N. (ed). (1993a). *Group Work with Children and Adolescents. A Handbook*, Jessica Kingsley, London.

Dwivedi, K. N. (1993b). "Coping with unhappy children who are from ethnic minorities", in *Coping with Unhappy Children*, V. Varma (ed.), Cassell, London.

Dwivedi, K. N., Lawton, S. and Hogan, S. (1993). "Structural and organizational aspects", in *Group Work with Children and Adolescents. A Handbook*, K. N. Dwivedi (ed.), Jessica Kingsley, London.

Dyke, S. (1987). "Saying 'No' to psychotherapy: Consultation and assessment in a case of sexual abuse", *Journal of Child Psychotherapy*, **13**(2), pp. 65-79.

Egan, G. (1982). *The Skilled Helper*, Brooks/Cole, Monterey.

Ellis, A. and Grieger, R. (eds). (1977). *Handbook of Rational-Emotive Therapy*, Springer, New York.

Erickson, G. D. and Hogan, T. P. (eds) (1972). *Family Therapy: An Introduction to Theory and Techniques*, Brooks/Cole, Monterey.

Erikson, E. H. (1964a). "Toys and reasons", in *Child Psychotherapy: Practice and Theory*, M. R. Haworth (ed.), pp. 3-11, Basic Books, New York.

Erikson, E. H. (1964b). "The initial session and its alternatives", in *Child Psychotherapy: Practice and Theory*, M. R. Haworth (ed.), pp. 106-10, Basic Books, New York.

Erikson, E. H. (1964c). "Clinical observation of play disruption in young children", in *Child Psychotherapy: Practice and Theory*, M. R. Haworth (ed.), pp. 264-76, Basic Books, New York.

Erikson, E. H. (1977). *Childhood and Society*, Triad/Granada.

Erikson, E. H. (1979). "Play and cure", in *The Therapeutic Use of Child's Play*, C. Schaefer (ed.) pp. 475-85, Jason Aronson, New York.

Escalona, S. (1964). "Some considerations regarding psychotherapy with psychotic children", in *Child Psychotherapy: Practice and Theory*, M. R. Haworth (ed.), pp. 50-8, Basic Books, New York.

Evans, C. (1978). *Psychology: A Dictionary of the Mind, Brain and Behaviour*, Arrow Books, London.

Fahlberg, V. (1982). *Attachment and Separation*, British Agencies for Adoption and Fostering, London.

Fahlberg, V. (1988). "Re-parenting sexually abused children", British Agencies for Adoption and Fostering seminar (6 June 1988), London.

Fancher, R. E. (1973). *Psychoanalytic Psychology: The Development of Freud's Thought*, W. W. Norton, New York.

Faust, J. and Burns, W. (1991). "Coding therapist and child interaction: Progress and outcome in play therapy", in *Play Diagnosis and Assessment*, C. E. Shaefer, K. Gitlin and A. Sandgrund (eds), pp. 663-73, John Wiley.

Federation, S. (1986). "Sexual abuse: treatment modalities for the younger child", *Journal of Psychosocial Nursing*, **24**(7), pp. 21-4.

Fine, L. J. (1979). "Psychodrama", in *Current Psychotherapies*, R.J. Corsini *et al.* (eds), pp. 428-59, F.E. Peacock, Itasca, IL.

Finke, H. (1947). "Changes in the expression of emotionalised attitudes in six cases of play therapy", unpublished master's thesis, University of Chicago, referred to in Guerney (1983a).

Fischer, J. (1978). *Effective Casework Practice: An Eclectic Approach*, McGraw-Hill, New York.

Fiske, J. (1982). *Introduction to Communication Studies*, Methuen, London.

Fitzgerald, J. (1983). *Helping Children When They Must Move*, British Agencies for Adoption and Fostering, London.

Flekkoy, M. G. (1991). *A Voice for Children. Speaking Out as their Ombudsman*, Jessica Kingsley, London.

Fordham, F. (1966). *An Introduction to Jung's Psychology*, Penguin, Harmondsworth.

Fordham, M. (1957). *New Developments in Analytical Psychology*, Routledge & Kegan Paul, London.

Fordham, M. (1969). *Children as Individuals*, Hodder & Stoughton, London.

Fordham, M. (1978). *Jungian Psychotherapy: A Study in Analytical Psychology*, John Wiley, Chichester.

Fordham, M. (1994). *Children as Individuals*, Free Association Books, London.

Fox, L. (1982). "Two value positions in child care", *British Journal of Social Work* **12**(3), pp. 265-90.

Fraiberg, S. H. (1968). *The Magic Years: Understanding and Handling the Problems of Early Childhood*, Methuen, London.

France, A. (1988). *Consuming Psychotherapy*, Free Association Books, London.

Freud, A. (1959). *The Psycho-analytic Treatment of Children*, Hogarth Press and the Institute of Psycho-analysis, London.

Freud, A. (1980). *Normality and Pathology in Childhood*, Hogarth Press and the Institute of Psycho-analysis, London.

Frick, W. B. (1971). *Humanistic Psychology: Interviews with Maslow, Murphy and Rogers*, Charles E. Merrill, Columbus, OH.

Friedrich, W. N. (1990). *Psychotherapy of Sexually Abused Children and Their Families*, Norton & Co., New York.

Froebel, F. (1974; first published in English 1887). *The Education of Man*, Kelly, Clifton.

Fromm, E. (1946). *The Fear of Freedom*, Kegan Paul, Trench, Truber & Co., London.

Fromm, E. (1952). *The Forgotten Language*, Gollancz, London.

Furth, G. M. (1982). "The use of drawings made at significant times in one's life", in *Living with Death and Dying*, E. Kübler-Ross (ed.), pp. 63-94, Souvenir Press, London.

Gardener, H. (1980). *Artful Scribbles: The Significance of Children's Drawings*, Norman, London.

Gardner, R. A. (1979). "Mutual storytelling technique", in *The Therapeutic Use of Child's Play*, C. Schaefer (ed.), pp. 313-21, Jason Aronson, New York.

Gath, A. (1985). "Recognition and treatment of emotional abuse", *Update*, pp. 445-52.

Gavshon, A. (1989). "Playing: its role in child analysis", *Journal of Child Psychotherapy*, **15**(1), pp. 47-62.

Gazda, G. M. (1982). *Group Counseling: A Developmental Approach*, Allyn & Bacon, Boston, MA.

Geller, L. (1982). "The failure of self-actualization theory: A critique of Carl Rogers and Abraham Maslow", *Journal of Humanistic Psychology*, **22**(2), pp. 56-73.

Gibran, K. (1980). *The Prophet*, Pan, London.

Gil, E. (1991). *The Healing Power of Play. Working with Abused Children*, Guilford Press, New York.

Gillespie, A. (1986). "Art therapy at the Familymaker's project", *Adoption and Fostering*, 10(1), pp. 19-23.

Gillmore, R. D. (1991). "Termination in psychotherapy with children and adolescents", in *Saying Goodbye. A Casebook of Termination in Child and Adolescent Analysis and Therapy*, A. G. Schmukler (ed.), The Analytic Press, Hillsdale, NJ.

Ginott, H. G. (1961). *Group Psychotherapy with Children: The Theory and Practice of Play Therapy*, McGraw-Hill, New York.

Ginott, H. G. (1964a). "Problems in the playroom", in *Child Psychotherapy: Practice and Theory*, M. R. Haworth (ed.), pp. 125-30, Basic Books, New York.

Ginott, H. G. (1964b). "The theory and practice of 'therapeutic intervention' in child treatment", in *Child Psychotherapy: Practice and Theory*, M. R. Haworth (ed.), pp. 148-58, Basic Books, New York.

Ginott, H. G. (1968). "Group therapy with children", in *Basic Approaches to Group Psychotherapy and Group Counseling*, G. M. Gazda (ed.), Charles C. Thomas, Springfield, IL.

Ginott, H. G. (1982a). "Play therapy: The initial session", in *Play Therapy: Dynamics of the Process of Counseling with Children*, G. L. Landreth (ed.), pp. 201-16. Charles C. Thomas, Springfield, IL, reprinted from *American Journal of Psychotherapy* (1961), 15, pp. 73-8.

Ginott, H. G. (1982b). "A rationale for selecting toys in play therapy", in *Play Therapy: Dynamics of the Process of Counseling with Children*, G. L. Landreth (ed.), pp. 145-51, Charles C. Thomas, Springfield, IL, reprinted from *Journal of Consulting Psychology* (1960), 24, pp, 243-6.

Glassman, U. and Kates, L. (1990). *Group Work: A Humanistic Approach*, Sage, Newbury Park, CA.

Goddard, C. and Carew, B. (1988). "Protecting the child: Hostages to fortune", *Social Work Today*, 20(16), pp. 12-14.

Goldenson, R. M. (ed.) (1984). *Longman Dictionary of Psychology and Psychiatry*, Longman, New York.

Goldstein, J., Freud, A., Solnit, A. J., and Goldstein, S. (1986). *In the Best Interests of the Child*, Free Press, New York.

Gondor, L. H. (1964). "Use of fantasy communications in child psychotherapy", in *Child Psychotherapy: Practice and Theory*, M. R. Haworth (ed.), pp. 374-83, Basic Books, New York.

Guerney, L. F. (1983a). "Client-centered (non-directive) play therapy", in *Handbook of Play Therapy*, C. E. Schaefer and K. J. O'Connor (eds), pp. 21-64, John Wiley, New York.

Guerney, L. I. [sic] (1983b). Play therapy conference, North Texas State University, Denton, April 1983, reported in K. Barlow, J. Strother and G. Landreth (1985), "Child-centered play therapy: Nancy from baldness to curls", *The School Counselor*, 32(5), pp. 347-56.

Guerney, L. F. (1984). "Play therapy in counseling settings", in *Child's Play: Developmental and Applied*, T.D. Yawkey and A. D. Pellegrini (eds), pp. 291-321, Lawrence Erlbaum, Hillsdale, NJ.

Gumaer, J. (1984). *Counseling and Therapy for Children*, Free Press, New York.

Hales-Tooke, J. (1989). "Feeling and meaning in client-centred therapy", *Counselling*, 67, pp. 9-13.

Hall, L. and Lloyd, S. (1989). *Surviving Child Sexual Abuse*, Falmer Press, Lewes.

Halmos, P. (1965). *The Faith of the Counsellors*, Constable, London.

Hardiker, P. and Barker, M. (eds) (1981). *Theories of Practice in Social Work*, Academic Press, London.

Harding, E. M. (1973). *Psychic Energy: Its Source and Transformation*, Princeton University Press/Bollingen, New Jersey.

Harmon, M. (1976). *Got To Be Me*, Argus, Niles, IL.

Harter, S. (1983). "Cognitive-developmental considerations in the conduct of play therapy", in *Handbook of Play Therapy*, C. E. Schaefer and K. J. O'Connor (eds), pp. 95-127, John Wiley, New York.

Haugaard, J. J. and Reppucci, N. D. (1988). *The Sexual Abuse of Children*, Jossey-Bass, San Francisco, CA.

Hawkey, L. (1979). "Puppets in child psychotherapy", in *The Therapeutic Use of Child's Play*, C. Schaefer (ed.), pp. 359-72, Jason Aronson, New York.

Hawkins, P. and Shohet, R. (1989). *Supervision in the Helping Professions: An Individual, Group and Organizational Approach*, Open University Press, Milton Keynes.

Haworth, M. R. (ed.), (1964). *Child Psychotherapy: Practice and Theory*, Basic Books, New York.

Haworth, M. R. (1990). *A Child's Therapy: Hour by Hour*, International Universities Press, Madison.

Haworth, M. R. and Keller, M. J. (1964). "The use of food in therapy", in *Child Psychotherapy: Practice and Theory*, M. R. Haworth (ed.), pp. 330-8, Basic Books, New York.

Hayley, J. (1963). *Strategies of Psychotherapy*, Grune & Stratton, New York.

Heap, K. (1985). *The Practice of Social Work with Groups: A Systematic Approach*, Allen & Unwin, London.

Heincke, C. M. and Strassmann, L. M. (1975). "Toward more effective research in child psychotherapy" *American Academy Child Psychiatry*, **14**, pp. 561-88.

Hellendoorn, J. (1988). "Imaginative play technique in psychotherapy with children", in *Innovative Interventions in Child and Adolescent Therapy*, C. Schaefer (ed.), pp. 43-67, John Wiley, New York.

Hellersberg, E. F. (1964). "Children's growth in play therapy", in *Child Psychotherapy: Practice and Theory*, M. R. Haworth (ed.), pp. 168-76, Basic Books, New York.

Hendrick, H. (1990). "Constructions and reconstructions of British childhood: An interpretive survey, 1800 to the present", in *Constructing and Reconstructing Childhood: Contemporary Issues in the Sociological Study of Children*, A. James and A. Prout (eds), pp. 35-59, Falmer Press, Lewes.

Herbert, M. (1975). *Problems of Childhood*, Pan, London.

Herbert, M. (1981). *Behavioural Treatment of Problem Children*, Academic Press, London.

Hobbs, T. (1986). "The Rogers interview", *Changes*, 4(4), pp. 254-8.

Holgate, E. (ed.) (1972). *Communicating with Children: Collected Papers*, Longman, London.

Horne, A. (1989). "Sally: A middle group approach to early trauma in a latency child", *Journal of Child Psychotherapy*, 15(1), pp. 79-98.

Houston, G. (1984). *The Red Book of Groups*, Rochester Foundations, 8 Rochester Terrace, London NW1 9JN.

Hoxter, S. (1981). "Play and communication", in *The Child Psychotherapist and Problems of Young People*, M. Boston and D. Daws (eds), pp. 202-31, Wildwood House, London.

Hoxter, S. (1983). "Some feelings aroused in working with severely deprived children", in *Psychotherapy with Severely Deprived Children*, M. Boston and R. Szur (eds), pp. 125-32, Routledge & Kegan Paul, London.

Hoyles, M. (1989). *The Politics of Childhood*, Journeyman, London.

Hudson, B. L. and Macdonald, G. M. (1986). *Behavioural Social Work: A Introduction*, Macmillan, Basingstoke.

Humphries, S., Mack, J. and Perks, R. (1988). *A Century of Childhood*, Sidgwick & Jackson, London.

Hurlock, E. (1978). *Child Development*, McGraw-Hill, Tokyo.

Irwin, E. C. (1983). "The diagnostic and therapeutic use of pretend play", in *Handbook of Play Therapy*, C. E. Schaefer and K. J. O'Connor (eds), pp. 148-73, John Wiley, New York.

Irwin, E. C. (1991). "The use of a puppet interview to understand children" in *Play Diagnosis and Assessment*, C. E. Schaefer, K. Gitlin and A. Sandgrund (eds), pp. 617-40, John Wiley.

Isaacs, S. (1948). *Childhood and After*, Routledge & Kegan Paul, London.

Iwaniec, D. (1955). *The Emotionally Abused and Neglected Child*, John Wiley, Chichester.

Jackson, L. and Todd, K. M. (1964). "Play as expression of conflict" in *Child Psychotherapy: Practice and Theory*, M. R. Haworth (ed.), pp. 314-21, Basic Books, New York.

Jacobi, J. (1959). *The Psychology of C. G. Jung*, Routledge & Kegan Paul, London.

Jacobi, J. (1971). *Complex Archetype Symbol*, Princeton University Press/Bollingen Series LVII, New Jersey.

Jacobs, M. (1993). *Still Small Voice. A Practical Introduction to Counselling in Pastoral and Other Settings*, Society for Promoting Christian Knowledge, London.

James, A. and Prout, A. (eds) (1990). *Constructing and Reconstructing Childhood: Contemporary Issues in the Sociological Study of Children*, Falmer Press, Lewes.

James, B. (1989). *Treating Traumatized Children. New Insights and Creative Interventions*, Lexington Books, Lexington, MA.

Jennings, S. (1993). *Playtherapy with Children: A Practitioner's Guide*, Blackwell Scientific, Oxford.

Jennings, S. and Minde, A. (1993). *Art Therapy and Dramatherapy. Masks of the Soul*, Jessica Kingsley, London.

Jewett, C. (1984). *Helping Children Cope with Separation and Loss*, Batsford Academic and Educational with British Agencies for Adoption and Fostering, London.

Johnson, J., Rasbury, W. and Siegel, L. (1986). *Approaches to Child Treatment*, Pergamon Press.

Johnson, K. (1989). *Trauma in the Lives of Children*, Macmillan Education, Basingstoke.

Jones, D. N., Pickett, J., Oates, R., and Barbor, P. R. H. (1987). *Understanding Child Abuse*, Macmillan Education, Basingstoke.

Jones, D. P. H. (1986). "Individual psychotherapy for the sexually abused child", *Child Abuse and Neglect*, **10**, pp. 377-85.

Jones, E. (1948). *Papers on Psycho-analysis*, Baillière, Tindall & Cox, London.

Jung, C. G. (1921). *Psychological Types*, Collected Works 6, Routledge & Kegan Paul, London.

Jung, C. G. (1954). *The Development of Personality*, Collected Works 17, Routledge & Kegan Paul, London.

Jung, C. G. (1956). *Symbols of Transformation*, Collected Works 5, Routledge & Kegan Paul, London.

Jung, C. G. (1959). *The Archetypes of the Collective Unconscious*, Collected Works 9, 1, Routledge & Kegan Paul, London.

Jung, C. G. (1961). *Freud and Psychoanalysis*, Collected Works 4, Routledge & Kegan Paul, London.

Jung, C. G. (1964). *Man and His Symbols*, Picador, London.

Jung, C. G. (1966). *The Practice of Psychotherapy*, Collected Works 16, Princeton University Press, Princeton, NJ.

Kalff, D. M. (1980). *Sandplay: A Psychotherapeutic Approach to the Psyche*, Sigo Press, Santa Monica, CA.

Katz, R. L. (1963). *Empathy*, Free Press, London.

Kelly, G. A. (1955). *The Psychology of Personal Constructs*, Vols 1 and 2, Norton, New York.

Kempe, R. S. and Kempe, C. H. (1978). *Child Abuse*, Open Books, London.

Kilgore, L. C. (1988). "Effect of early childhood sexual abuse on self and ego development", *Social Casework*, April, pp. 224-30.

Klein, M. (1932). *The Psycho-analysis of Children*, Hogarth Press and The Institute of Psycho-analysis, London.

Klein, M. (1955). "The psychoanalytic play technique", *American Journal of Orthopsychiatry*, **25**, pp. 223-37, reprinted in *The Therapeutic Use of Child's Play*, C. Schaefer (ed.) (1979), pp. 125-40, Jason Aronson, New York.

Konopka, G. (1968). "Effective communication with adolescents in institutions", in *Children in Care*, R. J. N. Todd (ed.), Longman, Green & Co., London.

Kübler-Ross, E. (1982). *Living with Death and Dying*, Souvenir Press, London.

La Fontaine, J. (1990). *Child Sexual Abuse*, Polity Press, Cambridge.

Landreth, G. L. (ed.) (1982). *Play Therapy: Dynamics of the Process of Counseling with Children*, Charles C. Thomas, Springfield, IL.

Lanyado, M. (1989). "Variations on the theme of transference and counter-transference in the treatment of a ten-year-old boy", *Journal of Child Psychotherapy*, 15(2), pp. 85-101.

Lau, A. (1984). "Transcultural issues in family therapy", *Journal of Family Therapy*, 6, pp. 91-112.

Lebo, D. (1979). "Toys for nondirective play therapy", in *Therapeutic Use of Child's Play*, C. Schaefer (ed.), pp. 435-47, Jason Aronson, New York.

Lebo, D. (1982). "The development of play as a form of therapy: from Rousseau to Rogers", in *Play Therapy: Dynamics of the Process of Counseling with Children*, G. L. Landreth (ed.), pp. 65-73, Charles C. Thomas, Springfield, IL, reprinted from *American Journal of Psychiatry* (1955), 112, pp. 418-22.

Lebo, D. and Lebo, E. (1957). "Aggression and age in relation to verbal expression in non-directive play therapy", *Psychological Monographs*, 71, p. 449.

Lendrum, S. and Syme, G. (1992). *Gift of Tears. A Practical Approach to Loss and Bereavement Counselling*, Routledge.

Lennox, D. (1982). *Residential Group Therapy for Children*, Tavistock, London.

Levay, J. (1979). "The sunbeam", in *Those First Affections*, T. Rogers (ed.), Routledge & Kegan Paul, London.

Lewis, C. R. (1985). *Listening to Children*, Jason Aronson, New York.

Liddell, H. G. and Scott, R. (1940). *Greek-English Lexicon*, Clarendon Press, Oxford.

Long, S. (1986). "Guidelines for treating young children", in *Sexual Abuse of Young Children: Evaluation and Treatment*, K. MacFarlane, J. Waterman *et al.* (eds), pp. 220-44, Holt, Rinehart & Winston, London.

Lowenfeld, M. (1935). *Play in Childhood*, Gollancz, London.

Lowenfeld, M. (1979). *The World Technique*, George Allen & Unwin, London.

Lowenfeld, V. and Brittain, W. L. (1964). *Creative and Mental Growth*, Macmillan, New York.

Lush, D. (1977). "The child guidance clinic", in *The Child Psychotherapist and Problems of Young People*, M. Boston and D. Daws (eds), pp. 63-85, Wildwood House, London.

Lusk, R. and Waterman, J. (1986). "Effects of sexual abuse on children", in *Sexual Abuse of Young Children: Evaluation and Treatment*, K. MacFarlane and J. Waterman (eds) *et al.*, pp. 101-18, Holt, Rinehart & Winston, London.

Macdonald, A. M. (1973). *Chambers Twentieth Century Dictionary*, Constable, Edinburgh.

Machin, L. and Samuels, W. (1993). *Working with Young People in Loss Situations*, Longman.

Maier, H. W. (1978). *Three Theories of Child Development*, Harper & Row, New York.

Manor, O. (1988). "Preparing the client for social groupwork: an illustrated framework", *Groupwork*, 2, pp. 100-14.

Marcus, I. M. (1979). "Costume play therapy", in *The Therapeutic Use of Child's Play*, C. Schaefer (ed.), pp. 373-82, Jason Aronson, New York.

Marris, P. (1974). *Loss and Change*, Routledge & Kegan Paul, London.

Martin, P. W. (1955). *Experiment in Depth*, Routledge & Kegan Paul, London.

Maslow, A. H. (1954). *Motivation and Personality*, Harper & Row, New York.

Maslow, A. H. (1976). *The Farthest Reaches of Human Nature*, Penguin, Harmondsworth.

McKay, M. and Fanning, P. (1987). *Self-esteem*, New Harbinger, Oakland, CA.

McMahon, L. (1992). *The Handbook of Play Therapy*, Tavistock and Routledge.

Meador, B. D. and Rogers, C. R. (1979). "Person-centered therapy", in *Current Psychotherapies*, R. J. Corsini *et al.* (eds), pp. 131-84, Peacock Publishers, Itasca, IL.

Mearns, D. and Thorne, B. (1988). *Person-centred Counselling in Action*, Sage, London.
Merry, T. (1988). *A Guide to the Person-centred Approach*, The Association for Humanistic Psychology in Britain, London.
Millar, S. (1968). *The Psychology of Play*, Penguin, Harmondsworth.
Miller, A. (1987). *The Drama of Being a Child and the Search for the True Self*, Virago, London.
Mitchel, J. (1981). "Letters from a kangaroo: a third object technique for working with the young child", *British Journal of Social Work*, 11(2), pp. 189–201.
Mitchell, R. R. and Friedman, H. S. (1994). *Sandplay Past, Present and Future*, Routledge & Kegan Paul, London.
Molin, R. (1988). "Treatment of children in fostercare: Issues of collaboration", *Child Abuse and Neglect*, 12(2), pp. 241-50.
Moreno, J. L. (1946). *Psychodrama, Vol. I*, Beacon House, New York.
Moreno, J. L. (1959). *Psychodrama, Vol. II*, Beacon House, New York.
Moreno, J. L. (1969). *Psychodrama, Vol. III*, Beacon House, New York.
Mosak, H. H. (1979). "Adlerian psychotherapy", in *Current Psychotherapies*, R. J. Corsini *et al.* (eds), pp. 44-94, Peacock Publishers, Itasca, IL.
Moustakas, C. E. (1953). *Children in Play Therapy: A Key to Understanding Normal and Disturbed Emotions*, McGraw-Hill, New York.
Moustakas, C. E. (1959), *Psychotherapy with Children: The Living Relationship*, Ballantine Books, New York.
Moustakas, C. E. (1964). "The therapeutic process", in *Child Psychotherapy: Practice and Theory*, M. R. Haworth (ed.), pp. 417-19, Basic Books, New York.
Moyles, J. R. (1994). *The Excellence of Play*, Open University Press, Buckingham.
Nader, K. and Pynoos, R. S. (1991). "Play and drawing techniques as tools for interviewing traumatized children" in *Play Diagnosis and Assessment*, C. E. Schaefer, K. Gitlin and A. Sandgrund (eds), pp. 375-90, John Wiley, New York.
Naitove, C. E. (1982). "Arts therapy with sexually abused children", in *Handbook of Clinical Intervention in Child Sexual Abuse*, S. M. Sgroi (ed.), pp. 269-308, Lexington Books, Lexington, MA.
Neumann, E. (1954). *The Origins and History of Consciousness*, Pantheon, New York.
Neumann, E. (1955). *The Great Mother*, Routledge & Kegan Paul, London.
Newson, E. (1983). "Play therapy: an alternative language for children and their social workers", *Foster Care*, December, pp. 16-17.
Newson, J. and Newson, E. (1979). *Toys and Playthings in Development and Remediation*, Penguin, Harmondsworth.
Nickerson, E. T. (1973). "Psychology of play and play therapy in classroom activities", *Educating Children*, Spring.
Nickerson, E. T. and O'Laughlin, K. S. (1983). "The therapeutic use of games", in *Handbook of Play Therapy*, C. E. Schaefer and K. J. O'Connor (eds), pp. 174-87, John Wiley, New York.
Nye, R. D. (1981). *Three Psychologies: Perspectives from Freud, Skinner and Rogers*, Brooks/Cole, Monterey, CA.
Oaklander, V. (1978). *Windows to Our Children*, Real People Press, Utah.
O'Connor, K. J. (1991). *The Play Therapy Primer. An Integration of Theories and Techniques*, John Wiley.
Patterson, C. H. (1980). *Theories of Counseling and Psychotherapy*, Harper & Row, New York.
Patterson, C. H. (1986). *Theories of Counseling and Psychotherapy*, Harper & Row, New York.
Payne, H. (ed.) (1993). *Handbook of Inquiry in the Arts Therapies. One River, Many Currents*, Jessica Kingsley, London.
Peters, U. H. (1985). *Anna Freud: A Life Dedicated to Children*, Weidenfeld & Nicolson, London.
Phillips, A. (1988). *Winnicott*, Fontana, London.

Phillips, R. D. (1985). "Whistling in the dark? A review of play therapy research", *Psychotherapy*, 22(4), pp. 752-60.

Piaget J. (1962). *Play, Dreams and Imitation in Childhood*, Routledge & Kegan Paul, London.

Piaget, J. and Inhelder, B. (1969). *The Psychology of the Child*, Basic Books.

Pincus, A and Minahan, A. (1973). *Social Work Practice: Model and Method*, Peacock Publishers, Itasca, IL.

Pollock, L. A. (1983). *Forgotten Children: Parent-Child Relations from 1500 to 1900*, Cambridge University Press.

Preston-Shoot, M. (1988). "A model for evaluating groupwork", *Groupwork*, 2, pp. 147-57.

Pringle, M. K. (1980). *The Needs of Children*, Hutchinson, London.

Qvortrup, J. (1990). "A voice for children in statistical and social accounting. A plea for children's rights to be heard" in *Constructing and Reconstructing Childhood. Contemporary Issues in the Sociological Study of Children*, A. James and A. Prout (eds), Falmer Press, Lewes.

Rank, O. (1936). *Will Therapy*, Knopf, New York.

Redgrave K. (1987). *Child's Play: "Direct Work" with the Deprived Child*, Boy's and Girl's Welfare Society, Cheadle.

Reed, J. P. (1975). *Sand Magic. Experience in Miniature: A Non-verbal Therapy for Children*, JPR Publishers, New Mexico.

Reid, K. (1988). "But I don't want to lead a group!", *Groupwork*, 2, pp. 124-34.

Reisman, J. M. (1973). *Principles of Psychotherapy with Children*, John Wiley, New York.

Rich, J. (1968). *Interviewing Children and Adolescents*, Macmillan, London.

Rogers, C. R. (1951). *Client-centered Therapy*, Constable, London.

Rogers, C. R. (1957). "The necessary and sufficient conditions of therapeutic personality change", *Journal of Consulting Psychology*, 21, pp. 95-103.

Rogers, C. R. (1961). *On Becoming a Person: A Therapist's View of Psychotherapy*, Constable, London.

Rogers, C. R. (1974). "Remarks on the future of client-centered therapy", in *Innovations in Client-centered Therapy*, D.A. Wexler and L.N. Rice (eds), John Wiley, New York.

Rogers, C. R. (1986). "Client-centered therapy", in *Psychotherapist's Casebook*, I. L. Kutash and A. Wolf (eds), pp. 197-208, Jossey-Bass, San Francisco, CA.

Rosenthal, L. (1956). "Child guidance", in *The Fields of Group Psychotherapy*, S. R. Slavson (ed.), pp. 215-32, International Universities Press, New York.

Ross, P. (1991). "The family puppet technique: For assessing parent-child interaction patterns", in *Play Diagnosis and Assessment*, C. E. Schaefer, K. Gitlin and A. Sandgrund (eds), John Wiley, New York.

Rousseau, J. -J. (1925). *Emile*, Dutton, New York.

Rowan, J. (1987). *A Guide to Humanistic Psychology*, The Association for Humanistic Psychology in Britain, London.

Rushforth, W. (1981). *Something is Happening*, Turnstone, Wellingborough.

Rutter, M. (1975). *Helping Troubled Children*, Penguin, Harmondsworth.

Rutter, M. (1981). *Maternal Deprivation Reassessed*, Penguin, Harmondsworth.

Ryan, T. and Walker, R. (1993). *Life Story Work*, British Agencies for Adoption and Fostering, London.

Ryce-Menuhin, J. (1988). *The Self in Early Childhood*, Free Association Books, London.

Ryce-Menuhin, J. (1992). *Jungian Sandplay. The Wonderful Therapy*, Routledge.

Sainsbury, E. (ed.), (1994). *Working with Children in Need. Studies in Complexity and Challenge*, Jessica Kingsley, London.

Salo, F. (1990). "'Well, I couldn't say no, could I?' Difficulties in the path of late adoption", *Journal of Child Psychotherapy*, 16(1), pp. 75-91.

Sandler, J., Kennedy, H., and Tyson, R. L. (1980). *The Technique of Child Psychoanalysis: Discussions with Anna Freud*, Hogarth Press, London.

Sandström, C.I. (1979). *The Psychology of Childhood and Adolescence*, Penguin, Harmondsworth.

Saphira, M. (1985). *The Sexual Abuse of Children*, Ponsonby, Auckland.

Schaefer, C. (ed.) (1979). *The Therapeutic Use of Child's Play*, Jason Aronson, New York.

Schaefer, C. E. (1985). "Play therapy", *Early Child Development and Care*, **19**(1/2), pp. 95-108.

Schaefer, C. E. (ed.) (1988). *Innovative Interventions in Child and Adolescent Therapy*, John Wiley, New York.

Schaefer, C. E. and O'Connor, K. J. (eds) (1983). *Handbook of Play Therapy*, John Wiley, New York.

Schaefer, C. E., and Reid, S. E. (eds) (1986). *Game Play. Therapeutic Use of Childhood Games*, John Wiley, New York.

Schaefer, C. E., Gitlin, K. and Sandgrund, A. (eds) (1991). *Play Diagnosis and Assessment*, John Wiley, New York.

Schiffer, M. (1952). "Permissiveness versus sanction in activity group therapy", *International Journal of Group Psychotherapy*, **2**, pp. 255-61.

Schorsch, A. (1979). *Images of Childhood*, Mayflower Books, New York.

Segal, H. (1979). *Klein*, Fontana, Glasgow.

Segal, R. M. (1984). "Helping children express grief through symbolic communication", *Social Casework*, **65**(10), pp. 590-9.

Sgroi, S. M. (ed.) (1982). *Handbook of Clinical Intervention in Child Sexual Abuse*, Lexington Books, Lexington, MA.

Shaw, J. (1987). "Let us seek to inspire and encourage clients through a holistic approach", *Social Work Today*, **18**(43), pp. 16-17.

Simmonds, J. (1988). "Social work with children: Developing a framework for responsible practice", in *Direct Work with Children: A Guide for Social Work Practitioners*, J. Aldgate and J. Simmonds (eds), pp. 1-21, B.T. Batsford and British Agencies for Adoption and Fostering, London.

Sinason, V. (1988). "Dolls and bears: from symbolic equation to symbol. The significance of different play materials for sexually abused children and others", *British Journal of Psychotherapy*, **4**(4), pp. 349-63.

Singer, J. L. (1973). *The Child's World of Make-believe: Experimental Studies of Imaginative Play*, Academic Press, New York.

Skynner, R. (1976). *One Flesh: Separate Persons*, Constable, London.

Slavson, S. R. (1979). "Play group therapy", in *The Therapeutic Use of Child's Play*, C. Schaefer (ed.), pp. 241-52, Jason Aronson, New York.

Smail, R. J. (1978). *Psychotherapy: A Personal Approach*, Dent, London.

Smalley, R. (1971). "The functional approach to casework practice", in *Theories of Social Casework*, R. W. Roberts and R. H. Nee (eds), University of Chicago Press, Chicago, IL.

Smith, M. (1990). "Out of sight not out of mind", *Social Work Today*, **21**(27), pp. 30-1.

Smith, P. B. (1980). *Group Processes and Personal Change*, Harper & Row, London.

Stainton Rogers, W. and Roche, J. (1994). *Children's Welfare and Child's Rights. A Practical Guide to the Law*, Hodder & Stoughton, London.

Stevens, A. (1982). *Archetypes: A Natural History of the Self*, Routledge & Kegan Paul, London.

Striker, S. and Kimmel, E. (1978). *The Anti-colouring Book*, Hippo Books, London.

Swainson, M. (1978). "Symbolism in the growth process", *Self and Society*, **6**(6), pp. 182-7.

Swanson, F. L. (1970). *Psychotherapists and Children: A Procedural Guide*, Pitman, New York.

Thomas, G. V. and Silk, A. M. J. (1990). *An Introduction to the Psychology of Children's Drawing*, New York University Press, New York.

Thompson, C. L. and Rudolph, L. B. (1988). *Counseling Children*, Brooks/Cole, Pacific Grove, CA.

Thorne, B. (1984). "Person-centred therapy", in *Individual Therapy in Britain*, W. Dryden (ed.), Harper & Row, London.

Truax, C. B. and Carkhuff, R. R. (1967). *Toward Effective Counseling and Psychotherapy: Training and Practice*, Aldine, Chicago, IL.

Tustin, F. (1981). "Psychotherapy with psychotic children", in *The Child Psychotherapist and Problems of Young People*, M. Boston and D. Daws (eds), pp. 232-50, Wildwood House, London.

United Nations (1989). *The UN Convention on the Rights of the Child*, United Nations, New York.

Valente, L. and Fontana, D. (1993). "Research into dramatherapy theory and practice. Some implications for training", in *Handbook of Inquiry into the Arts Therapies. One River, Many Currents*, H. Payne (ed.), Jessica Kingsley, London.

van der Kooij, R. and Hellendoorn, J. (eds) (1986). *Play —Play Therapy— Play Research*, Swets North America, Berwyn; Swets & Zeitlinger, Lisse.

van der Post, L. (1976). *Jung and the Story of Our Time*, Penguin, Harmondsworth.

Vargo, B., Stavrakaki, C., Ellis, J. and Williams, E. (1988). "Child sexual abuse: Its impact and treatment", *Canadian Journal of Psychiatry*, 33(6), pp. 468-73.

Vinturella, L. and James, R. (1987). "Sand play: A therapeutic medium with children", *Elementary School Guidance and Counseling*, 21(3), pp. 229-38.

von Bertalanffy, L. (1948). *General Systems Theory*, Braziller, New York.

von Franz, M. -L. (1980). *The Psychological Meaning of Redemption Motifs in Fairy Tales*, Inner City Books, Toronto.

von Franz, M. -L. (1983). *Shadow and Evil in Fairytales*, Spring, Dallas.

Walker, L. E. A. and Bolkovatz, M. A. (1988). "Play therapy with children who have experienced sexual assault", in *Handbook on Sexual Abuse of Children*, L. E. A. Walker (ed.), pp. 249-69, Springer, New York.

Walrond-Skinner, S. (1976). *Family Therapy. The Treatment of Natural Systems*, Routledge & Kegan Paul, London.

Wardle, M. (1975). "Hippopotamus or cow: not communicating about children", *Social Work Today*, 6(14), pp. 428-32.

Waterhouse, S. (1987). *Time For Me*, S. Waterhouse, 34 Bell Lane, Byfield, Northamptonshire.

Webb, N. B. (1989). "Supervision of child therapy: Analyzing therapeutic impasses and monitoring counter-transference", *The Clinical Supervisor*, 7(4), pp. 61-76.

Webb, N. B. (ed.) (1991). *Play Therapy with Children in Crisis. A Casebook for Practitioners*, Guilford Press, New York.

Wells, J. (1989). "Powerplays — considerations in communicating with children", in *Child Sexual Abuse: Listening, Hearing and Validating the Experiences of Children*, H. Blagg, J. A. Hughes and C. Wattam (eds), Longman, Harlow.

Wells, R. (1988). *Helping Children Cope with Grief*, Sheldon Press.

West, J. (1983). "Play therapy with Rosy", *British Journal of Social Work*, 13(6), pp. 645-61.

West, J. (1990a). "Children 'in limbo'", *Adoption and Fostering*, 14(2), pp. 11-15.

West, J. (1990b). "Play work and play therapy: Distinctions and definitions", *Adoption and Fostering*, 14(4), pp. 31-7.

Whitaker, D. S. (1985). *Using Groups to Help People*, Routledge & Kegan Paul, London.

White, R. and Swainson, M. (1974). *Seven Inner Journeys*, Spearman, London.

Whitmont, E. C. (1980). *The Symbolic Quest: Basic Concepts of Analytical Psychology*, Barrie & Rockliff, London.

Wickes, F. G. (1963). *The Inner World of Choice*, Coventure, London.

Wickes, F. G. (1977). *The Inner World of Childhood*, Coventure, London.

Will, D. and Wrate, R. M. (1985). *Integrated Family Therapy: A Problem-centred Psychodynamic Approach*, Tavistock, London.

Willock, B. (1983). "Play therapy with the aggressive, acting-out child", in *Handbook of Play Therapy*, C. E. Schaefer and K. J. O'Connor (eds), pp. 387-411, John Wiley, New York.

Wilson, K., Kendrick, P. and Ryan, V. (1992). *Play Therapy. A Non-directive Approach for Children and Adolescents*, Baillière Tindall, London.

Winnicott, C. (1984). "Face to face with children", *In Touch with Children*, pp. 19-23, British Agencies for Adoption and Fostering, London.

Winnicott, D. W. (1971a). *Playing and Reality*, Penguin, Harmondsworth.
Winnicott, D. W. (1971b). *Therapeutic Consultations in Child Psychiatry*, Basic Books, New York.
Winnicott, D. W. (1975). *Through Paediatrics to Psycho-analysis*, Hogarth Press and The Institute of Psycho-analysis, London.
Winnicott, D. W. (1977). *The Piggle: An Account of the Psychoanalytic Treatment of a Little Girl*, Penguin, Harmondsworth.
Winnicott, D. W. (1986). *Home is Where We Start From: Essays by a Psychoanalyst*, Penguin, Harmondsworth.
Wolff, S. (1981). *Children Under Stress*, Penguin, Harmondsworth.
Wolff, S. (1986). "Child psychotherapy", in *An Introduction to the Psychotherapies*, S. Bloch (ed.), pp. 222-51, Oxford University Press, Oxford.
Wolman, B. B. (ed.) (1973). *Dictionary of Behavioural Science*, Macmillan, London.
Woltmann, A. G. (1964). "Psychological rationale of puppetry", in *Child Psychotherapy: Practice and Theory*, M. R. Haworth (ed.), pp. 395-9, Basic Books, New York.
Wood, A. (1988). "King Tiger and the roaring tummies. A novel way to help young children and their families change", *Journal of Family Therapy*, **10**, pp. 49-63.
Woodhead, M. (1990). "Psychology and the cultural construction of children's needs", in *Constructing and Reconstructing Childhood: Contemporary Issues in the Sociological Study of Children*, A. James and A. Prout (eds), Falmer Press, Lewes.
Wright, D. M., Moelis, I. and Pollack, L. J. (1976). "The outcome of individual psycho-therapy: Increments at follow-up", *Journal of Child Psychology and Psychiatry*, **17**, pp. 175-85.
Yates, A. (1990). "Eroticized children" in *Handbook of Sexology. Vol VII. Childhood and Adolescent Sexology*, E. M. Perry (ed.), pp. 325-34, Elsevier, Amsterdam.
Yawkey, T. D. and Pellegrini, A. D. (eds) (1984). *Child's Play: Developmental and Applied*, Lawrence Erlbaum, Hillsdale, NJ.
Yura, M. T. and Galassi, M. D. (1982). "Adlerian usage of children's play", in *Play Therapy: Dynamics of the Process of Counseling with Children*, G. L. Landreth (ed.), pp. 130-6, Charles C. Thomas, Springfield, IL, abridged from *Journal of Individual Psychology*, **30**, pp. 194-201 (1974).
Zimrin, H. (1986). "A profile of survival", *Child Abuse and Neglect*, **10**(3), pp. 339-49. ■

índice de autores

Índice

Nota: Los aspectos relacionados con el juego del niño están con **negritas** y *cursivas*; los números de páginas seguidos con una *f* corresponden a figuras.

C

D

E

Esta obra ha sido publicada por
Editorial El Manual Moderno, S.A. de C.V.,
y se han terminado los trabajos de esta
primera reimpresión de la segunda edición el
16 de abril del 2001 en los talleres de
ALDINA, S.A.,
Obrero Mundial, núm. 201,
Col. del Valle, 03100
México, D.F.

1a. reimpresión, 2001

●